Xpert.press

Die Reihe **Xpert.press** vermittelt Professionals
in den Bereichen Softwareentwicklung,
Internettechnologie und IT-Management aktuell
und kompetent relevantes Fachwissen über
Technologien und Produkte zur Entwicklung
und Anwendung moderner Informationstechnologien.

Stefanie Gerlach • Inga Squarr

Methodenhandbuch für Softwareschulungen

2., überarbeitete Auflage

Stefanie Gerlach
Heidelberg
Deutschland

Inga Squarr
Freiburg
Deutschland

ISSN 1439-5428
Xpert.press
ISBN 978-3-642-45424-0   ISBN 978-3-642-45425-7 (eBook)
DOI 10.1007/978-3-642-45425-7
Springer Heidelberg Dordrecht London New York

Die Deutsche Nationalbibliothek verzeichnet diese Publikation in der Deutschen Nationalbibliografie; detaillierte bibliografische Daten sind im Internet über http://dnb.d-nb.de abrufbar.

Springer Vieweg
© Springer-Verlag Berlin Heidelberg 2004, 2015
Das Werk einschließlich aller seiner Teile ist urheberrechtlich geschützt. Jede Verwertung, die nicht ausdrücklich vom Urheberrechtsgesetz zugelassen ist, bedarf der vorherigen Zustimmung des Verlags. Das gilt insbesondere für Vervielfältigungen, Bearbeitungen, Übersetzungen, Mikroverfilmungen und die Einspeicherung und Verarbeitung in elektronischen Systemen.
Die Wiedergabe von Gebrauchsnamen, Handelsnamen, Warenbezeichnungen usw. in diesem Werk berechtigt auch ohne besondere Kennzeichnung nicht zu der Annahme, dass solche Namen im Sinne der Warenzeichen- und Markenschutz-Gesetzgebung als frei zu betrachten wären und daher von jedermann benutzt werden dürften.
Der Verlag, die Autoren und die Herausgeber gehen davon aus, dass die Angaben und Informa-tionen in diesem Werk zum Zeitpunkt der Veröffentlichung vollständig und korrekt sind. Weder der Verlag noch die Autoren oder die Herausgeber übernehmen, ausdrücklich oder implizit, Gewähr für den Inhalt des Werkes, etwaige Fehler oder Äußerungen.

Gedruckt auf säurefreiem und chlorfrei gebleichtem Papier

Springer-Verlag Berlin Heidelberg ist Teil der Fachverlagsgruppe Springer Science+Business Media (www.springer.com)

Geleitwort

Die zunehmende Computerisierung hat große Auswirkungen und Herausforderungen auf die Arbeitswelt. Einerseits erleichtert und vereinfacht diese Tendenz viele Arbeitsprozesse und bietet enorme Unterstützung, andererseits sind Arbeitnehmer aller Hierarchieebenen aufgrund der rasanten Entwicklung der Informationstechnologie zu permanentem Lernen gezwungen. Eine moderne und zukunftsorientierte Personalpolitik sollte somit allen Mitarbeitern eine Weiterbildung rund um das Thema Software Skills bieten, um den Erfolg des Unternehmens langfristig zu sichern und den Wettbewerbsvorteil zu schaffen bzw. zu erhalten.

Vor diesem Hintergrund bekommen die Softwareschulungen eine zentrale Rolle zugewiesen. Die Komplexität der neuen Softwareprodukte sowie das zunehmende Alter der Beschäftigten erfordern neue Lehr- und Lernmethoden. Das vorliegende Buch vermittelt Trainern und Referenten neue Methoden, Instrumente und den richtigen Methodenmix, um die maßgeschneiderten, branchenübergreifenden Softwareschulungen interessant und effizient zu gestalten. Darüber hinaus bildet das Werk eine fundierte Grundlage zur Erstellung von unternehmensspezifischen Trainings- und Schulungskonzepten. Die Methodenvielfalt erlaubt es nicht nur, Mitarbeiter zu befähigen und u. a. individuell zu fördern, sondern auch ihre Leistung und Produktivität zu steigern.

Bei der Auswahl von geeigneten Lehrmethoden konnten die drei Autorinnen auf ihre umfangreiche Erfahrung zurückgreifen. Sie verfügen über langjähriges Wissen und Können, das sie bereits mehrfach

- im Trainingsalltag
- in zahlreichen Projektteam- und Anwenderschulungen
- innerhalb der SPE-Traineeausbildungen zum SAP Berater/-In in der Versorgungswirtschaft
- in der Schule

erfolgreich eingesetzt haben.

Das Durchsetzungsvermögen, mit dem die Autorinnen für die Akzeptanz der neuen Methoden sowohl bei den Führungskräften als auch bei den Teilnehmern gesorgt haben, verdient an dieser Stelle besondere Beachtung. Dabei wurde die Effizienz der Wissensvermittlung nicht nur durch den Einsatz von Präsentationsvarianten, sondern vielmehr durch praktische Übungen und selbst erarbeitete Lösungen gesteigert. Dadurch erzielten die Referentinnen bei den Teilnehmern einen großen Lernerfolg.

Die Autorinnen, Dr. Stefanie Gerlach, Inga Squarr und Mitautorin Ina Gäde werden sich glücklich schätzen, wenn Trainer im vorliegenden Methodenbuch Ansätze zur praktischen Umsetzung von Softwareschulungen finden können, um ihre eigenen Konzepte zu entwickeln.

Thomas Pieritz
Geschäftsführender Gesellschafter der
SPE Unternehmensberatung GmbH

Vorwort zweite Auflage

Es hat sich viel in den letzten Jahren im Bereich des Computers und seiner Anwendung geändert. Daher haben wir das Buch komplett überarbeitet, aktualisiert und mit weiteren Erfahrungen aus der Praxis ergänzt, wie beispielsweise mit einem Kapitel zur Traineeausbildung und praktischen Erfahrungen im E-Learningbereich und damit verbundenen Autorentools.

Computer – jeder hat sie, jeder braucht sie, aber fast keiner liebt sie.

Vorbei sind die Zeiten, in denen uns noch jemand erklären konnte, dass Computer nur dumme Rechenmaschinen sind, die nur Nullen und Einsen addieren. Heutzutage, dass Computer ein Eigenleben entwickeln, Dateien verstecken und gemeinerweise immer gerade in dem Augenblick abstürzen, bevor die wichtigen Daten gesichert sind und man selber hat natürlich „vorher nichts gemacht" und vielleicht nur den einen oder anderen Befehl ausführen wollen. Im Privatleben sind diese Erfahrungen schon ärgerlich genug. Im Berufsleben bedeuten solche Fehler jede Menge Ärger für Arbeitgeber und Arbeitnehmer und zum Teil auch hohe finanzielle Ausfälle.

Aus den anfangs einfachen Rechenmaschinen sind heute komplexe Maschinen und kleine multimediale Geräte, wie Smartphones und Tablets mit vielfältigen Funktionen und Anwendungsmöglichkeiten geworden. Dies bewirkte eine große Programmvielfalt, die sich ständig verändert und vergrößert. Die Halbwertzeit von Programmen und Geräten wird immer kürzer, das neue Release bzw. Gerät ist schon auf dem Markt, wenn wir uns gerade in das Alte eingearbeitet und es gelernt haben. Damit sind die Anforderungen an die Anwender gewachsen, sie müssen sich ständig in neue Programme, Versionen und Geräte einarbeiten. Durch diese Entwicklung ist auch der Bedarf an guten IT-Trainings gestiegen. Doch in den Schulungen wollen die Teilnehmer nicht mehr einfach nur Daten eingeben oder Prozesse nachklicken. Von den IT-Trainern wird ein abwechslungsreiches und vielfältiges Trainingskonzept gefordert, das die unterschiedlichen Lernniveaus und Lerntypen berücksichtigt.

Das vorliegende Buch basiert auf einer Methodensammlung, die im Schulungsbereich der SPE Unternehmensberatung GmbH und den Erfahrungen aus dem Schulunterricht aufbaut und in zahlreichen Trainings in der Praxis erprobt wurde.

Mit den unterschiedlichen Methoden konnten wir in den Trainings die Aufmerksamkeit und die Motivation der Teilnehmer steigern und sie für die oft trockenen und schwierigen Softwareprogramme gewinnen. Spaß gemacht hat es außerdem.

Wir möchten mit der zweiten aktualisierten Auflage des Buches dazu beitragen, die Vermittlung von IT-Wissen vielfältig und kreativ zu gestalten. Im ersten Teil des Buches geht es um die Besonderheiten von IT-Trainings und deren pädagogischen Grundlagen. Der zweite Teil stellt praxiserprobte Methoden und Übungen vor.

Wir möchten uns bei der ersten Auflage bei Sabine Wenclawiak, Annemarie Becker, Barbara Voigtmann und Marcus Bergsträsser für die Entwicklung und Ausgestaltung von Übungen und Methoden bedanken. Vielen Dank an Jörg Kaiser, der Korrektur gelesen hat und auch an Ina Gäde, die Fotos und Wissenswertes zum Thema Lotus Notes lieferte sowie Dr. Pingel, alias Jochen Hensel, für die „Komputer Kunde" und seinen Sachverstand.

Bei der zweiten Auflage möchten wir uns ganz besonders bei Elena Shapovalova bedanken, die uns tatkräftig bei Texten geholfen hat und vielen alten Graphiken ein neues Design verpasst hat.

Zudem ein Dankeschön an Claudia Keller, die das Kreuzworträtsel zum Thema Vertragskontokorrent komplett überarbeitete sowie Ralf W. Seipp, der uns noch schnell ein paar Abrechnungsaufgaben lieferte.

Kurz vor der Abgabe dieses Buches stürzte, wie es üblich ist bei solchen Projekten die gesamte Buchausgabe ab und Christian Lorenz konnte sie unter vielen Mühen wieder herstellen. Vielen Dank.

Bedanken möchten wir uns auch bei unserem Vertrieb Thomas Mathow, der sich mit vollem Einsatz für die Bekanntheit des Buches einsetzt.

Herzlich bedanken möchten wir uns auch bei Ina Gäde, die das E-Learning Kapitel auf den neusten Stand brachte und mit Praxisbeispielen anschaulich darstellte. Zudem in allen Entwicklungen der zweiten Auflage tatkräftig das Projekt unterstützte mit ihren Ideen, Vorschlägen, Fotos und neuen Graphiken.

Wir bedanken uns bei unseren Kolleginnen, Kollegen und ehemaligen Trainees, die die beschriebenen Methoden in vielen Schulungen ausprobiert und weiterentwickelt haben. Ein besonderer Dank gilt unserem Chef Thomas Pieritz, der uns bei unseren SPE Schulungsprojekten und diesem Buch hilfreich zur Seite stand.

Zudem möchten wir uns bei Norbert Seibel, Education Manager bei SAS Institute GmbH und Dagmar Bräutigam, Programm Manager bei der Thales University, bedanken, die mit Ihren Referenzen eine zweite Auflage des Buches erst ermöglicht haben.

Ein besonderer Dank gilt Dr. Tilmann Rogge und Helmut Rath, die uns bei der Herstellung und Umsetzung dieses Buchprojektes immer unterstützt haben.

Inhaltsverzeichnis

Teil I Theoretische Grundlagen

1 Besonderheiten des IT-Trainings 3
   1.1   Der Lerninhalt 3
   1.2   Die Lernsituation 6
   1.3   Die Erwartungen der Teilnehmer 8

2 Lerntheorie und Lernprozesse 11
   2.1   Gedächtnismodell 11
   2.2   Der Lernvorgang 13
   2.3   Lernstile und Lerntypen 14
   2.4   Konsequenzen für IT-Schulungen 17

3 Seminarphasen 19
   3.1   Lernphasen 19
         3.1.1   Informationsphase 19
         3.1.2   Erarbeitungsphase 21
         3.1.3   Auswertungsphase 22
         3.1.4   Pausen 22
         3.1.5   Wiederholungen 23
   3.2   Reihenfolge der Lernphasen 24

4 Anfangssituation 25
   4.1   Durchführung der Anfangsphase 26
   4.2   Checkliste zur persönlichen Vorbereitung 27
   4.3   Tabelle Beispiel Checkliste Anfangssituation 29

5 Schlusssituation 31
   5.1   „Jetzt ist aber Schluss!" – Durchführung der Schlusssituation 31
   5.2   Auswertungsbögen 34

6	**Trainingsplanung**	41
	6.1 Allgemeine Zeitplanung	41
	6.2 Planung der Übungszeiten	42
	6.3 Beispiel Trainingspläne	42
7	**Gruppendynamik**	47
	7.1 Gruppendynamische Prozesse bei Inhouseschulungen	49
	7.2 Gruppendynamische Prozesse bei offenen Trainings	51
	7.3 Pro und Contra Gruppenarbeit	52
	7.4 Tipps zur Konfliktlösung	53
	7.4.1 Tabelle mit typischen Teilnehmern	54
8	**Rolle der Trainer**	59
	8.1 Trainerrollen	60
	8.1.1 Fachliche und methodische Rollen	60
	8.1.2 Soziale Rollen	60
	8.2 Körpersprache und Sprachgebrauch	61
	8.3 Trainertypen	62
9	**Teamteaching**	65
	9.1 Das Team	66
	9.2 Moderationswechsel	67
	9.3 Konfliktbewältigung im Team	68
10	**Grundsätzliches zu Methoden**	71
	10.1 Anforderungen an Methoden	71
	10.2 Grenzen der Methoden	73
	10.3 Überblick über die verschiedenen Methoden	73
	10.4 Checkliste für die Methodenauswahl	73
11	**Organisation von IT-Trainings**	77
	11.1 Große Anwenderschulungen	77
	11.1.1 Vorbereitung auf Führungsebene	78
	11.1.2 Inhaltliche Konzeption und Vorbereitung der Trainings	79
	11.1.3 Entwicklung und Erstellung der Übungsunterlagen	81
	11.1.4 Organisation der Trainings	82
	11.1.5 Ausstattung der Trainingsräume	82
	11.1.6 Durchführung der Trainings	84
	11.1.7 Auswertung der Trainings	84
	11.1.8 Einrichtung von Übungsmöglichkeiten für die Mitarbeiter nach dem Training	84
	11.1.9 Ausbildung und Begleitung des Trainerteams	85

12 Auswahlkriterien für das richtige IT-Training ... 87
- 12.1 Vorentscheidungen ... 87
- 12.2 Auswahlverfahren ... 88
  - 12.2.1 Schritt 1: Festlegung der Auswahlkriterien ... 88
  - 12.2.2 Bewertung der Angebote ... 92
  - 12.2.3 Gesamtauswertung ... 98

13 E-Learning ... 99
- 13.1 Entwicklung von E-Learning-Programmen ... 101
- 13.2 Konzepte und Formen des E-Learnings ... 102
- 13.3 Erstellung von E-Learning Programmen ... 102
- 13.4 Planung von E-Learning Programmen ... 103
- 13.5 Auswahl der Form und des pädagogischen Konzeptes ... 103
- 13.6 Erstellung eines Drehbuches mit einem Grobkonzept und einem Pflichtenheft ... 103
- 13.7 Festlegung der Lernziele, der Lerninhalte und der Zielgruppe ... 104
- 13.8 Checkliste für geeignete E-Learning-Inhalte ... 105
- 13.9 Zielgruppe ... 105
- 13.10 Design ... 106
- 13.11 Auswahl von Autorentools bzw. eines E-Learning-Programms ... 106
- 13.12 Umsetzung und Realisierung vom Feinkonzept mit eLearning-Drehbuch und Abnahme ... 108
  - 13.12.1 Evaluierung ... 109
- 13.13 Zusammenfassung ... 110

Teil II Methoden

14 Praxisbericht Ausbildung von Fachkräften im IT Bereich: Konzeption und Planung eines maßgeschneiderten Traineeprogramms ... 115
- 14.1 Vorüberlegungen und Vorbereitungen zum Traineeprogramm ... 115
- 14.2 Wichtige Punkte für die Erstellung eines Ablaufplans ... 116
- 14.3 Herangehensweise und Durchführung eines Traineeprogramms ... 118
- 14.4 Evaluierung ... 121
- 14.5 Weiterentwicklung des Traineeprogramms durch eine Kooperation mit einem Partner ... 121
- 14.6 Praktische Umsetzung und Ausgestaltung der Traineeausbildung nach den Wünschen des Kooperationspartners ... 122
- 14.7 Erfahrungen aus den Ausbildungskooperationen und den Traineejahrgängen ... 123
- 14.8 Checkliste zur Ausarbeitung und Durchführung eines Traineeprogramms ... 125

15	**Anfangssituation**	129
15.1	Einführung	129
15.2	Persönlichkeitsplakat	130
	15.2.1 Durchführung	130
15.3	Assoziationen	130
	15.3.1 Durchführung	130
	15.3.2 Variante	131
15.4	Combinatione	131
	15.4.1 Durchführung	131
15.5	Kreuzworträtsel Namen	132
	15.5.1 Durchführung	132
15.6	Gebrauchsanleitung	132
	15.6.1 Durchführung	133
	15.6.2 Variante 1	134
	15.6.3 Variante 2	134
	15.6.4 Variante 3	134
15.7	Die Lügengeschichte	135
	15.7.1 Durchführung	135
15.8	Veranstaltungsankündigung	135
	15.8.1 Durchführung	136
15.9	Kennenlernen über Vier-Ecken	136
	15.9.1 Durchführung	136
	15.9.2 Variante 1	136
	15.9.3 Variante 2	136
	15.9.4 Beispielfragen	137
15.10	Textsalat	138
	15.10.1 Durchführung	138
	15.10.2 Variante 1	139
	15.10.3 Variante 2	139
15.11	Gereizt	140
	15.11.1 Durchführung	140
15.12	Programmname	140
	15.12.1 Durchführung	141
15.13	Was ist Was?	141
	15.13.1 Durchführung	141
15.14	Ampelübung	142
	15.14.1 Durchführung	142
	15.14.2 Beispiel: Wissensabfrage zum Thema Lotus Notes (Seminar zur Auswertung der firmeninternen Lotus-Notes-Datenbank)	143
	15.14.3 Beispiel: Erwartungsabfrage zum Schulungskonzept	143

Inhaltsverzeichnis

16 Feedback 145
   16.1   Einführung 145
   16.2   Durchführung eines Feedbacks 146
   16.3   Trainer geben ein Feedback 147
   16.4   Fragewand 148
         16.4.1   Durchführung 148
   16.5   Blitzlicht 149
         16.5.1   Durchführung 149
         16.5.2   Variante 1 149
         16.5.3   Variante 2 149
   16.6   Ballfeedback 150
         16.6.1   Durchführung 150
         16.6.2   Variante 1: Positiv- und Negativrunde 150
         16.6.3   Variante 2: Wissensabfrage 150
   16.7   Metaplanfeedback 151
         16.7.1   Durchführung 151
   16.8   Punktefeedback 151
         16.8.1   Durchführung 151
         16.8.2   Varianten 152
   16.9   Ampelfeedback 153
         16.9.1   Durchführung 154
   16.10 Nachrichtenticker 155
         16.10.1 Durchführung 155
         16.10.2 Beispiel für eine Kurznachricht aus einem
                 „Internet für Einsteiger" Seminar 155
   16.11 Wetterbericht 155
         16.11.1 Durchführung 155
   16.12 Heißer Stuhl 156
         16.12.1 Durchführung 156
   16.13 Phantasiereise 157
         16.13.1 Erläuterung 157
         16.13.2 Durchführung 158
         16.13.3 Variante 159
   16.14 Skulpturen bilden 160
         16.14.1 Durchführung 160
   16.15 Assoziationen mit einem Foto oder einem Bild 160
         16.15.1 Durchführung 161

17 Anmoderation von Warm-ups und Events 163
   17.1   Tipps für die Anmoderation 164
         17.1.1   Stolperfallen bei der Moderation von Warm-ups und Events ... 164
   17.2   Anfang und Ende 165

18 Warm-ups 167
    18.1   Einführung 167
    18.2   Warm-ups mit Bewegung 168
            18.2.1   Alltag im Unternehmen 168
            18.2.2   Strom 169
            18.2.3   Schatzsuche 169
            18.2.4   Programmierer 170
            18.2.5   Hände klopfen 171
            18.2.6   Ballongefecht 171
            18.2.7   Bleistiftstafette 172
            18.2.8   Schlangenbändiger 173
            18.2.9   Mille Piede (Der Tausendfüßler) 173
            18.2.10   Steinchen, Steinchen du musst wandern 174
            18.2.11   Koordinationsübungen 174
    18.3   Denksport-Warm-ups 175
            18.3.1   Bis zehn zählen 175
            18.3.2   Booz – Peng 176
            18.3.3   Löffel lesen 176
            18.3.4   Der Spion 177
            18.3.5   Ritter oder Schurke? 178
            18.3.6   An der Wegkreuzung 178
            18.3.7   Das Bonbonrätsel 179
            18.3.8   Auf der Flucht vor den Velociraptoren 180
            18.3.9   Einsteins Rätsel 181
    18.4   Sprachliche Warm-ups 183
            18.4.1   Wortstafette 183
            18.4.2   Das Wortsuchquadrat 184
            18.4.3   Die Donaudampfschifffahrtsgesellschaft 185
            18.4.4   Stadt, Land, Fluss 186

19 Events 189
    19.1   Einführung 189
    19.2   Tipps zur Durchführung von Events 190
    19.3   Der Große Preis 190
            19.3.1   Durchführung 191
            19.3.2   Regeln 192
            19.3.3   Ende und Masterfrage 194
            19.3.4   Konzeption und Erstellung des Großen Preises 195
    19.4   Jeopardy 198
            19.4.1   Durchführung 198
            19.4.2   Regeln 199
            19.4.3   Eventende und Masterfrage 200
            19.4.4   Konzeption und Entwicklung von Jeopardy 201

19.5		Wer wird Millionär?	202
	19.5.1	Durchführung	202
	19.5.2	Eventende	204
	19.5.3	Konzeption und Erstellung von „Wer wird Millionär?"	204
19.6		Teilnehmerquiz	205
	19.6.1	Vorbereitung	205
	19.6.2	Durchführung	206
19.7		Tabu	206
	19.7.1	Einführung in die Methode	206
	19.7.2	Durchführung	207
	19.7.3	Konzeption und Erstellung	208
19.8		Tic-Tac-Toe	208
	19.8.1	Durchführung	208
19.9		Vier gewinnt	209
	19.9.1	Durchführung	210

20 Lernzirkel — 211
20.1 Einführung — 211
20.2 Konzeption und Erstellung eines Lernzirkels — 212
    20.2.1 Beispiel: Lernzirkel für MS-Word — 215

21 Modellübungen — 219
21.1 Durchführung — 221
21.2 Auflösung — 222

22 Wiederholungsübungen — 227
22.1 Einführung — 227
22.2 Wahr oder falsch — 229
    22.2.1 Konzeption von „Wahr oder falsch" — 229
22.3 Lückentext — 231
    22.3.1 Konzeption von Lückentexten — 232
    22.3.2 Beispieltext aus einem Internetseminar — 232
    22.3.3 Lückentext Umsetzung im E-Learning — 232
22.4 Zuordnungsübung — 233
    22.4.1 Zuordnungsbeispiel SAP ERP SAP for Utilities Netzseite — 234
    22.4.2 Zuordnungsbeispiel Word for Windows XP — 235
    22.4.3 Zuordnungsübung Umsetzung im E-Learning — 237
22.5 Sortierübung — 237
    22.5.1 Beispiel einer Sortierübung Lotus Notes — 238
    22.5.2 Beispiel einer Sortierübung für SAP for Utilities — 239
22.6 Glückswürfel — 241
    22.6.1 Durchführung — 241

22.7	Zauberwürfel	243
	22.7.1 Einführung in die Methode	243
	22.7.2 Durchführung	243
22.8	Kreuzworträtsel	246
22.9	Bingo	248
22.10	Bildbereich E-Learning	250
	22.10.1 Konzeption von Bildbereich	250
22.11	Puzzle – E-Learning	251
	22.11.1 Konzeption von Puzzle	251

23 Trainingsgespräch ... 253
23.1 Trainervorbereitung ... 254
23.2 Pro und Contra Trainingsgespräch ... 255

24 Systemvorführung ... 257
24.1 Pro und Contra Systemvorführung ... 258

25 Impulsreferat ... 261
25.1 Aufbau eines Impulsreferates ... 262
25.2 Tipps für Impulsreferate ... 263
25.3 Nachbereitung eines Impulsreferates ... 264
25.4 Pro und Contra Impulsreferat ... 265
25.5 Checkliste zur Vorbereitung ... 265

26 Moderation und Visualisierung ... 267
26.1 Moderation ... 267
    26.1.1 Metaplantechnik ... 267
26.2 Visualisierung ... 270
    26.2.1 Tipps für die Visualisierung ... 270
    26.2.2 Visualisierung von Texten ... 276

27 Lernfeature ... 279
27.1 Erstellung eines Lernfeatures ... 281

28 Theaterszenen ... 283
28.1 Vorbereitung ... 284
28.2 Durchführung ... 285
    28.2.1 Anmoderation der Methode ... 286
    28.2.2 Regiemöglichkeiten ... 286
28.3 Beispiel 1: Einüben bestimmter Verhaltensweisen ... 287
28.4 Beispiel 2: Darstellung abstrakter Inhalte ... 288
28.5 Beispiel 3: Changemanagement ... 288

Literatur 291

Sachverzeichnis 293

Register Lernkategorien 297

Über die Autorinnen

Dr. Stefanie Gerlach studierte und promovierte an der Universität Heidelberg zum Dr. Phil. Danach arbeitete Sie als Business Consultant für das europäische Hauptquartier der SAS Institute GmbH in Heidelberg. Zu Ihren Tätigkeiten gehörte die Entwicklung von SAS Programmen. Dies beinhaltete internationale Trainings zu Business Intelligence für Consultants, Kunden und Partnern. Dr. Gerlach war Education Manager der SPE Unternehmensberatung GmbH in Mannheim. Zudem ist sie ausgebildete Certified European E-Learning Managerin (CELM). Zurzeit arbeitet sie freiberuflich als IT-Beraterin und Trainerin.

Der Schwerpunkt ihrer Arbeit liegt auf Softwareschulungen der SAP ERP Software für Business User in Energieversorgungsunternehmen, Trainerin und Spezialistin für Change Management Prozesse sowie Consultant für das Autorentool SAP Workforce Performance Builder (WPB).

Inga Squarr MA studierte an den Universitäten Heidelberg und Freiburg (Staatsexamen und Magister). Als Schulungsleiterin der SPE Unternehmensberatung entwickelte sie Schulungskonzepte für Softwareschulungen. Inzwischen arbeitet sie als Lehrerin an einem Gymnasium.

Ina Gäde studierte Mathematik, Geografie und Englisch in Potsdam (Staatsexamen) und war Teaching Assistant in Wales.

Frau Gäde ist Education Manager der SPE Unternehmensberatung GmbH, Mannheim. Zudem ist sie ausgebildete Certified European E-Learning Managerin (CELM). Der Schwerpunkt ihrer Arbeit liegt auf Softwareschulungen der SAP ERP Software für Business User in Energieversorgungsunternehmen, Ausbildungsleiterin des Kooperations- und Traineeprogramms der SPE sowie Trainerin und Consultant für das Autorentool SAP Workforce Performance Builder (WPB). Sie ist zertifizierte Suggestopädie-Trainerin, PMP-zertifiziert, Lotus-Notes-Trainerin sowie Trainerin im Bereich Adobe Photoshop & InDesign. Zusätzlich trainiert Frau Gäde im Bereich Softskills.

Teil I
Theoretische Grundlagen

Dieses Buch ist für Trainer, Ausbilder und Wissensvermittler geschrieben, die sich beruflich oder privat mit der Vermittlung von Softwareprogrammen und Computerthemen beschäftigen. Das Buch besteht aus zwei Teilen: im ersten Teil geht es um die pädagogischen Grundlagen von IT-Trainings und im zweiten Teil werden verschiedene Methoden ausführlich beschrieben. Das Buch gibt Anregungen und Hilfestellungen für die Seminarpraxis. Alle Kapitel können auch unabhängig von einander gelesen werden.

Der Grundlagenteil beschäftigt sich mit den pädagogischen Themen, auf die wir in unseren Schulungen häufig gestoßen sind. Es geht um die Besonderheiten von IT Trainings, lerntheoretische Grundlagen, die verschiedenen Seminarphasen, Gruppendynamische Prozesse und Trainerrollen, typische Schulungssituationen, sowie die Planung und Konzeption von Schulungen sowie Kriterien für die Auswahl von Schulungsanbietern.

Der zweite Teil enthält die Methoden. Am Anfang der Blöcke gibt es eine Einführung in die Methode. Darin geht es um die Lernziele, die Vor- und Nachteile der Methode oder um Tipps für die Anmoderation. Bei den umfangreichen und vorbereitungsintensiven Methoden gibt es Hinweise zur Herstellung, Konzeption und Entwicklung. Alle Übungen werden ausführlich erklärt. Als Orientierungshilfe gibt es zusätzliche eine solche Kurzbeschreibung:

Ziel: Lernziel, das durch die Methode unterstützt wird.

Art: Art der Übung zum Beispiel Bewegungsübung, Wiederholungsübung, Wettbewerb.

Form: Sozialform: Einzel- oder Gruppenarbeit.

Dauer: Zeitdauer der Übung.

Materialien: Material, das für die Übung benötigt wird.

Zur Erleichterung bei der Suche gibt es ein Stichwortverzeichnis und ein Register im Anhang.

Hier noch einige Tipps für den Einsatz der Methoden:

- Auswählen und anpassen:
  Nicht jede Methode funktioniert bei jeder Seminarleitung oder bei jeder Trainingsgruppe gleich.
- Verschiedene Zugangsmöglichkeiten:
  Einige Methoden können mit einer anderen Anmoderation, leichten Veränderung oder durch einen anderen Lerninhalt für unterschiedliche Lernziele eingesetzt werden.
- Selbst ausprobieren und erleben:
  Bevor sie die Methode einsetzen, sollten sie diese selber als Teilnehmer ausprobiert haben.
- Praxistest der Methoden:
  Ob eine Methode funktioniert zeigt sich immer erst in der Praxis.

Wir wünschen Ihnen viel Erfolg und viel Freude bei der Umsetzung mit den Methoden.

Besonderheiten des IT-Trainings 1

Bildung kommt von Bildschirm, und nicht von Buch sonst hieße es ja Buchung.
Dieter Hildebrand

1.1 Der Lerninhalt

Das Hauptproblem in Software- und Computerschulungen sind der Computer und die Software. Diese Vermutung legen zumindest typische Teilnehmeräußerungen sehr nahe: „Dieses Mistprogramm macht wohl nur das, was es will", „Warum macht der Trottel denn jetzt das? Ich habe doch etwas ganz anderes eingegeben". Computer ticken scheinbar anders als Menschen. Picasso hat dieses Phänomen mit dem Satz beschrieben: „Computer sind dumm, sie können nur antworten." Das Dumme an Computern und Softwareprogrammen ist gerade, dass diese so logisch aufgebaut sind. Es gibt eindeutige Abhängigkeiten und Funktionsabläufe. Programmabläufe sind aus bestimmten Einzelschritten aufgebaut. Diese Reihenfolge kann nicht beliebig verändert werden. Soll die Software also das tun, was der Anwender möchte, muss der Anwender tun, was der Computer will, d. h. sich den von der Software vorgegebenen Abläufen anpassen. Diese „starre" oder nach Picasso „dumme" Struktur lässt nur wenige Handlungsmöglichkeiten zu und dies wird häufig als besonders schwierig empfunden.

Um Softwareprogramme richtig zu beherrschen, müssen die Teilnehmer die Logik der Programme verstehen, nur dann können sie so reagieren, wie es von der Software erwartet wird. Der Unterschied zwischen der eigenen Logik und der Logik der Software ist den meisten Teilnehmer aber nicht bewusst. Was für die Teilnehmer logisch und folgerichtig ist, muss noch lange keine sinnvolle Eingabe im Sinne der Software sein.

Abb. 1.1 Karikatur Randy Glasbergen

Wolfgang Fleischer[1] hat dieses Problem als „Wirklichkeitsebenen der Software" beschrieben. Es können drei Ebenen unterschieden werden (Abb. 1.1):

1. Die äußere Wirklichkeit, d. h. das Unternehmen bzw. die bisherigen Betriebsabläufe, bzw. der bisherige Arbeitsalltag.
2. Die informative Wirklichkeit, d. h. die Abbildung der Betriebs- oder Arbeitsabläufe in der Software.
3. Die Vorstellungen, die sich die Teilnehmer von der Arbeits- und Funktionsweise der Software machen.

Innerhalb des Lernprozesses werden diese Ebenen leicht miteinander verwechselt, denn die Teilnehmer gehen oft davon aus, dass ihre täglichen Arbeitsabläufe 1:1 in der Software abgebildet würden. Sobald sich die Software anders als erwartet verhält, entstehen Angst, Frustration und Blockaden.

Ein Beispiel aus dem Bereich Word for Windows: Verstehen die Teilnehmer das Programm Word als eine Art Schreibmaschine, sind sie irritiert, wenn sie bestimmte Wörter nicht so eingeben können, wie sie es gewohnt sind. Ist beispielsweise die Funktion „Autokorrektur" aktiviert, kann „USt" für Umsatzsteuer nicht eingegeben werden. Denn in Word werden zwei Großbuchstaben am Anfang automatisch korrigiert auf „Ust". Diese Situation können die Teilnehmer nur lösen, wenn sie die Funktionsweise der Autokorrektur und das dahinter stehende Programm verstanden haben. Ein Beispiel aus dem Bereich SAP zeigt

---

[1] Vgl. Fleischer, Wolfgang (1991). EDV-Didaktik: Wie man EDV-Wissen richtig erklärt, vermittelt, aufbereitet und dokumentiert; das Handbuch für Ausbilder, Pädagogen, Seminarveranstalter und EDV-Autoren. München, S. 25 f.

dies auch. In dem Abrechnungsprogramm der Versorgungsindustrie (SAP for Utilities) werden die Bankdaten der Kunden nicht in einem, sondern in verschiedenen Stammdatenobjekten gespeichert. Im so genannten „Vertragskonto" werden die Zahl- und Mahndaten eines Kunden gespeichert, also beispielsweise ob dieser per Scheck oder per Bankeinzug zahlt, ob er nach vierzehn Tagen oder nach drei Wochen gemahnt wird. Dieses Konto entspricht aber nicht dem realen Konto des Kunden, sondern existiert nur im System. So steht die Bankverbindung nicht im Vertragskonto, sondern in einem anderen Stammdatenobjekt, dem so genannten Geschäftspartner. Bittet der Kunde beispielsweise darum, seine Bankverbindung zu ändern, muss der Sachbearbeiter sich darüber klar sein, dass diese nicht im Vertragskonto zu finden ist, obwohl der Name „Konto" darauf schließen ließe. Der Lernprozess besteht darin, die Informationen aus der realen Welt in die Software zu übersetzen. Dieser Lernprozess ist bei der Einführung einer neuen Betriebssoftware besonders schwierig, denn hier werden nicht nur einzelne Arbeitsschritte, sondern große Teile des Arbeitsalltags der „formallogischen Struktur" der Software angepasst. Die Mitarbeiter müssen ihre bisherige Arbeitsweise teilweise komplett umstellen und verstehen, dass ihre täglichen Arbeitsabläufe in der Software anders funktionieren als in der Realität.

Viele Schulungsteilnehmer beschreiben solche Situationen damit, dass sie sich dem Computer ausgeliefert fühlen bzw. im System gefangen seien. Diese Frustration entsteht auch durch die besondere Beziehung zwischen Mensch und Maschine. Viele nehmen die Fehlermeldungen des Computers sehr persönlich: „Der macht doch nie, was ich will", „Ich bring das Ding noch mal um". Viele Teilnehmer betrachten die „Fehlermeldung" nicht rational, sondern emotional und sind daher frustriert, wenn sich das Programm anders als erwartet verhält. Auf der anderen Seite sind die Teilnehmer erfreut und zufrieden, wenn sich die Software so verhält, wie sie es sich vorstellen[2]. In den Schulungen sollte deshalb nicht nur das „Wie", sondern auch das „Warum" geschult werden. Wenn klar ist, wie und vor allem warum ein Prozess in einer bestimmten Art und Weise abläuft, wird eine falsche Erwartungshaltung gar nicht mehr aufgebaut.

Um noch einmal auf Picasso zurückzukommen, er hat behauptet, dass Computer wenigstens antworten könnten. Doch die Antwort ist nicht immer besonders verständlich. Vielen Teilnehmern fällt es am Anfang sehr schwer abzuschätzen, wie weit sie bei der Durchführung eines bestimmten Prozesses gekommen sind oder wo sie sich im System befinden. „Habe ich erfolgreich gespeichert?" „In welchem Modus befinde ich mich?" Bei vielen Programmen kann der aktuelle Bearbeitungsstatus nur schwer oder gar nicht abgefragt werden oder ist irgendwo auf der Bildschirmoberfläche versteckt[3]. Diese Ungewissheit verunsichert viele Teilnehmer.

Das Fachchinesisch ist eine weitere Hürde. Mit der neuen Software muss meistens auch noch eine neue Sprache gelernt werden. „Rahmen" heißen „frames"; Textbausteine werden nicht gelöscht, sondern „deletet", ein System wird nicht eingestellt, sondern „gecustomized". Durch das Fachchinesisch werden die meisten Teilnehmer abgeschreckt,

---

[2] Vgl. Fleischer, Wolfgang, S. 25.
[3] Vgl. Fleischer, Wolfgang, S. 34.

insbesondere, wenn diese Fachbegriffe durch die Trainer nur ein einziges Mal erklärt und danach wie selbstverständlich verwendet werden.

1.2 Die Lernsituation

> Menschen lernen, nur Ochsen büffeln. Erich Kästner

Trotz des Schlagwortes vom „lebenslangen Lernen" ist für die meisten Erwachsenen das Lernen eine ungewohnte Situation. Die eigene Schulzeit oder die Ausbildung liegen meistens schon länger zurück und werden manchmal mit unangenehmen Erinnerungen an stundenlanges Büffeln verbunden.

Die Lernsituation wird durch folgende Faktoren beeinflusst:

- Ängste: Viele Teilnehmer haben Angst in der Schulung nicht mitzukommen.
- Zeitdruck: Komplexe Inhalte müssen in kurzer Zeit erlernt werden. Oft muss neben oder nach der eigentlichen Arbeit gelernt werden.
- „Zwang": Die Teilnehmer lernen die neue Software nicht freiwillig, sondern weil dies vom Arbeitgeber gefordert wird.
- Neue Lernbedingungen: Wissen veraltet schneller, es muss ständig neu gelernt werden.
- Generationsunterschiede: Ältere Menschen lernen anders als jüngere Menschen.

Etwas überspitzt ausgedrückt können in Softwareschulungen die zwei folgenden Lernverhaltensweisen beobachtet werden. Die einen klicken sich furchtlos durch das System, nach dem Motto „Mal schauen, was passiert, wenn ich hier drücke". Die anderen sind eher vorsichtig, bewegen die Maus langsam und sorgfältig und scheinen die ganze Zeit zu denken „Jetzt bloß keinen Fehler machen". Sie übertragen die eigenen Lernerfahrungen auf die Softwareschulungen.

Wem das Lernen noch nie besonders viel Spaß gemacht hat, geht davon aus, dass die Schulung „bestimmt auch total langweilig sein wird". Wer in der Schule immer das Gefühl hatte nicht mitzukommen, wird diese Angst auch am Anfang der Softwareschulung haben. Auch *wie* die Teilnehmer in der Schule gelernt haben, ist in den Schulungen deutlich zu erkennen. Viele Menschen haben in der Schule noch nach einem „reproduktionsorientierten Lernstil" gelernt, d. h. die neuen Informationen werden linear verarbeitet, also wörtlich wiederholt. Bei diesem Verfahren werden die Lerninhalte sehr oberflächlich gelernt, da sie kaum mit dem bereits vorhandenen Wissen verknüpft werden. Einige haben in der Schule unter Druck und ohne Spaß gelernt. Diese Lern- und Lehrerwartungen werden auf die Softwareschulungen übertragen. Viele Erwachsene müssen Lernen im Sinne eines selbstständigen Erarbeitens und mit Spaß verbundenen Lernens erst wieder lernen.

Oft wird auch die eigene Lernkompetenz und Lernfähigkeit als schlecht eingeschätzt. Die Aussicht, sich in kurzer Zeit neue Fähigkeiten aneignen zu müssen, erzeugt Angst. Diese Ängste werden in Äußerungen wie „Ich bin zu alt", „Das schaffe ich sowieso nicht" oder „Ich war in der Schule auch schon nicht gut" deutlich. Die Teilnehmer müssen erst Vertrauen in die eigene Lernkompetenz bekommen. Teilweise müssen vor den Inhalten erst einmal die Lernstrategien gelernt werden.

Lernfortschritte sind durch die formallogische Struktur der Software leicht zu überprüfen, denn die Prozesse laufen oder sie laufen eben nicht. Dies ist einerseits positiv, da der Lernfortschritt unmittelbar überprüft werden kann, andererseits kann diese direkte Lernkontrolle bei den Teilnehmern auch Druck und Angst erzeugen und damit die Lernbereitschaft hemmen.

Im beruflichen Umfeld haben sich in den letzten Jahren die Lernbedingungen stark verändert. Neue Inhalte werden in immer kürzeren Zeiten gelernt. In den siebziger Jahren hatten die Mitarbeiter fest definierte Arbeitsplätze mit relativ konstanten Arbeitsumgebungen. Im Unterschied dazu kommt es heute zu einer immer rascheren Entwertung der funktionalen Qualifikationen und des Fachwissens[4]. So konnte Wissen früher relativ langsam und kontinuierlich aufgebaut werden. Dagegen verändern sich heute in einigen Bereichen der Wissensstand und damit die Lerninhalte innerhalb weniger Jahre. Bekanntes oder Gelerntes überholt sich immer schneller und muss verworfen werden. Häufig entsteht Angst, weil die Sicherheit, sich in einem Thema auszukennen, nur noch von kurzer Dauer ist. Daneben werden an die Lernenden hohe Anforderungen gestellt, denn die neuen Inhalte werden in der Regel parallel zum Tagesgeschäft oder nach Feierabend gelernt.

Beispielsweise bei offenen Seminaren im Officebereich stehen die Teilnehmer unter Zeit- und Erfolgsdruck. Viele nehmen an Softwareschulungen teil, um sich beruflich weiter zu qualifizieren. Oft besuchen sie die Kurse nach Feierabend.

Bei der Einführung einer Betriebssoftware sind die Lernumstände besonders schwierig. Der Arbeitsalltag der Mitarbeiter wird durch die neuen Systeme sehr stark verändert. Teilweise werden bisher einfache Arbeitsvorgänge durch die Integration in das Gesamtsystem schwieriger. Diese großen Veränderungen lösen bei den Betroffenen eher Angst als Begeisterung aus. Meistens wird die neue Software auch unter hohem Zeitdruck eingeführt. Vor der Einführung des neuen Programms müssen die Mitarbeiter sämtliche Rückstände aufarbeiten. Parallel dazu müssen sie das Tagesgeschäft vollständig abwickeln, da keine neuen Rückstände entstehen dürfen. Die Schulungen finden ebenfalls erst kurz vor der Produktivstellung statt, also in einer Situation, in der eigentlich niemand Zeit und keiner den Kopf frei hat, entspannt lernen zu können. Zeit- und Erfolgsdruck erzeugt Angst. Die Mitarbeiter befürchten, dass von ihnen erwartet wird, das Tagesgeschäft mit der neuen Software ohne Umstellungsprobleme zu bewältigen. Viele Teilnehmer können ihren Arbeitsalltag ohne die neue Software nicht mehr bewältigen. Es droht der Verlust des Arbeitsplatzes oder die Aufstiegschancen verringern sich. Diese Situation erzeugt einen hohen Druck, bei dem niemand gut lernen kann.

Besonders deutlich wird dieser Druck, wenn an den Schulungen auch Vorgesetzte teilnehmen. Um einen guten Eindruck zu machen, trauen sich viele Mitarbeiter nicht, Fragen

---

[4] Heidack, C. (2000). Lernsituationen. In: Merz, E. (2000). Lernen – das gegenwärtige Ereignis für die Zukunft. Berlin, S. 24.

zu stellen. Doch gerade dadurch vermindert sich auch die Chance, den Lernstoff wirklich zu begreifen[5]. Wissenslücken sind die Folge.

Die Ängste können auch soziale Gründe haben. Einige Mitarbeiter haben Angst, durch die Einführung einer neuen Software ihren Status zu verlieren. Diese Ängste entstehen häufig, wenn die Mitarbeiter bisher die „Experten" für die Arbeitsabläufe oder die alte Software waren. Sie befürchten, dass ihr Wissen, und damit ihr Status, durch die Einführung einer neuen Software hinfällig werden. Dieses Problem wird manchmal auch durch den Generationsunterschied verschärft. Für ältere Menschen ist der Umgang mit neuen Medien nicht so selbstverständlich wie für ihre jüngeren Kollegen, die mit dem Computer aufgewachsen sind. Diese finden sich wesentlich schneller auf Bildschirmoberflächen und Masken zurecht und haben weniger Berührungsängste gegenüber dem Computer. Ältere Menschen leiden öfter unter der Angst, etwas zu zerstören, als ihre jüngeren Kollegen. Sie geraten unter Druck, wenn die Jüngeren leichter und schneller den Umgang mit der neuen Software lernen. Ältere Teilnehmer verhalten sich in Schulungen anders als ihre jüngeren Kollegen[6]:

- Sie lernen langsamer, aber sorgfältiger.
- Sie haben größere Angst Fehler zu machen und beteiligen sich deshalb weniger.
- Sie lernen eher rezeptiv, d. h. sie versuchen die Erklärungen und das Trainingskonzept nachzuvollziehen. Nur selten versuchen sie die Schulungen mitzugestalten.
- Sie haben mehr Hemmungen ihre Gefühle und Probleme zu äußern.

Ein negatives Trainingsklima, das von Leistungs- und Konkurrenzdruck geprägt ist, wirkt sich in der Regel auch negativ auf die Lernleistung aus. Wer Angst hat und gestresst ist, kann nicht mehr gut lernen. Die sozialen Ängste können durch Schulungsmethoden nur bedingt abgebaut werden, da ihre Ursachen weit über den Lernstoff hinausgehen.

1.3 Die Erwartungen der Teilnehmer

Viele Teilnehmer erwarten, innerhalb von fünf Tagen die neue Software ebenso gut zu beherrschen wie ihr bisheriges Tagesgeschäft. Sie messen ihren Lernfortschritt an ihrem bisherigen Arbeitsalltag und vergessen dabei häufig, dass sie Jahre gebraucht haben, um sich diese Fähigkeiten anzueignen. Dazu kommt der hohe Druck, dem viele Teilnehmer ausgesetzt sind, bzw. sich selber aussetzen. Dadurch entsteht eine Erwartungshaltung, die in kaum einer Schulung erfüllt werden kann. Denn die Schulungszeit ist zu kurz, um ein Programm perfekt zu beherrschen. Außerdem lernt niemand „von heute auf morgen", da zum Lernen Zeit benötigt wird[7]. In der Regel werden neue Lerninhalte erst bei der vierten

---

[5] Vgl. Steiner, Gerhard (1995). Lernverhalten, Lernleistung und Instruktionsmethoden. In: Franz E. Weinert (Hrsg.). Psychologie der Lernens und der Instruktion. Göttingen, S. 289.

[6] Vgl. Siebert, Horst (2012²). Lernen und Bildung Erwachsener, Bielefeld, S. 41–52.

[7] Vgl. Kapitel Lerntheorie und Lernprozesse.

1.3 Die Erwartungen der Teilnehmer

Abb. 1.2 Karikatur Liebermann Fortschritt

oder fünften Wiederholung behalten. Wirklich gesichert werden die Schulungsinhalte damit erst in der Berufspraxis der Teilnehmer. In den Schulungen kann nur ein erster Lernanstoß gegeben werden, der dann in der Praxis vertieft werden muss. Um keine falschen Erwartungshaltungen zu wecken und keine Frustrationen zu erzeugen, wenn diese dann nicht erfüllt werden können, sollten die Teilnehmererwartungen unbedingt zu Anfang der Schulung thematisiert werden.

Falsche Erwartungen entstehen manchmal auch durch die Bedingungen, unter denen die neue Software eingeführt wird. Meistens wird nämlich mit der Einführung der neuen Software auch das Unternehmen umstrukturiert. Dies ist den Mitarbeitern nicht immer bekannt. Die Lerninhalte beziehen sich aber schon auf die neuen Funktionen. In den Schulungen führt dies dazu, dass die Teilnehmer frustriert sind, denn die Übungen scheinen nichts mit ihrem Tagesgeschäft gemeinsam zu tun zu haben: *„Wieso soll ich denn diese Übung machen, das ist doch gar nicht meine Aufgabe?"* Diese Geheimniskrämerei bringt die Trainer in eine schwierige Situation. Die Problematik sollte deshalb unbedingt im Vorfeld mit der Projektleitung abgeklärt werden (Abb. 1.2).

Lerntheorie und Lernprozesse

> *„Je mehr wir lernen, desto mehr wissen wir. Je mehr wir wissen, desto mehr vergessen wir. Je mehr wir vergessen, desto weniger wissen wir. Je weniger wir wissen, desto mehr wissen wir. Wozu lernen wir überhaupt?"*
> Unbekannt

Lernen ist mehr als nur Faktenwissen anhäufen. Gelernt wird vielmehr dann, wenn neue Informationen mit alten Informationen verknüpft werden. Es entstehen neue Zusammenhänge, die ihrerseits das bestehende Wissen verändern. Wie Menschen lernen, wird im Folgenden vorgestellt.

2.1 Gedächtnismodell

Eines Tages bat jemand Albert Einstein um seine Telefonnummer. Dieser griff zum Telefonbuch, um die Nummer herauszusuchen. Auf die erstaunte Frage, ob er denn tatsächlich nach seiner Telefonnummer suche, antwortete Einstein: *„Ich belaste mein Gedächtnis nicht mit Dingen, die ich irgendwo nachschlagen kann!"*

Die Geschichte von Albert Einsteins Telefonnummer beschreibt den Prozess des Lernens sehr genau. Ein großer Teil des Lernens besteht darin zu vergessen. Die Unterscheidung zwischen wichtigen und unwichtigen Informationen macht Lernen erst möglich. Pro Sekunde strömen auf das Gehirn mehr Informationen ein, als es verarbeiten kann. Die Aufmerksamkeit des Gehirns ist beschränkt. Aus den vielen Eindrücken werden nur die wichtigsten herausgefiltert. Was wichtig ist, bestimmen das bereits bestehende Wissen und die bisherigen Erfahrungen. Relevant erscheint immer das, was mit den eigenen Erfahrungen und Lerninhalten in Verbindung gebracht werden kann. Die erste Selektionsebene ist das Ultrakurzzeitgedächtnis. Voraussetzung für die Aufnahme ins Ultrakurzzeitgedächtnis ist die Aufmerksamkeit. Aufmerksam werden wir auf das, was wir mit bereits vorhandenen Erfahrungen in Verbindung bringen können. Alle anderen Sinneseindrücke bleiben unbeachtet[1]. Dies zeigt das folgende Beispiel: Ein Mann geht durch eine Fußgängerzone. Plötzlich hört er ein Lied, das er kennt. Er wird aufmerksam. Was er zu diesem Zeitpunkt nicht wahrnimmt, ist unter anderem das Geräusch seiner Schritte, die drei Menschen, die links an ihm vorbeigehen und den Bus, der im Hintergrund fährt. Die bevorzugten Zugangskanäle für Sinneseindrücke sind von Mensch zu Mensch unterschiedlich. Während der eine Informationen am liebsten hört, nimmt der andere Sinneseindrücke am besten durch die Augen wahr. In der Abb. 2.1 ist das Gedächtnismodell nach Oppolzer zu sehen.

Innerhalb des Ultrakurzzeitgedächtnisses werden die Informationen für circa 20 Sekunden gespeichert[2]. Diese Informationen verblassen wieder, wenn sie nicht mit bereits bekannten Dingen verbunden werden. Sinneseindrücke, die Assoziationen auslösen, wandern ins Kurzzeitgedächtnis. Hier werden die Informationen 20 Minuten[3] gespeichert und dabei ständig wiederholt. Unterschieden werden zwei Arten von Wiederholungen: das „aufrechterhaltende Rehearsal", und das „elaborierende Rehearsal". Im ersten Fall werden die Informationen durch ständiges Wiederholen vor dem Vergessen bewahrt. Im zweiten Fall werden die Informationen semantisch erweitert, das heißt, sie werden mit bereits bestehenden Wissensinhalten verknüpft. Die Wiederholungen sind zugleich eine weitere Selektionsebene, denn Informationen, die nicht wiederholt werden, werden vergessen. Vom Kurzzeitgedächtnis gelangen die Informationen ins Langzeitgedächtnis. Informationen

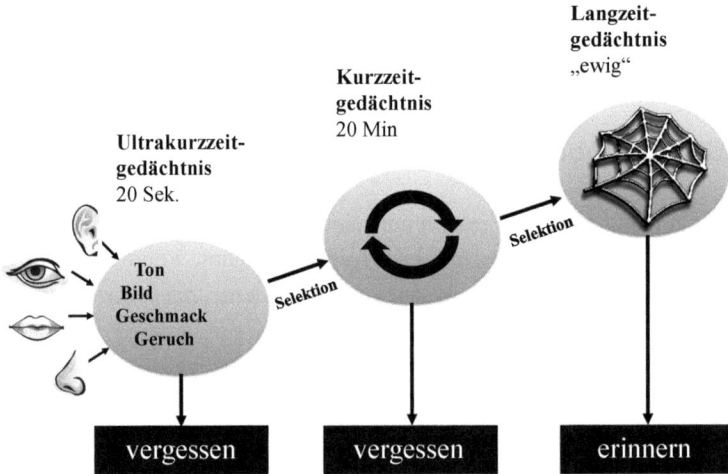

Abb. 2.1 Ist eine Grafik nach: Oppolzer, Ursula (2010[7]). Super Lernen. Tipps und Tricks von A–Z, Hannover, S. 64

---

[1] Vgl. Vester, Frederic (2001[8]). Denken, Lernen und Vergessen. Was geht in unserem Kopf vor, wie lernt das Gehirn, und wann lässt es uns im Stich? München, S. 61 ff.

[2] Vgl. Vester, Frederic S. 59–67.

[3] Vgl. Vester, Frederic S. 67–73.

werden hier dauerhaft gespeichert. Doch nicht auf alle diese Informationen kann gleich gut zugegriffen werden. Äußerungen wie „Es liegt mir auf der Zunge" veranschaulichen dieses Phänomen. Die Information ist zwar vorhanden, kann aber momentan nicht abgerufen werden. Folgendes Modell veranschaulicht die Komplexität unseres Gehirns: Das Gehirn hat 5000-mal so viele Zellen, wie die Stadt Hamburg Zimmer hat. Es gibt allerdings zur Orientierung weder Straßen- oder Familiennamen, noch Hausnummern oder einen Stadtplan[4]. Die Schwierigkeit besteht also darin, einmal gelernte Dinge wiederzufinden. Der Zugriff auf Gelerntes ist umso leichter, je besser diese Informationen im Langzeitgedächtnis mit bekannten Erfahrungen, Gefühlen oder anderen Wissensbausteinen verknüpft sind. In diesem Fall gibt es nicht nur eine Zugriffsmöglichkeit, sondern mehrere. Neue Zugriffsmöglichkeiten entstehen immer, wenn gelerntes Wissen abgerufen wird. In einem bestimmten Kontext, beispielsweise im Gespräch mit Kunden, wird das Wissen, in einer bestimmten Form, zum Beispiel dem Kunden etwas erklärt wird, abgerufen. Der Kontext und die Information selber schaffen neue Anknüpfungsmöglichkeiten. Durch die neuen Assoziationen wird „der nächste Abruf erleichtert"[5]. Entscheidend ist also die Verarbeitungstiefe der Informationen.

Auch die Lernumgebung und die Lernsituation haben einen hohen Einfluss auf den Lernerfolg. Immer dann, wenn Lernen Angst macht, entstehen Stresshormone. Diese behindern die Weitergabe der Informationen ins Langzeitgedächtnis.

> Es kann nicht deutlich genug betont werden (…) dass eine Information, wenn sie mit Freude, Erfolgserlebnis, erotischer Anregung, mit Neugier, Spaß oder Spiel verbunden ist, weit besser verankert wird. (…) Die Ausschüttung von Stresshormonen (…) wird verringert, und nur so können die vorhandenen Assoziationsmöglichkeiten für das Denken und Lernen genutzt werden.[6]

Die angenehme Lernsituation erleichtert das spätere Abrufen des Gelernten. Wenn der Stoff mit unangenehmen Erinnerungen verbunden ist, kann es zu Lernblockaden kommen.

2.2 Der Lernvorgang

Beim Lernen werden die Informationen vom Gehirn verarbeitet. Über diese Verarbeitung- beziehungsweise Lernprozesse gibt es viele Theorien. Gemeinsam ist allen modernen Theorien, dass das Gelernte immer wieder anhand der damit gemachten Erfahrungen überprüft und verändert wird. Lernen ist ein aktiver Prozess. Wiederholungen sind ein wichtiger Bestandteil von Lernprozessen. Eine der Theorien ist der in der Abb. 2.2 dargestellt mit dem Lernzyklus von David A. Kolb.[7]

---
[4] Vgl. Oppolzer, Ursula, S. 62 ff.
[5] Steiner, Gerhard (1995): Lernverhalten, Lernleistung und Instruktionsmethoden. In: Weinert, Franz E. (Hrsg.). Psychologie des Lernens und der Instruktion. Göttingen, S. 280–281.
[6] Vester, Frederic S. 162.
[7] Kolb, D.; Fry, R. (1975). Toward an applied theory of experiential learning. In: Copper, C. (Ed.) Theories of Group Process. London.

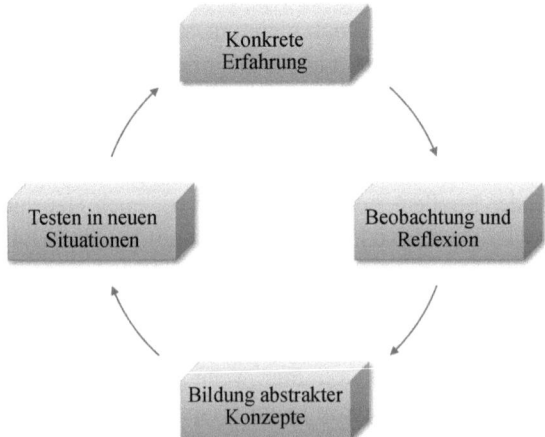

Abb. 2.2. Lernzyklus David A. Kolb

Lernen ist für Kolb ein zyklischer Prozess. Jeder Zyklus erzeugt einen neuen Zyklus. Die Ergebnisse des ersten Zyklus erzeugen automatisch Daten für den zweiten Zyklus. Eine Information muss also mehrfach und auf unterschiedliche Weise verarbeitet werden, bevor sie gelernt ist. Kolb geht davon aus, dass Menschen in diesen Lernzyklus an unterschiedlichen Stellen einsteigen können und verschiedene Einstiege bevorzugen[8].

2.3 Lernstile und Lerntypen

Obwohl die physiologischen Lernvoraussetzungen bei allen Menschen gleich sind, lernt jeder Mensch anders. Menschen scheinen unterschiedliche Sinneskanäle für die Aufnahme von Informationen zu bevorzugen. Die eine nimmt neue Informationen am besten visuell wahr, der andere bevorzugt akustische Signale. Neben diesen bevorzugten Sinneskanälen gibt es auch unterschiedliche Lernstile. Mit Lernstilen werden die Präferenzen der einzelnen Lerner für die verschiedenen Lern- und Lehrarten beschrieben. In Untersuchungen wurde herausgefunden, *„dass es in einer Vorlesung mit hundert Studenten oder einer Klasse mit dreißig Schülern (...) beinahe ebenso viele Lerntypen gibt."*[9] Die Lerntypen geben einen Hinweis darauf, wie der Einzelne lernt und wie er lehrt. In der Regel greifen Menschen auf Verfahren zurück, die sich bereits bewährt haben. Wer mit einer bestimmten Lernmethode erfolgreich war, wird diese gerne auch wieder anwenden. Auch in IT-Trainings sitzen die verschiedensten Lerntypen. Durch eine geschickte Methodenvielfalt können für alle Lerntypen gute Lernvoraussetzungen geschaffen werden.

---

[8] Vgl. Spitzer, Manfred (2002). Lernen: Gehirnforschung und Schule des Lebens, Heidelberg; Berlin.

[9] Vester, Frederic S. 127.

2.3 Lernstile und Lerntypen

Eine berühmte Typologie sind die Lerntypen von Kolb. Er hat aus den unterschiedlichen Lerntypen vier Idealtypen gebildet. Auch wenn die Wirklichkeit komplexer ist, wird anhand seiner Theorie deutlich, wie unterschiedliche Menschen lernen.

Kolb geht von vier Lernstilen aus. Aus der Kombination dieser Lernstile ergibt sich der jeweilige Lerntyp. Die unterschiedlichen Lerntypen ordnet er in einem Achsenkreuz an. Siehe dazu die Abb. 2.3 des Achsenkreuzes der verschiedenen Lerntypen.

Auf der senkrechten Achse wird beschrieben, wie der Lernstoff am besten verstanden wird. Zwischen den Polen konkrete Erfahrung und abstrakte Konzeptualisierung verläuft die y-Achse. Die einen lernen neue Lerninhalte am einfachsten anhand von konkreten Beispielen, Demonstrationen oder Versuchen. Die anderen können sich neue Sachverhalte am leichtesten mit Hilfe abstrakter Modelle, Schaubildern oder Theorien klar machen. Wenn beispielsweise erklärt werden soll, wie verschiedene Exceltabellen miteinander verknüpft werden, kann dies anhand einer Systemvorführung oder durch eine theoretische Erklärung mit einem Schaubild an einem Flipchart erklärt werden.

Die waagerechte Achse beschreibt, wie dieser Lernstoff am besten verarbeitet wird. Zwischen den Polen „aktives Experimentieren" und „reflektive Beobachtung" bewegt sich die x-Achse. Die einen verarbeiten den Lernstoff am besten, indem sie die Lerninhalte gleich in die Praxis umsetzen. Sie können die neuen Inhalte gut verarbeiten, wenn sie Prozesse beobachten und daraus ihre Schlüsse ziehen können. Für IT-Schulungen heißt dies: Die einen wollen sofort loslegen und das neue Wissen praktisch am System ausprobieren, während die anderen lieber solange eine Systemvorführung beobachten, bis sie sicher sind auch alles verstanden zu haben. Die folgenden vier verschiedenen Lerntypen veranschaulichen, wie unterschiedlich Menschen lernen:

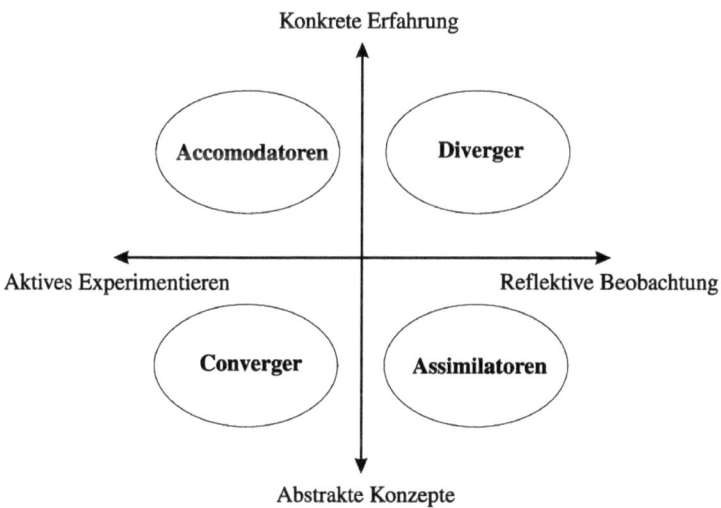

Abb. 2.3 Achsenkreuz Lerntypen

Der Converger
Diese Menschen lernen am besten, wenn sie einige theoretische Grundprinzipien auf praktische Beispiele übertragen können. Sie verstehen den Lernstoff besonders gut, wenn dieser mit Hilfe abstrakter Modelle erklärt wird. Diese Theorien werden auf einige Grundannahmen zusammengezogen (Converger kommt von „converge", das heißt zusammenziehen.) Verarbeitet wird der Lerninhalt durch aktives Experimentieren, das heißt, indem diese Grundannahmen auf praktische Fälle übertragen werden.

Eine Trainingssequenz für den Converger könnte aus einem Kurzreferat und einer praktischen Aufgabe bestehen. Im Kurzreferat werden grundsätzliche Systemzusammenhänge erläutert. Anschließend bekommen die Teilnehmer ein Problem vorgelegt, das sie mit Hilfe des theoretischen Inputs selbstständig lösen sollen. Im Anschluss werden die einzelnen Lösungswege ausgewertet.

Der Diverger
Diese Menschen lernen durch Beobachtung von konkreten Fallbeispielen. Es geht nicht darum, Informationen zu komprimieren, sondern darum, möglichst viele Details zu sammeln. Unterschiede („diverge": engl. trennen) und Gemeinsamkeiten dieser Fallbeispiele werden analysiert.

Eine Lerneinheit könnte aus einer Systemvorführung und einem Unterrichtsgespräch bestehen. Die Trainer führen am System einen bestimmten Prozess vor. Im anschließenden Unterrichtsgespräch werden die Beobachtungen der Teilnehmer diskutiert. Aus diesen Beobachtungen kann dann ein abstraktes Modell entwickelt werden, das anschließend von den Teilnehmern mit Hilfe von Übungsaufgaben nachvollzogen wird.

Der Assimilator
Die Assimilatoren bevorzugen abstrakte Konzepte. Diese Modelle werden von unterschiedlichen Seiten aus beobachtet und in bestehende Modelle eingebaut („assimilate": engl. aufnehmen, integrieren). Praktische Aufgaben werden von den Assimilatoren immer erst dann angegangen, wenn ein theoretisches Modell von ihnen erarbeitet wurde oder der Aufgabe bereits eins zugrunde liegt. Voraussetzung für ein erfolgreiches Lernen ist, dass die verwendete Theorie in sich logisch ist und die Fakten der Theorie entsprechen.

Für die Assimilatoren würde eine Lerneinheit eines IT-Trainings folgendermaßen aussehen: Anhand einer Kurzpräsentation werden die theoretischen Grundlagen vermittelt. Anschließend wird ein entsprechendes Fallbeispiel am System vorgeführt. Am Ende der Lerneinheit werden die theoretischen Erkenntnisse in einer praktischen Übung umgesetzt.

Der Accomodator
Der Accomodator lernt am leichtesten durch eigenes Experimentieren und anhand von Fallbeispielen. „Trial and error" ist die bevorzugte Lernstrategie der Accomodatoren. Bisherige Erfahrungen werden in neuen Situationen angepasst und verändert. Die ursprüngliche Strategie wird verworfen, wenn sie nicht erfolgreich ist („accomodate": engl. anpas-

sen). Die Accomodatoren erarbeiten sich ihren Lernstoff selbstständig. Dies unterscheidet sie von den anderen Lerntypen.

Eine geeignete Lernsequenz besteht aus einem Problem, das die Teilnehmer selbstständig lösen sollen. Dazu gibt es verschiedene Hilfsmittel, Handbücher und Übungsunterlagen. Die Unterlagen bestehen aus konkreten Fallbeschreibungen und weniger aus theoretischen Erörterungen. Die Lösungen werden anschließend im Plenum vorgestellt und gemeinsam besprochen. Die zugrunde liegende Theorie wird dabei gemeinsam erarbeitet.

David Kolb geht davon aus, dass die verschiedenen Lerntypen an unterschiedlichen Stationen des Lernzyklus mit dem Lernen beginnen. Die Accomodatoren versuchen das Gelernte sofort in die Praxis umzusetzen. Sie testen sehr schnell den Stoff in neuen Situationen. Zurückhaltender sind die Diverger, die zuerst beobachten und reflektieren, bevor sie das Gelernte anwenden. Von einer theoretischen Ebene ausgehend wenden die Converger die abstrakten Modelle relativ schnell auf konkrete Beispiele an. Ebenfalls von einer abstrakten und theoretischen Denkweise wenden die Assimilatoren das Gelernte an, nachdem sie dieses aus verschiedenen Blickwinkeln beobachtet und reflektiert haben.

2.4 Konsequenzen für IT-Schulungen

1. Die verschiedenen Lerntypen werden durch unterschiedlich aufgebaute Lernsequenzen angesprochen.
2. Menschen lernen über verschiedene Sinneskanäle. Die Lerninhalte werden auf verschiedenen Sinneskanälen präsentiert. Ein Vortrag wird zum Beispiel durch Bilder ergänzt.
3. Der Übungsanteil sollte bei 80% liegen. Sind die Teilnehmer selber aktiv und hören nicht nur zu, haben sie mehr Anknüpfungspunkte für die neuen Informationen.
4. Die Lerninhalte stammen aus dem Tagesgeschäft oder dem Alltag der Teilnehmer. Diese interessieren sich nur für den Lernstoff, der für sie relevant ist, das heißt, den sie mit ihrem Vorwissen und ihren Bedürfnissen verbinden können.
5. Neues alt verpacken. Unbekannter Lernstoff löst in der Regel Stress aus. Stress führt leicht zu Lernblockaden. Das Training wird stressfreier, wenn der Lernstoff an bekanntes Wissen anknüpft.
6. Wiederholungen sind Teil des Lernprozesses. Durch unterschiedliche Wiederholungsübungen werden die Informationen neu vernetzt und besser behalten[10].
7. Es geht nicht um Fakten, sondern um Zusammenhänge. Einzelne Informationsbrocken werden schwerer behalten als Lerninhalte, die in bestimmte Zusammenhänge eingeordnet werden.[11] Das Verstehen von Grundprinzipien und Systemzusammenhängen der Software ist wichtiger als das Verstehen von Details.

---

[10] Vgl. Vester, Frederic S. 200.
[11] Vgl. Gerbig, Christoph; Gerbig-Calcagni, Irene (2005). Moderne Didaktik in EDV-Schulungen. Weinheim, S. 55–57.

8. Lernen soll Spaß machen. Mit Spaß am Lernen steigt die Leistungsbereitschaft. Lernen findet dann statt, wenn die Seminarleitung und die Lerngruppe die Lernanstrengungen entsprechend würdigt.
9. Lernen mit Erfolg. Das Lerntempo und das Lernniveau werden an die Gruppe angepasst sein. Denn wer ständig überfordert wird, hat den Eindruck nichts lernen zu können und wer ständig unterfordert wird, ist schnell gelangweilt und schaltet ab.

Lernerfolge ermöglichen in IT-Trainings Folgendes:

- Teilnehmer strengen sich in den Trainings an, wenn sie die Software interessiert und das Training für sie Erfolg versprechend und nutzbringend erscheint.
- Das selbstständige Erarbeiten und Lösen von Aufgaben steigert die Motivation sich, mit der Software weiter auseinander zu setzen.
- Mit Spaß am Lernen steigt die Leistungsbereitschaft. Lernen findet dann statt, wenn die Seminarleitung und die Lerngruppe die Lernanstrengungen entsprechend würdigen.

Seminarphasen 3

Eine Lerneinheit besteht aus unterschiedlichen Phasen. Jede dieser Phasen hat eine bestimmte Funktion im Lernprozess. Die einzelnen Phasen werden in der Abbildung durch die verschiedenen Schichten des Sandwichs symbolisiert. Die verschieden Schichten bauen aufeinander auf. Der folgende Vergleich zeigt die Funktion der einzelnen Schichten. Die Anfangssituation und die Schlusssituation werden in einem eigenen Kapitel erklärt. In der Abb. 3.1 werden die unterschiedlichen Seminarphasen in Form eines Sandwichs gezeigt.

3.1 Lernphasen

3.1.1 Informationsphase

Der Lernprozess ist wie die Erkundung einer fremden Stadt. *Sie kommen in einer unbekannten Stadt an. Ihre Aufgabe ist es, die Kirche Peter und Paul zu finden. Sie wissen allerdings weder wo Sie sich in dieser Stadt befinden, noch in welcher Richtung diese Kirche liegt. Damit Sie sich in dieser Stadt nicht verlaufen, brauchen Sie Orientierungshilfen wie zum Beispiel einen Stadtplan oder Wegweiser. Mit deren Hilfe können Sie sich eine erste Vorstellung vom Aufbau der Stadt machen.* Informationsphasen sind solche Orientierungshilfen. Sie geben den Teilnehmern eine erste Orientierung, indem der Lernstoff in ein grobes Raster eingeteilt werden kann. Als erster Einstieg in eine neue Software können beispielsweise die Fachbegriffe der Software erklärt werden. Wichtig ist, dass die Raster an das Vorwissen der Teilnehmer anknüpfen. Ein Beispiel aus dem Bereich

Abb. 3.1 Seminarphasen

Word: Das Ikon „Neues leeres Dokument" soll erklärt werden. Wenn die Erklärung lautet „*Indem Sie dieses Ikon anklicken, erstellen Sie ein neues Dokument*" (Word Hilfe), wird diese Erklärung nur verstanden, wenn die Anwender wissen, was dies im Zusammenhang mit dem Textverarbeitungsprogramm bedeutet. Lautet die Erklärung dagegen „*Mit diesem Button, der aussieht wie ein leeres Blatt, erstellen Sie ein neues Dokument. Das ist so, als wenn Sie an Ihrem Schreibtisch ein neues weißes Blatt bereitlegen würden.*" Die Erläuterung knüpft an den Arbeitsalltag der Anwender an.

In der Informationsphase werden die Prozesse nicht detailliert vorgeführt. Aufgabe der Trainer ist vielmehr, den Teilnehmern bei der Strukturierung des Lernstoffes zu helfen. Zuviel Information ist schädlich. Für die Teilnehmer sind die meisten Informationen neu, das heißt, es fällt ihnen schwer diese in „wichtige" und „unwichtige" Informationen zu trennen. Dies soll am Beispiel der Stadterkundung veranschaulicht werden. *Sie fragen jemandem nach dem Weg zur Kirche Peter und Paul. Der Angesprochene gibt auch gerne Auskunft: „Also, das ist eigentlich ganz einfach. Sie gehen erst mal die Straße runter, erst kommt ein Schuhgeschäft, wenn Sie da links abbiegen, kommen Sie zum Rathaus. Sie wollen ja zur Kirche, also gehen Sie weiter geradeaus. An der nächsten Ampel ist das Heinemuseum. Gegenüber ist der Marktplatz. In der dritten Straße links kommen sie an einem großen Haus vorbei. In dem wohnt übrigens meine Tante Erna. Und am Ende der Straße ist die Kirche Peter und Paul.*" Wichtig für den Weg sind hier nur die Informationen: gehen Sie geradeaus und dann die dritte Straße links. Diese sind aber nur schwer aus den anderen Informationen herauszufiltern.

Vermittelt wird in der Informationsphase nur ein grobes Raster. Alle weiteren Details werden im Laufe der Lerneinheit erarbeitet.

Niemand kann länger als 15–20 Minuten aktiv zuhören. Danach behalten die Teilnehmer deutlich weniger. Als Faustregel für Informationsphasen gilt also: Zusammenhänge vermitteln und Details weglassen.

3.1.2 Erarbeitungsphase

Mit Hilfe des Stadtplans versuchen Sie nun die Kirche zu finden. Die Erarbeitungsphasen sind ähnlich strukturiert wie die Suche nach dem richtigen Weg. In der Erarbeitungsphase sind die Teilnehmer aktiv tätig, das heißt, sie bekommen Übungsaufgaben gestellt. Für diese Phase sollte viel Zeit eingeplant werden. Fehler sind Lernchancen. Auch dies kann die Stadterkundung verdeutlichen. *Auf dem Weg stellen Sie plötzlich fest, dass Sie sich verlaufen haben. Sie gehen den Weg ein Stück zurück und stellen fest, dass Sie an der letzten Kreuzung falsch abgebogen sind.* Aufgrund des Fehlers wird der bisherige Lösungsweg noch einmal analysiert. Erfolgreiche Lösungswege, das heißt, das richtige Teilstück, werden beibehalten. Erfolglose Lösungswege, wie die falsche Abbiegung, werden verworfen. Durch Fehler entstehen oft auch neue Zusammenhänge. Im Stadtbeispiel stellen Sie fest, *dass es an der Straße, an der Sie falsch abgebogen sind, ein nettes Café gibt.* Dadurch entsteht eine neue Verknüpfung: am Café aufpassen und nicht links, sondern rechts abbiegen.

Die Aufgaben der Erarbeitungsphase sollten „lösungsorientiert" sein. Die Aufgaben sollen mit dem Wissen der Informationsphase gelöst werden. Werden nur die Systemvorführungen der Trainer nachgeahmt, ist der Lerneffekt gering. Dies ist so ähnlich wie bei einer Stadtführung. Wen man bei einer Führung dem Stadtführer hinterhergelaufen ist, findet man in der Regel schlechter zu der Kirche xy zurück, als wenn man sich den Weg selber gesucht hätte. Durch das selbstständige Erarbeiten von Aufgaben können neue Verknüpfung zwischen bereits vorhandenem Wissen und neuem Wissen entstehen. Dadurch wird der Lernstoff leichter und besser behalten.

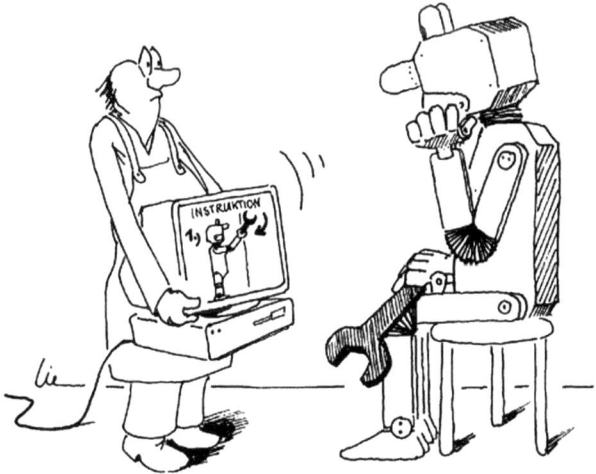

Karikatur Liebermann Instruktion

3.1.3 Auswertungsphase

Schließlich kommen Sie bei der Kirche Peter und Paul an. Vor der Kirche treffen Sie noch andere Leute, die ebenfalls fremd in der Stadt sind. Sie kommen ins Gespräch und tauschen sich über ihre unterschiedlichen Wege aus. Wahrscheinlich haben die anderen nicht genau denselben Weg gewählt.

In der Auswertungsphase werden die verschiedenen Lösungswege besprochen. Die Ergebnisse der einzelnen Teilnehmer werden im Plenum vorgestellt. Die Gruppe oder die Seminarleitung gibt ein Feedback zu den einzelnen Übungen. Die Auswertungsphase kann unterschiedlich lang sein, je nachdem wie viel Erklärungsbedarf im Seminar besteht. Sobald allen klar ist, welche Lösung richtig und welche Lösung falsch ist, beginnt die Auswertungsphase spannend zu werden. Denn entscheidend ist nicht, ob eine Lösung richtig oder falsch ist, sondern warum ein bestimmter Lösungsweg genommen wurde. Auch bei der Auswertung sind die Fehler Lernchancen. Die Analyse des Lösungsweges ist bei der Auswertung entscheidend. Durch dieses Verfahren können die Trainer zugleich feststellen, bei welchen Lerninhalten es noch Wiederholungsbedarf gibt.

Die Gruppe wird in dieser Phase für weitere Übungen motiviert.

3.1.4 Pausen

Nachdem Sie die Kirche besichtigt haben, wollen Sie die nächste Aufgabe in Angriff nehmen. Allerdings sind Sie von dem bisherigen Weg ziemlich geschafft. Nachdem Sie den Stadtplan verkehrt herum gehalten haben, beschließen sie, erst einmal Pause zu machen und einen Sprudel zu trinken.

Genau wie Städtetouristen, die vor Erschöpfung den Stadtplan falsch halten, braucht auch das Gehirn ab und zu mal eine Pause. Das Gehirn benötigt Zeit für die Verarbeitung und Einordnung der neuen Lerninhalte. Pausen sind also keine verschenkte Zeit. Pausen sind notwendig, damit die Teilnehmer Zeit haben, um den Lernstoff zu verarbeiten. Zu wenige Pausen verringern den Lernerfolg. Der Pausenbedarf kann bei einzelnen Lerngruppen unterschiedlich sein. Als Faustregel für ein Pausenschema gilt:

Lernzeit 45 Minuten, 5 Minuten Pause, Lernzeit 30 Minuten, 10 Minuten Pause, Lernzeit 30 Minuten, 5 Minuten Pause[1]. 10–30 % der Lernzeit sollten Pausen sein. Pausen sollten gemacht werden, solange die Gruppe noch lernfähig ist und nicht erst, wenn diese total erschöpft ist. Eine besondere Rolle spielt die Pausengestaltung. Die Teilnehmer sollen während der Pause auf keinen Fall vor dem Computer sitzen bleiben, sondern sich bewegen, Sauerstoff tanken oder in Form eines „Warm-ups" an etwas völlig anderes denken. Gut sind auch kurze Umschaltpausen (Ein-zwei Minuten) während des Seminars. Diese können leicht eingebaut werden, indem beispielsweise nicht alle Übungsaufgaben auf einmal verteilt werden, sondern sich die Teilnehmer die neuen Aufgaben bei dem Trainer

---
[1] Oppolzer, Ursula, S. 170.

abholen. Durch das Aufstehen vom Platz hat das Gehirn genug Zeit, sich auf die neue Übung einzustellen. Durch kurze Unterbrechungen, Minipausen und Pausen im Verlauf eines Seminars erhöhen sich die Motivation und die Leistung der Lerngruppe.

3.1.5 Wiederholungen

So, die Pause ist vorbei, Sie haben die nächste Aufgabe erfolgreich gelöst und wollen zum Abschluss noch einmal an der Kirche vorbeigehen. Sie schlagen also den Weg zur Kirche ein, kommen an eine Kreuzung und fragen sich, ob der Weg jetzt links oder rechts hergimg. Genauso, wie nur wenige Menschen einen Weg auf Anhieb behalten, müssen auch Lerninhalte wiederholt werden. Nur durch regelmäßige Wiederholungen können die Lerninhalte im Langzeitgedächtnis verankert werden. Wiederholungsübungen sollten nicht einfach eine Kopie der ursprünglichen Übungen sein, sondern die Lerninhalte in anderen Zusammenhängen abfragen. Um beim Stadtbeispiel zu bleiben: einen anderen Weg wählen. Durch diese unterschiedlichen Wege werden die Lerninhalte besser vernetzt. Ohne diese Vernetzung kann auf die Lerninhalte später schlechter zugegriffen werden, da diese immer nur in einem bestimmten Zusammenhang abgerufen werden können. Dieses Phänomen tritt auch in Softwareschulungen auf. Bei einer Wiederholungsübung werden Fachbegriffe zur Software abgefragt. Einigen Teilnehmern liegt die richtige Definition auf der Zunge. Sie fällt ihnen aber erst in dem Moment wieder ein, in dem sie auf dem Platz sitzen, an dem sie die Definition zum ersten Mal gehört haben.

Für die Trainer wird in den Wiederholungsphasen deutlich, welche Inhalte noch nicht richtig sitzen und welche von den Teilnehmern noch verstärkt geübt werden müssen. In dem Foto werden Teilnehmer beim Lösen einer Wiederholungsübung gezeigt.

3.2 Reihenfolge der Lernphasen

Die Reihenfolge der einzelnen Phasen ist variabel. Eine Informationsphase kann sich auch an eine Bearbeitungs- und Auswertungsphase anschließen. In diesem Fall haben die Teilnehmer zuvor eine Aufgabe am System mit Hilfe der Trainingsunterlagen gelöst. In der anschließenden Informationsphase werden die Erfahrungen der Teilnehmer durch die Seminarleitung systematisiert und in den Gesamtzusammenhang der Software eingeordnet.

Die verschiedenen Lerntypen bevorzugen unterschiedliche Kursarchitekturen. Die erste Variante eignet sich besonders für die Lerntypen Diverger, Assimilatoren und Converger, während die zweite Variante sich eher für die Accomodatoren eignet. Diese lernen am besten, wenn sie sich den Lernstoff selbstständig erarbeiten. Um alle Lerntypen zu erreichen, sollten nicht alle Lerneinheiten nach dem gleichen Schema aufgebaut sein. Je nach Lerneinheit und Lernfortschritt kann der Seminaraufbau unterschiedlich sein.

Zu Beginn eines IT-Trainings, wenn die Teilnehmer noch unsicher sind und noch wenig Erfahrung mit der neuen Software besitzen, ist es sinnvoll, die Lerneinheiten stärker zu strukturieren. Je weiter das Seminar fortgeschritten ist und je mehr Vorkenntnisse der Kurs besitzt, desto länger können die Erarbeitungsphasen geplant werden. In dieser Phase können sich die Teilnehmer mit den verschiedenen Hilfesystemen der Software und den Schulungsunterlagen vertraut machen.

Am höchsten ist die Aufmerksamkeit zu Beginn eines Lernvorganges. Dann wird am schnellsten gelernt. Je länger die Lernphase andauert und je näher das Lernziel ist, desto geringer ist die Aufnahmefähigkeit. Der Lernstoff sollte also nicht auf einmal, zum Beispiel in einem Folienvortrag, präsentiert werden, sondern in mehreren kleinen Portionen, die wiederholt gelernt werden.

Anfangssituation 4

„Der Anfang ist die Hälfte des Ganzen."
Aristoteles

Schon Aristoteles wusste, wie entscheidend und wichtig der Beginn und die Anfangssituation in einem Seminar sind. Gelingt der Anfang, so wird auch das weitere Seminar gut verlaufen. Missglückt der Anfang ist es schwieriger, das Seminar erfolgreich fortzusetzen. Der Einstieg hat zwei Schwerpunkte: Das Softwarethema und die Seminarteilnehmer.

Am Anfang eines Trainings geht es nicht um die Inhalte. Die Anfangsphase ist vor allem eine Orientierungsphase, in der Teilnehmer und Trainer erst einmal folgendes wissen wollen:

- Mit wem befinde ich mich im Seminar? Die Teilnehmer und Trainer wollen sich gegenseitig kennen lernen.
- Was kommt auf mich zu? Die Teilnehmer wollen den Tagesablauf und die Seminarinhalte kennen lernen. Die Trainer wollen die Erwartungen und Wünsche der Teilnehmer abfragen.
- Wie kann/muss ich mich verhalten? Die Teilnehmer wollen wissen, ob die Stimmung im Kurs locker oder formell ist, wie viele Fragen sie stellen dürfen, ob sie Schwächen und Fehler zugeben können oder ausgelacht werden.

Die erste Trainingsphase bestimmt das Lernklima eines Kurses. In dieser Situation ist es vor allem wichtig, Ängste und Verunsicherungen abzubauen. Für viele Teilnehmer ist die Lernsituation ungewohnt, da die Schulzeit häufig schon lange her ist. Viele fragen sich, ob sie mit dem Lerntempo mithalten können. Wie werden die Trainer oder die anderen Teilnehmer auf Fehler reagieren? Zudem sind die Gruppenstruktur und die Rollen der Einzelnen noch nicht geklärt. Denn entweder kennen sich die Teilnehmer nicht, oder sie treffen in einer ungewohnten Situation auf bekannte Kollegen. Die einzige Rolle, die klar definiert ist, ist die Rolle der Trainer. Deshalb erwarten die Teilnehmer von ihnen, dass sie eine angenehme Seminaratmosphäre schaffen und den Trainingsbeginn strukturieren.

Doch auch die Trainer sind zu Beginn häufig nervös und angespannt. Sie wissen nicht, wie die Teilnehmer auf ihre Person und auf das Trainingskonzept reagieren werden.

Ein sanfter Einstieg, der nicht gleich mit dem Trainingsthema ins Haus fällt, entspannt die Atmosphäre für beide Seiten. Beginnt dagegen das Seminar gleich mit den wichtigsten Lerninhalten, werden diese vom Kurs schwerer aufgenommen, da in der Regel alle noch damit beschäftigt sind, sich in der neuen Situation zu orientieren.

Die Methoden, die am Anfang eines Seminars eingesetzt werden, haben mehrere Aufgaben:

- Sie machen die Teilnehmer und das Trainerteam miteinander bekannt.
- Sie klären ab, was beide Seiten von dem Training erwarten.
- Sie machen neugierig auf das Training.
- Sie schaffen eine lockere und entspannte Lernatmosphäre.
- Sie bauen Ängste durch einen sanften Einstieg in das IT-Thema ab.

Die Anfangsphase dauert etwa eine Stunde.

4.1 Durchführung der Anfangsphase

In der Anfangsphase des Seminars sollte Folgendes beachte werden. Dabei kann die Reihenfolge variieren:

- Begrüßung der Teilnehmer.
- Vorstellung der Teilnehmer.
- Vorstellung des Trainerteams.
- Vorstellung der Trainingsinhalte und Trainingsziele.
- Vorstellung des Tagesablaufs. (Am besten im Raum visualisieren und auf die Pausen hinweisen).
- Erwartungshaltung von den Teilnehmern und den Trainern abklären.
- Gemeinsame Kommunikationsregeln vereinbaren.
- Organisatorisches besprechen.
- Einstieg ins Seminarthema.

Diese Anforderungen können meistens nicht mit einer einzigen Methode abgedeckt werden. Es sollte deshalb geklärt werden, für welchen Zweck die jeweiligen Methoden eingesetzt werden. Beispielsweise sollen sich die Seminarteilnehmer kennen lernen oder soll in das Seminarthema eingestiegen werden?

▶ **Hinweis** Achten Sie in der Einstiegsphase auf Ihre Wortwahl, wenn Sie die Methoden anmoderieren. So kann etwa der Begriff „Spiel" negativ aufgefasst werden. Einige Teilnehmer möchten „nicht spielen". Verwenden Sie daher zur besseren Akzeptanz Begriffe wie „Gedächtnistraining", Übung, Methode, kurze Aktion oder Trainingseinheit.

4.2 Checkliste zur persönlichen Vorbereitung

Bei der Planung einer Anfangssituation werden unterschiedliche Faktoren beachtet. Die folgende Checkliste zur persönlichen Vorbereitung hilft Ihnen bei der Vorbereitung:

Faktor: Ich

- Mein Selbstverständnis als Trainer?
- Meine Rollen im Seminar?
- Meine Stimmung vor dem Seminar?
- Was möchte ich in dem Seminar erreichen?
- Was möchte ich Neues im Seminar ausprobieren?

▶ **Hinweis** Damit Sie als Trainer aufgrund Ihrer großen Erfahrung und vielleicht auch schon eingestellten Routine nicht dem „Burn-out-Syndrom" erliegen, empfiehlt es sich, dass Sie immer mal wieder etwas Neues im Seminar ausprobieren. Ein anderer Einstieg oder ein neues Warm-up nach der Pause. Solange Sie selbst gespannt sind, wie eine Gruppe auf Ihre neue Methode reagiert, bleibt das Überraschungsmoment erhalten. Falls das Neue gut ankommt, gibt das Ihnen auch noch einen weiteren Motivationsschub im Seminar. Dies hilft gegen Monotonie und Demotivation und erhält die Spannung.

Faktor: Teilnehmergruppe

- Freiwilligkeit?
- Alter der einzelnen Teilnehmer?
- Aus welchen Abteilungen oder welchen Unternehmen kommen die Teilnehmer?
- Ziele?
- Position des Einzelnen?

Faktor: Beziehungen

- Nähe – Distanz untereinander
- Vertrauen zueinander?
- Konkurrenz?

- Konflikte?
- Autorität?
- Beziehung zum Trainingsteam?

Faktor: Methoden

- Zusammensetzung? (Einzelarbeit, Gruppenarbeit, Plenumsarbeit?)
- Lernmethode? (Wie sollen die Teilnehmer den Stoff erlernen?)
- Ablauf? (häufiger oder seltener Methodenwechsel?)
- Medien?
- Materialien, Unterlagen?

Faktor: Inhalte

- Informationen?
- Problemlösungsstrategien?
- Fallbeispiele?
- Übungen?
- Ziele?

Faktor: System und Umfeld

- Status des Kurses? (Führungskräfte oder Sachbearbeiter?)
- Organisation? (Räume, Zeiten, Verpflegung?)
- Ablenkungen von außen? (Hitze, Lärm oder enge Räume?)
- Erwartungen des Auftraggebers? (Vgl. Tab. 4.1)

4.3 Tabelle Beispiel Checkliste Anfangssituation

Tab. 4.1 Beispiel Checkliste

Technik	erledigt
Funktionieren alle Computer?	
Haben alle Teilnehmer Zugang zum Trainingssystem?	
Sind alle Programme standardmäßig konfiguriert?	
Sind die Übungsdateien installiert?	
Funktioniert der Beamer?	
Material	
Moderationskoffer	
Pinnwand, Pinnwände	
Flipchart	
Overheadprojektor	
CD-Spieler, Kassettenrecorder	
Material für Übungen (Ball, Zauberwürfel, Spielmatrix)	
Namensschilder	
Seminareinstieg	
Vorstellung der Trainer (Werdegang, Person etc.)	
Vorstellungsrunde Teilnehmer (Welches Vorstellungsspiel?)	
Teilnehmererwartungen abfragen	
Vorkenntnisse der Teilnehmer abfragen	
Seminarprogramm vorstellen (Lernziele, didaktische Grundlagen)	
Tagesablauf (Zeitplanung mit Pausen, Lerninhalte)	
Organisatorische Hinweise (Kurszeiten, Verpflegung, Toiletten)	
Festlegung der „Kursregeln" (Wie und wann können Fragen gestellt werden? Wer stellt die Teilnahmebescheinigungen aus?)	

Schlusssituation 5

Für einen gelungenen Abschluss eines IT-Trainings ist eine gründliche Vorbereitung genauso wichtig wie eine genaue Planung des Kursbeginns. Zu Beginn des Kurses ging es darum, sich gegenseitig kennen zu lernen und eine entspannte und lockere Atmosphäre herzustellen. Dagegen ist das Ziel der Schlusssituation, sich zu verabschieden und ein Ende des Kurses zu setzen.

Die Schlussphase hat zwei Seiten. Auf der einen Seite geht es um den inhaltlichen Transfer, das heißt, wie werden die Trainingsinhalte im Arbeitsalltag umgesetzt und vertieft. Auf der anderen Seite geht es um den Abschied von der Lerngruppe. Mit dem Ende des Kurses löst sich die Lerngruppe auf. Bei IT-Trainings sind die sozialen Interaktionen nicht ganz so intensiv wie zum Beispiel bei Kommunikationsseminaren, da die Teilnehmer viel Zeit mit dem PC verbringen. Dennoch entsteht durch die gemeinsame Arbeit im Seminar ein Gruppengefühl. Der Trainer sollte daher die entsprechende Zeit für die Schlusssituation einrechnen. Die Schlussphase dauert zwischen 30 und 60 Minuten.

5.1 „Jetzt ist aber Schluss!" – Durchführung der Schlusssituation

Am Ende des IT-Trainings macht sich in der Regel eine gewisse Unruhe breit: Einige packen bereits die Trainingsunterlagen zusammen, da sie den nächsten Zug bekommen möchten, andere wollen noch schnell eine letzte Frage loswerden. Damit der Kurs nicht auseinander läuft, sollte die Schlussphase angekündigt werden: *„Bevor ich sie jetzt in den wohlverdienten Feierabend entlasse, wollen wir in der letzten halben Stunde den Kurs noch einmal Revue passieren lassen."*

Für die Durchführung der Schlusssituation des Seminars sollten Sie folgende Punkte beachten. Die aufgeführten Punkte dienen zur Anregung, die Reihenfolge kann verändert werden.

- Offene Fragen
- Zusammenfassung der Lerninhalte und Lernziele des Kurses
- Ergebnis des Kurses
- Transfer: Was kommt nach dem Kurs?
- Feedback der Teilnehmer
- Feedback an den Kurs und Verabschiedung durch die Trainer
- Pünktlich das Training beenden
- Aufräumen des Seminarraumes

Am Ende eines Seminars bleiben meistens noch einige Fragen offen. Diese sollten vor der eigentlichen Schlussphase geklärt werden. Gehen einzelne Fragen sehr ins Detail oder sprengen sie den Zeitrahmen, können diese auch mit den einzelnen Teilnehmern nach dem Training geklärt werden. Bleiben Fragen offen, weil sie von den Trainern nicht beantwortet werden können oder den Zeitrahmen sprengen, sollten die Antworten nachgeliefert werden: Entweder auf weiterführende Trainingsangebote hinweisen oder die Antwort wird nach dem Kurs an alle Teilnehmer verschickt. Wichtige Lerninhalte sollten auf keinen Fall noch schnell in der letzten halben Stunde angesprochen werden, „damit die Teilnehmer sie wenigstens gehört haben". Diese Inhalte werden sowieso nicht behalten[1]. Außerdem entsteht der Eindruck, dass das wichtigste im Kurs gar nicht zur Sprache gekommen ist. Die Teilnehmer werden den Kurs unter diesem Eindruck eher frustriert verlassen.

In der Schlussphase wird das Seminar noch einmal zusammengefasst. Die Kursziele und das Kursergebnis können durch die Trainer oder durch die Teilnehmer wiederholt werden. Wenn nicht alle geplanten Seminarziele erreicht wurden, sollte dies auf keinen Fall verschwiegen oder vertuscht werden. Meistens haben das die Teilnehmer schon selbst gemerkt. Sinnvoller ist es, die Gründe (zum Beispiel: zu viel Stoff oder zu große Lernunterschiede) im Gruppengespräch zu thematisieren. Viele Teilnehmer wollen wissen, wie es nach dem Kurs weitergeht. Finden die Trainings bei einem Kunden statt, sollte auf die weiteren Kurse, FAQ-Datenbanken, Übungsmöglichkeiten, Ansprechpartner oder die Hotline hingewiesen werden. Bei offenen Trainings werden die Trainingsangebote vorgestellt, die sich als Fortsetzung des Kurses eignen.

Am Ende des Seminars gibt es eine Feedbackrunde. Trainer und Gruppe tauschen die gemachten Erfahrungen aus. Die Auswertung kann mündlich zum Beispiel ein „Blitzlicht" sein oder schriftlich mit einem Bewertungs- beziehungsweise Evaluierungsbogen erfolgen. Häufig wird ein Training durch den Programmpunkt „Seminarkritik" abgearbeitet. Diese Ankündigung wird von den Teilnehmern meistens als Rückmeldung an die Trainer verstanden, wie ihnen das Training gefallen hat. In diesem Fall nehmen sie die Trainer als

---

[1] Siehe Kapitel Lerntheorie und Lernprozesse.

Autoritäten wahr und benoten sie. Meistens wird hierbei der Schwerpunkt auf die Arbeit des Trainerteams gelegt und die anderen Aspekte, wie Gruppenatmosphäre oder Lernspaß bleiben unberücksichtigt. Um diese Punkte mit einzubeziehen, können bestimmte Feedbackaspekte vorgeschlagen werden: „An der Gruppe fand ich schön" oder „Von der Gruppe hätte ich mir gewünscht". Die Trainer sollten sich immer an den Feedbackrunden beteiligen. Diese Runden haben auch eine Ventilfunktion. Die Teilnehmer und die Trainer können sich Luft machen und sagen was ihnen gut und was ihnen nicht so gut gefallen hat. Die Feedbackrunden sind auch für zukünftige Seminare wichtig. Was sollte anders gemacht werden? Was sollte auf jeden Fall beibehalten werden? Zum Schluss verabschiedet die Seminarleitung die Gruppe und entlässt sie. Das Training sollte pünktlich enden, da viele Teilnehmer sich auf die offizielle Ankündigung verlassen und eventuell noch weitere Verpflichtungen haben. Daher ist es wichtig, dass die Kurszeiten nicht überschritten werden. Ist der Kurs sehr schnell und somit früher als geplant zu Ende, kann sich der Trainer bis zum angekündigten Ende für Fragen zur Verfügung stellen oder den Teilnehmern die Möglichkeit zum selbstständigen Üben geben.

Nachdem die Gruppe entlassen ist, zieht der Trainer ein persönliches Resümee. Hilfreich ist ein schriftliches Resümee. Dazu können folgende Fragen beantwortet werden:

- War bei dem Training der Transfer von den Übungen zum Tagesgeschäft der Teilnehmer gewährleistet?
- Hat die Trainingskonzeption zu den Erwartungen und Bedürfnissen der Teilnehmer gepasst?
- Welche Anregungen habe ich für zukünftige Trainings erhalten?
- Möchte ich etwas am Trainingsverlauf, an den Trainingsinhalten und Trainingszielen oder an den Methoden verändern?
- An wen und wie kann ich meine Erfahrungen des IT-Trainings weitergeben?

Abschließend räumt die Seminarleitung den Trainingsraum auf. Dabei klärt sie folgende Punkte:

- Funktionieren alle technischen Geräte noch?
- Sind genügend Trainingsunterlagen für den nächsten Kurs vorhanden (Handbücher, Übungsblätter)?
- Sind die Übungskonstrukte auf den PCs zurückgesetzt?
- Ist genügend Papier für den Drucker, die Flipcharts und Pinnwände vorhanden?
- Sind für das nächste Training genügend funktionierende Stifte, Folien, Metaplankarten vorhanden?
- Sind die Tafeln und Whiteboards geputzt?
- Sind alle Schaubilder und Poster abgehängt?
- Sind die Übungsplätze aufgeräumt?
- Sind alle PCs ausgeschaltet?

5.2 Auswertungsbögen

In vielen Seminaren werden die Teilnehmer um eine schriftliche Auswertung gebeten. Mit dem Bogen erhält die Seminarleitung zusätzliche Informationen zu einzelnen Methoden oder Kommentare, die mündlich nicht geäußert wurden. Die schriftliche Auswertung soll nicht nur zeigen, ob eine Schulung gut oder schlecht beurteilt wird, sondern auch dazu dienen herauszufinden, warum das der Fall ist. Ziel des Beispielbogens ist es, zu beurteilen, wie die didaktische Konzeption des Trainings bei den Teilnehmern angekommen ist.

Der Beispielbogen besteht aus folgenden Blöcken:

- Einleitung (Erklärung des Bogens, Daten, Name des Kurses, persönliche Angaben der Teilnehmer (freiwillig!)
- Vorkenntnisse
- Gesamtbeurteilung
- Rahmenbedingungen (Atmosphäre, Gruppengröße)
- Didaktische Konzeption der Schulung 1 (Methoden, Schulungsunterlagen, Teamarbeit)
- Trainer
- Lernerfolg (Lerntempo, Lernerfolg, Umsetzbarkeit der Schulungsinhalte in die Praxis)
- Didaktische Konzeption 2 (Anteil der einzelnen Methoden, Stoffmenge)

5.2 Auswertungsbögen

Die Tab. 5.1 zeigt ein Beispiel für einen Auswertungsbogen

Tab. 5.1 Beispiel Auswertungsbogen
Sehr geehrte Trainingsteilnehmerin, sehr geehrter Trainingsteilnehmer,

wir bitten Sie, uns diese Fragen zu beantworten. Ihre persönliche Meinung ist uns sehr wichtig, denn sie hilft uns das Training an Ihren Vorstellungen und Wünschen auszurichten und gegebenenfalls zu verbessern.

Vielen Dank für Ihre Unterstützung

Ihr Trainingsteam

Schulungskurs:

Datum des Kurses (von – bis):

Name der Trainer:

Freiwillig: Name des Teilnehmers:

Freiwillig: Abteilung:

Freiwillig: Telefonnummer:

Bitte versuchen Sie die Fragen zu beantworten, indem Sie die entsprechenden Felder ankreuzen **X.**

Tab. 5.1 (Fortsetzung)

Wie schätzen Sie Ihre Vorkenntnisse ein?	sehr gut				schlecht
SAP ERP	1	2	3	4	5
SAP for Utilities	1	2	3	4	5

Wie beurteilen Sie das Training insgesamt?	sehr gut				schlecht
	1	2	3	4	5

Wie empfanden Sie die Atmosphäre?	sehr gut				schlecht
	1	2	3	4	5

Wie beurteilen Sie die Gruppengröße?	sehr gut				schlecht
	1	2	3	4	5

Wie beurteilen Sie die Methoden?	sehr gut				schlecht
Systemvorführungen	1	2	3	4	5
Übungen mit selbstständiger Erarbeitung des Lernstoffes	1	2	3	4	5
Wiederholungsübungen (Lückentext, Metaplan)	1	2	3	4	5
Vorträge	1	2	3	4	5
Lernzirkel	1	2	3	4	5
Events (Quiz)	1	2	3	4	5
Warm-ups	1	2	3	4	5

5.2 Auswertungsbögen

Tab. 5.1 (Fortsetzung)

Wie beurteilen Sie die Trainingsunterlagen? sehr gut — schlecht

Trainingsunterlagen	1	2	3	4	5
Übungsblätter	1	2	3	4	5

Wie beurteilen Sie die Teamarbeit? sehr gut — schlecht

1	2	3	4	5

Wie beurteilen Sie die Trainer? sehr gut — schlecht

Fachkompetenz	1	2	3	4	5
Verständlichkeit der Erklärungen	1	2	3	4	5
Methodische Kompetenz	1	2	3	4	5
Hilfestellung	1	2	3	4	5

Wie beurteilen Sie das Lerntempo? sehr gut — schlecht

1	2	3	4	5

Wie beurteilen Sie Ihren Lernerfolg? sehr gut — schlecht

1	2	3	4	5

Wie gut können Sie die gelernten Prozesse in ihre Projektarbeit umsetzen? sehr gut — schlecht

1	2	3	4	5

Tab. 5.1 (Fortsetzung)

Wie beurteilen Sie die Mischung der Methoden?	zu viel	genau richtig	zu wenig
Anteil der Übungen am System	☒	☒	☒
Anteil der Übungen ohne System	☐	☐	☐
Anteil der Vorträge durch die Trainer	☒	☒	☒
Anteil der Systemvorführungen	☐	☐	☐
Anteil der Events	☒	☒	☒
Anteil der Warm-ups	☐	☐	☐

Wie beurteilen Sie die Stoffmenge?	zu viel	genau richtig	zu wenig
	☐	☐	☐

Was hat Ihnen an diesem Training besonders gefallen?

_____

_____

Was würden Sie an diesem Training verbessern?

_____

_____

5.2 Auswertungsbögen

Tabelle 5.2 ist ein Beispiel für eine Checkliste, um Schlusssituationen gut vorzubereiten.

Tab. 5.2 Schlusssituation Beispiel Checkliste

Technik	erledigt
Sind alle Übungsdateien gelöscht und die Computer bereit für ein neues Training?	
Haben sich alle vom Trainingssystem abgemeldet?	
Sind alle Computer heruntergefahren?	
Ist der Beamer aus?	
Material	
Ist der Moderationskoffer noch vollständig?	
Ist die Pinnwand wiederhergestellt für ein neues Training?	
Sind noch genügend leere Blätter auf dem Flipchart?	
Ist der Raum aufgeräumt?	
Sind keine CDs und Kassetten mehr in den Geräten? Sind die Geräte ausgeschaltet?	
Ist das Material für Übungen wieder an seinem Platz? (Ball, Zauberwürfel, Spielmatrix)	
Sind die Namensschilder bereit für ein weiteres Training?	
Ist der Overheadprojektor aus?	
Seminarabschluss	
Zusammenfassung des Trainingstages/des Trainings	
Sind alle offenen Fragen geklärt beziehungsweise aufgenommen oder auf einen anderen Termin vertagt?	
Feedback von den Teilnehmern	
Feedback an die Teilnehmer	
Ausblick auf den nächsten Tag geben	
Ausblick geben: wie könnte es nach Beendigung des Trainings weitergehen?	
Schlussworte und Verabschiedung der Teilnehmer	

Trainingsplanung 6

Die zeitliche Planung legt den Rahmen des Trainings fest. Planen Sie zuerst die Pausen, damit Sie wissen, wie viel Zeit Ihnen für die Lerneinheiten zur Verfügung steht. Insgesamt sollten etwa 2/3 der Trainingszeit als Lernzeit zur Verfügung stehen. 1/3 wird für Pausen und Warm-ups, den Einstieg und Abschluss des Trainings benötigt. Diese Zeit ist wichtig für ein gutes Lernklima.

6.1 Allgemeine Zeitplanung

1. Dauer des Trainings: Ein Training sollte maximal 8 Stunden pro Tag dauern, denn die Teilnehmer sind nach 8 h nicht mehr sehr aufnahmefähig und behalten deutlich weniger.
2. Anfangsphasen: Am ersten Trainingstag dauert es circa 45 bis 60 Minuten, bis eine gute Atmosphäre entstanden ist und die Teilnehmer im Training angekommen sind. Die Teilnehmer wollen die Trainer und die anderen Teilnehmer kennen lernen und wissen, was in diesem Seminar auf sie zukommen wird. An den nachfolgenden Trainingstagen kann die Einstiegsphase auf circa 30 bis 45 Minuten verkürzt werden. Es ist jedoch wichtig, an jedem Trainingstag die Teilnehmer zu Beginn wieder in die Thematik einzuführen.
3. Schlussphase: Diese ist ebenso wichtig wie die Anfangsphase. Sie dauert am letzten Schulungstag circa 60 Minuten, um das gesamte Training noch einmal Revue passieren zu lassen, offene Fragen zu klären und die wichtigsten Lernziele zusammenzufassen. Trainer und Teilnehmer geben sich gegenseitig Feedback. An den davor liegenden Trainingstagen dauert die Schlussphase circa 30 Minuten, denn das Zwischenfeedback ist nicht so ausführlich wie am letzten Tag.
4. Pausenplanung: Für die Mittagspause: 60 Minuten, denn die Teilnehmer sollen ausreichend Zeit zur Verfügung haben, um etwas zu essen und sich zu erholen. Das gleiche

gilt auch für die Seminarleitung, die in dieser Zeit noch etwas nach- oder vorbereiten kann.
5. Allgemeines Pausenschema: Lerneinheit 45 Minuten, 5 Minuten Pause, Lernzeit 30 Minuten, 10 Minuten Pause, Lerneinheit 30 Minuten, 5 Minuten Pause.
6. Anlaufzeit nach der Mittagspause: 15 min. Die Teilnehmer benötigen nach der Mittagspause etwas Zeit, um wieder in Schwung zu kommen und sich auf die Trainingssituation einzustellen. Es ist daher besser, nicht gleich ins Thema einzusteigen, sondern mit einem Warm-up von circa 15 min zu beginnen.

6.2 Planung der Übungszeiten

1. Moderationszeiten: Planen sie ausreichend Zeit ein, um die jeweiligen Übungen zu erklären: mindestens 5 Minuten pro Übung. Bei komplexeren Übungen entsprechend mehr Zeit.
2. Für das Lernen von Prozessen und Programmabläufen: Anfänger brauchen etwa fünf Mal so lange wie Programmprofis, um dieselben Prozesse und Programmabläufe durchzuführen. Nehmen Sie die Zeit, die Sie für den Prozess benötigen, mal fünf.
3. Übungsauflösung: Planen Sie für die Auflösung noch einmal die Hälfte der Übungszeit ein. Damit haben Sie als Trainer ausreichend Zeit Fragen zu beantworten und bestimmte Vorgänge noch einmal zu erklären.
4. Wiederholungen: Zur Festigung der Lerninhalte ist es sinnvoll die Lerninhalte mehrfach zu wiederholen. Planen Sie daher die entsprechenden Wiederholungszeiten ein.

6.3 Beispiel Trainingspläne

Trainingspläne helfen bei der Trainingsplanung und -durchführung. Sie enthalten alle wesentlichen Informationen zur Schulung. In der nachfolgenden Tab. 6.1 ist ein Auszug aus einem Trainingsplan:

Tab. 6.1 Auszug aus einem Trainingsplan

Zeit	Lernziel	Lerninhalt	Methode	Trainingsmaterial
9:00 – 9:30	Anmelden in SAP ERP	• Aufrufen des SAP-Logons • Auswahl des Mandanten • Username • Passwort	• Selbstständiges Erarbeiten: Teilnehmer melden sich mit Hilfe des Handbuches an • Auflösung Trainer mit Systemvorführung	• Handbücher • Auflösung mit Systemvorführung

6.3 Beispiel Trainingspläne

Lernziel

Ein Lernziel ist das beobachtbare Verhalten oder Wissen, wie beispielsweise Softwareprozesse, Abläufe oder Anmelden im Programm, das die Teilnehmer nach Abschluss einer Lerneinheit beherrschen sollen.

Lerninhalt

Der Lerninhalt beschreibt die Trainingsinhalte, die notwendig sind, um das Lernziel zu erreichen.

Zum Beispiel: Um sich im SAP ERP-Programm anzumelden rufen die Teilnehmer das SAP-Logon vom Desktop aus auf. Anschließend wählen sie den richtigen Mandanten im System aus. In der Anmeldemaske geben sie den richtigen Usernamen und das Passwort ein.

Die Tab. 6.2 zeigt einen Auszug aus dem Schulungsplan für Anwenderschulungen für den SAP Bereich SAP for Utilities

Tab. 6.2 Trainingsplan SAP Bereich SAP IS-U

Zeit	Lernziel	Lerninhalt	Methode	Trainingsmaterial
8.30 – 9.00	Seminareinstieg	• Begrüßung • Vorstellungsrunde • Programmvorstellung • Anwesenheitsliste	✻ Einstiegsübung Assoziationen	Anwesenheitsliste
9.00 – 9.30	Zentrale Begriffe von SAP ERP und SAP for Utilities	• Mandant • Buchungskreis • Sparte …	✻ Was ist was: Teilnehmer bekommen Begriffe auf Metaplankarten. Stellen vor, was sie sich unter den Begriffen vorstellen. ⓘ Kurzreferat: Trainer stellen die richtigen Definitionen vor.	Begriffe auf Karten Begriffe und Definitionen auf Metaplankarten
9.30 – 10.00	Icons in SAP ERP und SAP for Utilities	Bedeutung der Drucktastensymbole/Icons	✻ Definitionsübung: Icons werden großformatig abgebildet. Teilnehmer erarbeiten im Plenumsgespräch die Funktion der Icons	Bildkarten mit Drucktastensymbolen/Icons. Sobald diese geklärt sind, werden sie gut sichtbar im Raum aufgehängt

6.3 Beispiel Trainingspläne

Tab. 6.2 (Fortsetzung)

Zeit	Lernziel	Lerninhalt	Methode	Trainingsmaterial
10.00–10.15	Pause			
10.15–10.30	Navigieren auf der Bildschirmoberfläche von SAP ERP	Funktionsweise der Bildschirmleisten und Icons von SAP ERP: Titelleiste, Symbolleiste, Drucktastenleiste, Statusleiste	⊕ Systemvorführung und Metaplanschaubild	Karten, auf denen die Namen der Leisten stehen, werden parallel zur Systemvorführung aufgehängt
10.45–11.15	Aufbau des Handbuches. An- und Abmelden bei SAP ERP	Handbuch erklären. Aufrufen von SAP ERP vom Desktop aus, Einstiegsbildschirm und Anmeldeverfahren	⊕ Impulsreferat. ✘ Die Teilnehmer melden sich ohne Erklärung mit Hilfe des Handbuches an. ✘ Die Teilnehmer melden sich ohne Erklärung mit Hilfe des Handbuches ab	Handbuch Basiswissen SAP ERP und SAP for Utilities
11.15–12.00	Datenmodell SAP for Utilities	• Definition der Stammdaten • Beziehung zwischen den Stammdaten	✘ Modellübung IS-U Haus	IS-U Häuser (klein). IS-U Haus DIN A0. Folienstifte, Tesakrepp

Gruppendynamik 7

Mit dem Begriff Gruppendynamik werden die verschiedenen Aktionen bezeichnet, die sich zwischen den einzelnen Menschen in der Gruppe abspielen. Die Gruppendynamik kann die Arbeitsatmosphäre positiv oder negativ beeinflussen. Erst wenn sich eine stabile Gruppe gebildet hat, entsteht eine gute Lernatmosphäre. Entscheidend ist nicht die Sachebene, also das Seminarthema, sondern die psychosoziale Ebene, das heißt, die Beziehungen innerhalb der Gruppe und die Erwartungen der Teilnehmer[1]. In der Abb. 7.1 ist der sogenannte Eisberg mit den verschiedenen Ebenen abgebildet.

Meistens bleiben die Erwartungen und Wünsche der psychosozialen Ebene unausgesprochen und beeinflussen dennoch den Verlauf einer Schulung. Die im Folgenden beschriebenen Teilnehmer reagieren sehr unterschiedlich auf die Übungen: *Herr Busemann muss sich weiterqualifizieren, um mit den neuen Kollegen mithalten zu können. Er steht unter Druck und will so viele Themen wie möglich kennen lernen. Gruppenarbeit, Vorstellungsrunden und Wiederholungsübungen hält er für Zeitverschwendung. Frau Schlosser nimmt privat an der Schulung teil. Sie hat schon immer gerne etwas Neues gelernt und freut sich auf das Seminar. Sie ist allen Methoden gegenüber sehr offen, arbeitet gerne in der Gruppe und ist gespannt auf neue Bekanntschaften.* Im Laufe des Seminars werden die beiden sehr unterschiedlich auf die verschiedenen Übungen reagieren. Zustimmung oder Ablehnung werden aber meistens „sachlich" begründet. Die eigentlichen Ursachen auf der psychosozialen Ebene bleiben ungenannt. Herr Busemann wird beispielsweise eine spielerische Wiederholungsübung mit der Bemerkung ablehnen „*Das können wir doch schon und überhaupt, was sollen diese Kinderspielchen?*" Frau Schlosser wird dagegen einwenden, dass „*Wiederholungen keinem schaden*" und sie „*sowieso gerne spielt*". In dieser Situation werden auch die anderen Teilnehmer reagieren. Schließen sie sich Frau

---

[1] Vgl. Langmaack, B; Braune-Krickau, M. (2010^8). Wie die Gruppe laufen lernt. Weinheim, Basel. S. 124 und Gugel, Günther, (2011): 2000 Methoden für Schule und Lehrerbildung. Das große Methoden-Manuel für aktivierenden Unterricht, Weinheim, Basel S. 33.

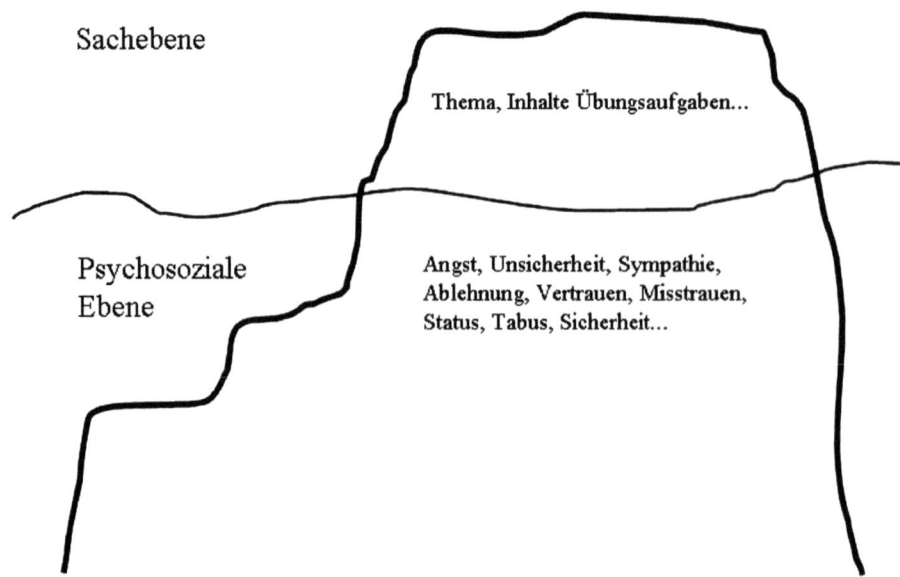

Abb. 7.1 Gruppendynamik Eisberg mit Ebenen

Schlosser an, wird der Kurs sicher besser verlaufen, als wenn die Teilnehmer Herrn Busemann zustimmen und bestimmte Übungsformen ablehnen.

Wer sich durchsetzt, hängt oft mit der Rollenverteilung in einer Gruppe zusammen.[2] Wer welche Rolle spielt, zeigt sich meistens daran, wessen Vorschläge von der Gruppe übernommen werden, wer als erster redet oder wer die Arbeitsergebnisse der Gruppenarbeit im Plenum vorstellt.

Innerhalb der Gruppe bildet sich oft eine Rangordnung heraus. Diese sieht in etwa so aus.[3]

Alpha: Der oder die Alpha hat die Rolle, die Gruppe zu führen, zu erhalten und aufzubauen. Alpha ist der Sprecher der Gruppe, formuliert deren Wünsche und Bedürfnisse und versucht, die unterschiedlichen Interessen auszugleichen.

Beta: Dies ist die Rolle des Fachmanns/der Fachfrau. Häufig ist diese Person für die Ideenfindung und die Gestaltung des Denkprozesses innerhalb einer Gruppe zuständig.

Gamma: Sie nehmen an den Gruppenprozessen teil, organisieren diese aber nicht. Ihr Verhalten ist aber entscheidend dafür, ob der Lernprozess gelingt, denn sie entscheiden darüber, ob die Vorschläge der Alphas und Betas überhaupt realisiert werden können.

---

[2] Vgl. Gugel, Günther, S. 35.
[3] Vgl. Gugel, Günther, S. 36.

Omega: In manchen Gruppen gibt es auch einen Außenseiter oder Sündenbock. Dieser dient der Gruppe oft als Gegenbild zu den eigenen Vorstellungen und Ideen.

Im Verlauf von mehrtägigen Trainings bilden sich Normen, die für die Einzelnen bindend sind. Damit regelt die Gruppe das Verhalten untereinander sowie die Vorgehensweise im Seminar. Notorische Störer und Besserwisser werden tendenziell von der Gruppe isoliert. Bei Gruppen, die seit längerer Zeit bestehen, werden die leistungsschwächeren Mitglieder auf das Durchschnittsniveau der Gruppe gehoben und die Besseren in ihrer Leistung gebremst. Die Gruppe verhindert damit zu große Unterschiede. Dies ist für schnelle Lerner problematisch. Damit diese nicht von der Gruppe gebremst werden, sollte es ein unterschiedliches Lernangebot für schnellere und langsame Lerner geben, zum Beispiel einen Lernzirkel. Aufgrund dieser Binnendifferenzierung werden die Unterschiede für die Gruppe leichter akzeptierbar.

Die ideale Gruppengröße liegt bei circa neun Teilnehmern. Problematisch sind Gruppen, die mehr als zwölf Mitglieder haben oder zu kleine Gruppen. Schwierig sind auch unklare Bedingungen, wie häufiger Trainerwechsel oder eine sich ständig ändernde Gruppenzusammensetzung. In diesen Fällen bildet sich keine stabile Gruppenstruktur. Erst wenn sich eine stabile Gruppenstruktur herausgebildet hat, in der die Beziehungen zueinander geklärt sind und es eine klare Aufgabenverteilung gibt, ist eine gute Arbeitsatmosphäre möglich. Zu Beginn eines Seminars besteht meistens noch keine klare Gruppenstruktur und die Zusammenarbeit funktioniert noch nicht problemlos. Idealtypisch durchläuft eine Gruppe vier Phasen[4]. Wie diese Phasen ablaufen, wird auch von den Umständen, unter denen ein IT-Training stattfindet, beeinflusst. Besonders deutlich sind die Unterschiede zwischen Inhouseschulungen, das heißt Schulungen, bei denen sich die einzelnen Teilnehmer kennen, und offenen Trainings, bei denen sich die Teilnehmer noch nicht kennen.

7.1 Gruppendynamische Prozesse bei Inhouseschulungen

Bei Inhouseschulungen[5] kennen sich die Mitarbeiter. Für den Arbeitsalltag haben sich schon gruppendynamische Regeln herausgebildet. Ein Beispiel für solche Regeln sind Hierarchien. Einige Hierarchien sind formell, beispielsweise, wenn Vorgesetzte und Untergebene dieselbe Schulung besuchen. Andere Hierarchien sind informell. Informelle Hierarchien werden durch den Status der einzelnen Personen gebildet. Ein hoher Status entsteht zum Beispiel aus der Zugehörigkeit zum Unternehmen: der Neuling in einer Abteilung hat in der Regel am wenigsten zu sagen. Der Status kann aber auch auf besonderen Fähigkeiten beruhen, wenn ein Teilnehmer der Experte der Abteilung ist. Diese verschiedenen informellen Hierarchien werden oft an Äußerungen wie diesen deutlich: *„Herr*

---

[4] Vgl. Tuckman, Bruce W. & Jensen, Mary Ann (1977): Stages of small-group development revisited, Group Org. Studies 2: S. 419–427.

[5] Inhouseschulungen sind Schulungen, die von einem Trainingsanbieter in einem Unternehmen vor Ort durchgeführt werden.

Schmitt, was meinen Sie als unser Senior denn dazu?", *„Frau Meier ist unsere Frau für komplizierte Fragen"* oder *„Herr Körber lässt es halt gerne ruhiger angehen"*. Neben den Hierarchien haben auch die Rollen, die den einzelnen Mitarbeitern zugeschrieben werden, eine wichtige Funktion: *„Herr Paulsen ist unser Clown"* oder *„Frau Meier ist das fleißige Lieschen"*. Eine Rollenverteilung gibt es aber nicht nur zwischen Kollegen, sondern auch zwischen unterschiedlichen Abteilungen. So gelten die Mitarbeiter der Abteilung XY als *„ganz harte Jungs"*, während die Kollegen aus der Abteilung AB *„ab drei Uhr sowieso schon alle auf dem Weg nach Hause sind"*. Die gruppendynamischen Phasen bei Inhouseschulungen laufen idealtypisch so ab:

1. **Formierungsphase**
In dieser Phase finden sich die einzelnen Teilnehmer zu einer Schulungsgruppe zusammen. Je nach Zusammensetzung kann diese Phase der Trainingsgruppe unterschiedlich verlaufen. Kommen alle Teilnehmer aus derselben Abteilung, gelten zu Anfang des Seminars die üblichen Hierarchien und Rollen. Den Führungskräften wird von der Gruppe automatisch die Alpharolle zugewiesen. Auch die übrigen Rollen entsprechen den Rollen im Arbeitsalltag. Dies wird schon an der Sitzordnung deutlich: die Mitarbeiter, die als „Gruppenclown" gelten, verziehen sich meistens in die letzte Reihe. Die Führungspersonen sitzen in der ersten oder in der letzen Reihe. Alle werden intensiv beobachtet, die Schulungssituation entspricht eben nicht dem Arbeitsalltag. Gelten die bekannten Hierarchien oder werden sich neue bilden? Die Teilnehmer erwarten von den Trainern Orientierungshilfe. Einige wollen durch die Seminarleitung abgesichert werden, um sich nicht vor Vorgesetzten und Kollegen zu blamieren. Manchmal richtet sich die Gruppe auch am Verhalten der Vorgesetzen und Kollegen mit hohem Status aus. Je nachdem, wie diese auf den Trainer und die Einführungsphase reagieren, verhält sich auch die Gruppe.

Auch wenn die Teilnehmer aus unterschiedlichen Abteilungen kommen, gelten zunächst ebenfalls die üblichen Erwartungen. Die Mitarbeiter der einzelnen Abteilungen sitzen in der Regel zusammen. Kommt die Mehrheit der Teilnehmer aus einer Abteilung, fühlen sich die übrigen Teilnehmer leicht isoliert. Die Trainer müssen diese Teilnehmer absichern. Kommen gleich viele Mitarbeiter aus unterschiedlichen Abteilungen, kommt es leicht zu einer Polarisierung: „wir" und „die anderen".

Die Formierungsphase fällt häufig mit der Anfangssituation zusammen. Folgende Dinge sollten von den Trainern geklärt werden: Inhalt und Ziele des Seminars, Methoden und Seminarablauf, Kommunikationsregeln.

2. **Konfliktphase**
In der Konfliktphase werden die bestehenden Hierarchien und Rollen neu definiert. Die soziale Organisation innerhalb der Gruppe formiert sich. Dabei können Konflikte sowohl auf der Sach- als auch auf der Beziehungsebene entstehen. Informelle Hierarchien können in Frage gestellt werden. Teilnehmer, die den neuen Stoff in der Schulung gut bewältigen, können ihren Status in der Regel verbessern. Dies kann zu Konflikten führen, zum Beispiel wenn die Mitarbeiter, die bisher auf Grund ihrer Berufserfahrung oder Unternehmenszu-

gehörigkeit einen hohen Status hatten, mit dem Lernstoff schlechter zurechtkommen als ihre Kollegen. Nehmen Vorgesetzte an der Schulung teil, können Konflikte entstehen. Niemand will sich vor seinem Chef blamieren. Die Reaktionen in solchen Fällen sind sehr unterschiedlich: Einige „verstecken sich hinter ihren Computern" und stellen gar keine Fragen, andere werden eher aggressiv und wollen sich sowohl vor der Seminarleitung als auch gegenüber den Kollegen profilieren. Führungskräfte versuchen häufig zu zeigen, dass „sie alles im Griff haben" und geben Schwierigkeiten nicht zu.

In Gruppen mit Teilnehmern aus verschiedenen Abteilungen kann es zu einer verstärkten Polarisierung kommen. Die Gruppe zerfällt in Kleingruppen: Die eigene Kleingruppe und die anderen: „Wir und die Typen von der Abteilung XY". In dieser Phase spielt der Moderator eine wichtige Rolle. Die Polarisierungen können durch eine geschickte Zusammenstellung der Gruppen bei der Gruppenarbeit entschärft werden, zum Beispiel wenn Mitglieder verschiedener Abteilungen eine gemeinsame Arbeitsgruppe bilden.

Auf der Sachebene können viele Konflikte vermieden werden, wenn der Einstieg in das Thema nicht so schwer ist und alle mitkommen können. Der Trainer und die Gruppe erarbeiten gemeinsame Kommunikationsregeln.

3. **Normierungsphase**
In dieser Phase bildet sich die Arbeitsgruppe heraus. Meistens einigen sich die Teilnehmer auf der Sachebene und das gemeinsame Ziel, etwas zu lernen, tritt in den Vordergrund. Damit findet zugleich eine Rollenklärung statt: Die Rolle als Mitglied einer Lerngruppe wird wichtiger als die bisherigen Hierarchien und Rollen. Die Teilnehmer haben die Seminarregeln akzeptiert. Die Gruppenarbeit funktioniert in den Kleingruppen und auch im Plenum. Anhand der vereinbarten Regeln und des gefundenen Konsenses entsteht ein Gruppengefühl. Nach innen und nach außen entwickelt sich eine eigene, souveräne Gruppe, die aufnahmefähig und lernbereit ist.

4. **Arbeitsphase**
Ein Gruppenbewusstsein ist entstanden, jetzt können die Teilnehmer voneinander und miteinander lernen. Mit einer positiven Gruppendynamik wird die Lernbereitschaft und Aufnahmefähigkeit gefördert, so dass das Lernen auch Spaß macht.

7.2 Gruppendynamische Prozesse bei offenen Trainings

Bei offenen Seminaren haben die Teilnehmer keine gemeinsame Vorgeschichte. Rollen und Gruppendynamik entwickeln sich erst.

1. **Formierungsphase**
Bei offenen Trainings kennen sich die Teilnehmer nicht. In der Formierungsphase beobachten und testen sie deshalb das gegenseitige Verhalten. Welche Rollen die einzelnen Teilnehmer haben oder welche ihnen zugeschrieben werden, wird oft schon in der

Vorstellungsrunde deutlich. Die Alphaanwärter sitzen meistens in der ersten oder letzten Reihe. Alphas reden beispielsweise häufig in der Wir-Form „*Ich erwarte, dass wir in diesem Seminar einen Einstieg in die Textverarbeitung bekommen. Ich denke, dass es für die meisten wichtig ist, am Ende des Seminars Serienbriefe schreiben zu können.*" Teilweise werden den Einzelnen auch bestimmte Rollen durch die Gruppe zugeschrieben. Teilnehmer mit Berufen, die gesellschaftlich hoch angesehen sind oder solche, die bei bekannten Firmen arbeiten, bekommen von den anderen Teilnehmern häufig einen höheren Status zugewiesen.

Da es aber noch keine Rollenklärung oder Seminarregeln gibt, die als Orientierungshilfe dienen, werden an die Seminarleitung hohe Erwartungen gestellt, denn sie soll die grundlegenden Seminarregeln festlegen. Die Einzelnen wollen von der Gruppe angenommen werden.

2. **Konfliktphase**
Nachdem sich die Gruppe beobachtet hat, bilden sich Kleingruppen. Die soziale Organisation innerhalb der Gruppe formiert sich. Die Rollen der einzelnen Gruppenmitglieder sind weniger stark vorbelegt als bei Inhouseschulungen. In dieser Phase kann es zu Positionskämpfen um die Rollen in der Gruppe kommen. Dabei können Konflikte sowohl auf der Sach- als auch auf der Beziehungsebene entstehen. Diese Konflikte können zwischen einzelnen Teilnehmern, einem Teilnehmer und einer Kleingruppe oder zwischen zwei Kleingruppen aufbrechen. Es können auch Polarisierungen stattfinden. Auch die Position der Trainer kann in dieser Phase verstärkt kritischen Fragen unterzogen werden. Der Trainer hat hier vor allem eine Moderatorenrolle. Die Aufgabe des Moderators ist es, die Konflikte zu entschärfen und gemeinsame Kommunikationsregeln mit der Gruppe zu erarbeiten. Im Verlauf des Seminars ist es die Aufgabe des Trainers, darauf zu achten, dass diese Regeln auch eingehalten werden.

3. **Normierungsphase**
Verläuft wie bei Inhouseschulungen.

4. **Arbeitsphase**
Verläuft wie bei Inhouseschulungen.

7.3 Pro und Contra Gruppenarbeit

Das Lernen in der Gruppe bietet folgende Vorteile:

- Es erhöht die Kreativität und Vielfalt der Ideen und Informationen. Die Gruppenmitglieder haben unterschiedliche Problemlösungsansätze.
- Es steigert die Motivation durch das Zusammentragen unterschiedlicher Ideen.

- Die Gruppe stärkt den Einzelnen, denn nicht die Einzelnen begehen einen Fehler oder finden eine Lösung, sondern die Gruppe. Sobald eine Lösung gefunden wurde, partizipieren alle an dem Erfolg.
- Der Wettbewerb zwischen den Gruppen, eine Lösung zu finden, fördert die Motivation.
- Sobald bei einer Lerngruppe ein starkes „Wir"-Gefühl entstanden ist, können Meinungsunterschiede und Konflikte innerhalb der Gruppe leichter gelöst werden.

Von der Seminarleitung kann dies unterstützt werden, indem sie Lerngruppen bildet, die möglichst klein sind (am besten zwei bis drei Teilnehmer). Damit auch alle Gruppen motiviert sind ihre Aufgaben zu lösen, findet eine Rückkoppelung der Arbeitsergebnisse im Plenum statt. Sowohl während der Arbeitsphasen als auch im Plenum erhalten die einzelnen Kleingruppen von der Seminarleitung Anerkennung und ausreichend Hilfestellung. Die Aufgaben sollten so gestellt sein, dass alle Gruppen Erfolgserlebnisse haben und den Spaß an der neuen Software nicht verlieren. Damit die Gesamtgruppe nicht in Kleingruppen zerfällt, sollten die Gruppen während des Seminars immer wieder neu gemischt werden.

Die Gruppenarbeit hat auch einige Nachteile:

- Die Einzelnen können nicht uneingeschränkt dem eigenen Lerntempo folgen, sondern müssen sich auf die Gruppe einstellen.
- Es gibt einen erhöhten Koordinationsbedarf, da nicht nur das eigene Lernen, sondern auch das Lernen der Gruppe organisiert und koordiniert werden muss: Wie wollen wir vorgehen? Wer macht eigentlich was?

Insgesamt aber überwiegen die Vorteile der Gruppenarbeit.

7.4 Tipps zur Konfliktlösung

In einem Seminar kann auch eine negative Gruppendynamik entstehen. Ursache dafür können einzelne Teilnehmer sein, die aufgrund ihres Charakters, ihrer Gruppenrolle oder ihrer Persönlichkeit eine besondere Rolle einnehmen. Auf diese Verhaltensweisen kann der Trainer reagieren. Häufig erwartet auch die Gruppe von der Seminarleitung eine angemessene Reaktion. Besonders wichtig ist dabei der Zeitpunkt. Zu Beginn eines Seminars, wenn sich die Gruppe noch nicht kennt, gibt es noch keine Mechanismen oder Regeln der Gruppe für Konflikte. In dieser Phase des Seminars ist vor allem die Konfliktfähigkeit des Trainers gefordert. Können die Probleme gelöst werden, so steigt die Autorität der Seminarleitung. Reagiert die Seminarleitung nicht angemessen, sinkt deren Anerkennung.

7.4.1 Tabelle mit typischen Teilnehmern

Die Tab. 7.1 zeigt einen Überblick von typischen Teilnehmern.

Tab. 7.1 typische Teilnehmer

Typ	Merkmal	Erklärung	Verhalten der Trainer
Quasselstrippe	– kommt vom Hundertsten ins Tausendste – Redet ohne Punkt und Komma – Ist kaum zu unterbrechen – Meldet sich ständig	– Sucht Anerkennung – Fängt erst beim Reden an zu denken – Möchte sein Wissen kundtun	– Anerkennung geben – Gruppe zur Person Stellung beziehen lassen – Auf Kommunikationsregeln hinweisen – Darauf verweisen, dass andere Teilnehmer sich auch melden – Notfalls rügen – Wenn der Teilnehmer trotzdem weiterquasselt, in der Pause ein Einzelgespräch führen
Aggressiver	– Reagiert „unsachlich" – Greift schnell Personen persönlich an – Emotional heftig – Ironisch – Sarkastisch – Leicht reizbar	– Ist stark angespannt – Möchte gehört werden – Will anerkannt werden – Fühlt sich unverstanden – Ist durch bestimmte Personen verunsichert	– Gelassen und ruhig bleiben – Anliegen und Forderungen sachlich aufgreifen und die Gruppe dazu mit einbinden – Sinnvolle Aufgaben und Anerkennung geben – Vorgehen mit dem Teilnehmer in der Pause besprechen

7.4 Tipps zur Konfliktlösung

Tab. 7.1 (Fortsetzung)

Typ	Merkmal	Erklärung	Verhalten der Trainer
Nörgler	– Äußert sich zu allem negativ – Verbreitet eine schlechte Atmosphäre – Distanziert sich – Wertet vieles ab	– Ist frustriert von der Gruppe – Ist verärgert über das Seminar – Ist pessimistisch – Sucht Beachtung	– Kritik an die Gruppe weitergeben („*Was meinen Sie zu dieser Anmerkung?*") – Seine Aussagen ins Positive wenden – Engagement loben (ohne Ironie) – Kritische Sichtweise und Kommentare loben als Bereicherung – Notfalls in der Pause nach Hintergründen für das Verhalten fragen und Spielregeln vereinbaren – Grundlagen und Ursachen der Kritik herausfinden
Rechthaber	– Äußert ständig seine Meinung zu allen Aspekten des Kurses – Äußert seinen Standpunkt lautstark und ohne Kompromisse – Missbilligt und missachtet andere Teilnehmer sowie deren Standpunkte – Zweifelt Experten an – Führt gerne Streitgespräche	– Besitzt wirklich sehr gute Fachkenntnisse – Möchte sich profilieren – Möchte sich abreagieren – Möchte sich von den anderen abgrenzen – Ist wegen irgendetwas verstimmt – Ist auf jemanden sauer	– Gehen Sie auf berechtigte Kritik ein – Kein Streitgespräch führen, sondern die Gruppe in das Gespräch mit einbeziehen – Die unterschiedlichen Standpunkte aufzeigen und visualisieren. Falls sich der Rechthaber nicht auf den Seminarinhalt bezieht, vorher einen bewussten Schnitt machen und auf die Metadiskussion hinweisen – Aktiv zuhören – In Pausen bei Teilnehmern sowie dem „Rechthaber" nach Ursachen fragen

Tab. 7.1 (Fortsetzung)

Typ	Merkmal	Erklärung	Verhalten der Trainer
Pseudochef	– Hält sich nicht an die vereinbarten Regeln – Beteiligt sich nicht an den Gruppenaufgaben – Lässt andere arbeiten – Kommentiert fast alle Wortbeiträge – Unterbricht andere Teilnehmer – Gibt den Ton für die Gruppe an	– Ist der Ranghöchste, dominiert und entscheidet – Hat ein übermäßiges Dominanz-bedürfnis – Möchte von der Gruppe als Chef anerkannt werden – Kann mit Gruppenarbeit nicht sehr viel anfangen	– Zu Beginn des Seminars Spielregeln vereinbaren – Verweisen auf die festgelegten Gruppenregeln – Möglichst viel in Kleingruppen arbeiten – In der Pause das Verhalten mit der Person klären
Zurückhaltender	– Äußert sich nicht im Plenum – Spricht nur bei direkter Ansprache – Körpersprache zeigt Unsicherheit (zum Beispiel Erröten) – Beteiligt sich nur in Kleingruppen	– Wenig Selbstbewusstsein – Spricht nicht gerne vor einer Gruppe – Fühlt sich fachlich inkompetent – Ist introvertiert	– Aufmuntern mit freundlichen Worten – Positiv bestätigen – Nicht zu Äußerungen im Plenum zwingen – In die Kleingruppenarbeit einbinden – Eventuell in der Pause die Gründe seiner Zurückhaltung klären
Distanzierter	– Unbeteiligter Gesichtsausdruck – Bei Gruppenaktivitäten eher unbeteiligt – Äußert sich in Zwischenbemerkungen kritisch – Schlägt häufig Pausen vor	– Fühlt sich unter- beziehungsweise überfordert – Fühlt sich unwohl – Ist über irgendetwas verärgert und äußert dies nicht im Plenum – Verfolgt seine eigenen Interessen	– Regelmäßig mit einbeziehen – Direkt sachbezogen ansprechen – Nicht vor der Gruppe bloßstellen oder angreifen
Tuschler	– Spricht häufig mit seinen Nachbarn – Beteiligt sich wenig an der Gruppenarbeit – Bespricht Einzelheiten leise in Seitengesprächen	– Uninteressiert – Schüchtern – Zurückhaltend – Langweilt sich – Sucht nach einer Nebenbeschäftigung	– In die Gruppenarbeit einbeziehen – Eine Sprechpause einlegen, bis alle wieder zuhören – In die Nähe des Tuschlers setzen oder stellen – Direkt ansprechen und nach der eigenen Meinung fragen

7.4 Tipps zur Konfliktlösung

Tab. 7.1 (Fortsetzung)

Typ	Merkmal	Erklärung	Verhalten der Trainer
Clown	– Macht Witze und lacht selbst mit – Kommentiert andere Personen und den Ablauf – Bewirkt eine heitere bis ausgelassene Stimmung	– Ist gut gelaunt – Möchte Anerkennung – Sucht Kontakt	– Akzeptieren, da es die Stimmung fördert, insbesondere für schwierige Themen – Bei Überdosierung ansprechen – Notfalls vereinbaren Sie in einem Pausengespräch Spielregeln

Rolle der Trainer 8

Der ideale Trainer

… ist ein Computergenie, das allgemeinverständlich erklären kann,
… kann selbst aus den trockensten Themen einen Hollywoodklassiker machen,
… fördert die Starken, kümmert sich um die Schwachen,
… ist witzig, unterhaltsam und natürlich seriös,
… als Kumpel hat er den Kurs auch in schwierigen Situationen im Griff,
… mit stoischer Gelassenheit auch bei der 35. Nachfrage von Herrn Meier erklärt er strahlend, dass es sich bei der Maus nicht um ein Nagetier handelt.

Hoch sind die Erwartungen an die IT-Trainer. Der eine Teilnehmer möchte gefördert, der andere will gefordert werden. Die Trainer sollen das Wissen leicht und locker vermitteln und dennoch darauf achten, dass alle mitkommen. Sie sollen für gute Stimmung sorgen, ohne sich anzubiedern. Hinter diesen Beschreibungen stecken verschiedene Rollen, die von den Trainern erwartet werden: Sie sollen „Experten" für das Seminarthema, „Moderatoren", „Blitzableiter" oder „Lernpartner" sein. Welche Rolle gefragt ist, hängt von der Seminarkonzeption und der jeweiligen Lernsituation ab: Wenn sich die Teilnehmer den Lernstoff selbstständig erarbeiten, sind die Trainer als Lernpartner gefordert, die Hilfestellung beim Lernen geben. Die Trainerrolle „Experte", also derjenige, der ein bestimmtes Fachwissen hat und dieses an die Gruppe weitergibt, ist hier nicht gefragt. In der Regel bleiben die Rollenerwartungen der Teilnehmer unausgesprochen. Dies kann zu Konflikten führen: zum Beispiel dann, wenn die Teilnehmer vom Trainer etwas erklärt haben möchten, ihn also als Experten ansprechen, der Trainer aber seinerseits denkt, er solle nur eine Gruppendiskussion moderieren. Um diese Missverständnisse zu vermeiden, sollten die Trainer die Rollen, die sie gerade einnehmen, deutlich machen: *„Ich erkläre Ihnen jetzt,* *was ein Prozessor macht*" (Rolle: Experte) oder „*Ich würde gerne wissen, was Sie sich unter dem Begriff Prozessor vorstellen*" (Rolle: Moderator).

8.1 Trainerrollen

8.1.1 Fachliche und methodische Rollen

Der Experte In dieser Rolle ist das Fachwissen der Trainer gefragt. Sie sind Experte für ein bestimmtes Thema und geben ihr Wissen an die Teilnehmer weiter. Diese Rolle wird zum Beispiel beim Impulsreferat eingenommen.

Der Lernpartner In dieser Rolle steht das methodische Wissen der Trainer im Mittelpunkt. Diese Rolle ist klassisch für die Übungsbetreuung. Während der Trainer als Experte die richtige Lösung verrät, hilft er als Lernpartner den Teilnehmern dabei, die richtige Lösung selbst zu finden.

Der Moderator Die Moderatorenrolle kann sich auf das Seminarthema oder die soziale Gruppe beziehen.

Im ersten Fall interessiert sich der Moderator für das Wissen der Teilnehmer. Er wählt die Methode aus, mit der das Wissen der Gruppe zusammengetragen wird, zum Beispiel ein Blitzlicht. In dieser Rolle ist das Wissen in der Gruppe und nicht beim Trainer, die Äußerungen werden deshalb auch nicht von ihm bewertet oder kommentiert.

Im zweiten Fall wird der Trainer als Moderator angesprochen, wenn es darum geht Konflikte innerhalb der Gruppe zu lösen.

Eine Sonderrolle hat der Moderator bei Methoden wie Events und Warm-ups. Hier legt er die Spielregeln fest und ist dafür verantwortlich, dass diese auch eingehalten werden.

8.1.2 Soziale Rollen

Rettungsring Die Teilnehmer brauchen das Gefühl, dass sie in ihrer Schulung gut aufgehoben sind. Sie wollen sicher sein, dass ihre Lernbedürfnisse und Anforderungen berücksichtigt werden. Erzeugt werden muss diese Sicherheit von den Trainern. Eine Grundvoraussetzung dafür ist eine klare Seminargestaltung mit einem klaren Zeitrahmen und klaren Lernzielen. Diesen Rahmen kann die Seminarleitung vorgeben oder zusammen mit den Teilnehmern erarbeiten. In diese Rolle schlüpfen die Trainer am Anfang und Ende des Seminartages, wenn sie zum Beispiel das Programm vorstellen.

Stimmungsbarometer Die Stimmung der Seminarleitung beeinflusst die Stimmung in der Schulung. Ist der Trainer gut gelaunt und hat Spaß an der Schulung, überträgt sich diese positive Einstellung auch auf die Gruppe. Kommt der Trainer dagegen schon lustlos durch die Tür, wird sich in der Gruppe auch schnell eine „Null-Bock-Stimmung" ausbreiten.

Stellvertreter Bei Softwareeinführungen in Unternehmen nehmen die Trainer eine besondere Rolle ein. Sie sollen mit den Schulungen dazu beitragen, dass das neue System von allen Mitarbeitern akzeptiert wird. Die Einführung einer neuen Software wird in der Regel in einem kleinen Projektteam vorbereitet und durchgeführt. Bei den Schulungen sehen die späteren Anwender das neue System zum ersten Mal. Durch die Einführung einer neuen Software verändert sich der Arbeitsalltag einzelner Mitarbeiter sehr. Die Mitarbeiter wollen wissen, wie diese Veränderungen aussehen werden und warum bestimmte Systemeinstellungen vorgenommen wurden. In dieser Situation haben die Trainer eine wichtige Vermittlerrolle zwischen dem Projektteam und den Anwendern. Je besser die Trainer die Intentionen des Projektteams bei der Softwareeinführung vermitteln können, desto besser werden die Mitarbeiter das neue System akzeptieren.

8.2 Körpersprache und Sprachgebrauch

Körpersprache und Sprachgebrauch beeinflussen das Verhältnis zwischen Trainern und Teilnehmern. Durch ihr Verhalten signalisieren die Trainer, ob sie an den Teilnehmern interessiert sind oder nicht. Viele Teilnehmer empfinden es als störend, wenn die Trainer

- ständig auf die Uhr schauen,
- sie durch den Stoff hetzen,
- ausweichend auf Fragen der Teilnehmer antworten,
- unwillig auf Fragen reagieren (zum Beispiel die Augen verdrehen),
- jede Frage gleich selbst beantworten,
- Fragen kommentieren („Habe ich das nicht eben schon erklärt?!"),
- Äußerungen der Teilnehmer abwertend kommentieren,
- selber am meisten reden,
- sich hinter dem Computer verschanzen,
- keinen Blickkontakt herstellen,
- eine ablehnende Körperhaltung einnehmen (zum Beispiel die Arme vor dem Körper verschränken).
- Killerphrasen sind Sätze des Trainers, die die Teilnehmer einschüchtern, zum Beispiel:
- Dafür ist die Zeit zu knapp.
- Das kann ich Ihnen jetzt nicht erklären.
- Diese Methode hat in vorherigen Trainings immer gut funktioniert!
- Was soll denn daran schwierig sein?
- Das ist jetzt nicht unser Thema!

- Das habe ich doch vorhin schon erklärt.
- Ich muss Sie da leider korrigieren.
- Das können Sie jetzt noch nicht verstehen.

8.3 Trainertypen

Die folgenden Trainertypen sind schematisch. Die Charakterisierung dient dazu, das eigene Trainerverhalten zu analysieren, um nicht als Trainer in eines dieser Verhaltensmuster hineinzurutschen. In der Tab. 8.1 werden die Trainertypen aufgeführt.

Tab. 8.1 Trainertypen

Typ	Merkmal	Erklärung	Reaktion der Teilnehmer
Oberlehrer	– Stellt den Wissensunterschied zwischen sich und den Teilnehmern deutlich heraus – Falsche Antworten sind schlechte Antworten – Oberlehrerhafte Phrase „Ich muss Sie leider korrigieren", *„Damit auch Sie das verstehen, machen wir folgende Übung"*	– Geht davon aus, dass der „Experte" die einzige Rolle des Trainers ist – Versucht Unsicherheiten zu verbergen	– Werden verunsichert – Verlieren das Vertrauen in die eigene Lernkompetenz – Werden demotiviert – Beteiligen sich aus Angst vor falschen Antworten nicht mehr am Seminar
Aggressiver	– Zieht sein Konzept ohne Rücksicht auf die Teilnehmer durch – Reagiert „unsachlich" – Greift schnell persönlich an – Emotional – Ironisch – Sarkastisch – Leicht reizbar	– Ist stark angespannt – Will anerkannt werden – Fühlt sich unverstanden – Ist durch bestimmte Personen verunsichert	– Werden ebenfalls aggressiv oder ziehen sich zurück und stellen keine Fragen mehr
Kleiner König	– Motto: „Das Seminar bin ich". Anregungen aus dem Kurs werden nicht mit aufgenommen	– Übt gerne Macht aus – Es ist seine Schulung und nicht die Schulung der Teilnehmer	– Ziehen sich zurück – Lassen das Seminar über sich ergehen und beteiligen sich nicht mehr

8.3 Trainertypen

Tab. 8.1 (Fortsetzung)

Typ	Merkmal	Erklärung	Reaktion der Teilnehmer
Kumpel	– Macht keinen Unterschied zwischen sich und den Teilnehmern – Geht Konflikten aus dem Weg – Erzählt viel Privates „Also meine Frau sagt immer ..."	– Will, dass die Teilnehmer ihn mögen – Hat Angst vor Konflikten	– Die Teilnehmer reagieren entspannt auf den lockeren Umgangston – Die Teilnehmer werden durch die unklare Trainerrolle verunsichert – Bei Konflikten im Seminar oder zwischen den Teilnehmern wird der Trainer nicht mehr als Schiedsrichter akzeptiert
Showmaster	– Sieht das Seminar als eine Bühne – Gute Stimmung ist das Wichtigste. Konflikte und Probleme werden nicht thematisiert oder vom Tisch gewischt „Das ist doch alles kein Problem" – Kommentiert die Teilnehmer und den Ablauf	– Will Aufmerksamkeit – Will gemocht werden	– Nehmen die „Schulungsshow" nicht mehr ernst. Fangen an herumzualbern – Fühlen sich in ihren Lernbedürfnissen übergangen
Blender	– Verwendet mit Vorliebe Fachjargon – Gibt vor, alles zu wissen – Erzählt immer alles, was er zu einem Thema zu sagen hat	– Ist unsicher – Ist fachlich nicht sattelfest	– Werden vom Fachchinesisch eingeschüchtert und ziehen sich zurück – Reagieren aggressiv und versuchen den Trainer als Blender zu entlarven
Distanzierter	Unbeteiligter Gesichtsausdruck Hält sich am Thema fest, keinerlei persönliche Kommentierung etc. Vermeidet Blickkontakt Bleibt in den Pausen im Seminarraum und unterhält sich nicht mit den Teilnehmern	Fühlt sich unwohl Will durch die Distanz einen „Sicherheitsabstand" aufbauen	Werden ebenfalls distanziert Werden durch die kühle Atmosphäre verunsichert

Teamteaching 9

„Wenn zwei dasselbe tun, ist es noch lange nicht dasselbe."
Adelphi

Immer öfter gibt es in den Medien Doppel-Moderationen. Beim Frühstücksfernsehen oder bei verschiedenen Radiosendungen. Eine ähnliche Entwicklung zum Teamteaching gibt es auch im Seminarbereich.

Teamteaching bedeutet, dass zwei Trainer den Kurs zusammen leiten.

Diese Form des Teamteaching hat viele Vorteile:

- Die Trainer können in einer Lernsequenz unterschiedliche Rollen einnehmen. (Zum Beispiel Experte und Moderator).
- Das Seminar wird lebendiger und bunter.
- Die Teilnehmer können besser und individuell betreut werden.
- Binnendifferenzierung wird einfacher: die Schwächeren können gefördert, die Stärkeren gefordert werden.
- Lücken der Teilnehmer werden leichter festgestellt.
- Die Trainer werden entlastet und vor Monologen bewahrt.

Bei den Übungsphasen sind die Vorteile des Teamteaching besonders deutlich. So stehen den Gruppen nicht nur ein Ansprechpartner, sondern zwei zur Verfügung. Dies ist besonders wichtig bei einer Binnendifferenzierung, das heißt, wenn es unterschiedliche Übungen für schnelle und langsame Lerner gibt. Bei Gruppen mit mehr als acht Teilnehmern ermöglicht der zweite Trainer eine optimale Betreuung. Zudem können sich beim Teamteaching die Trainer besser um die Einzelnen in der Gruppe kümmern und unterschiedliche Lerntypen und Lernstile ansprechen.

Damit diese Vorteile auch genutzt werden können, müssen die Aufgaben und Rollen für die einzelnen Lernsequenzen klar verteilt sein. Ist dies nicht der Fall kann das Teamteaching auch schief gehen.

Die Risiken des Teamteachings:

- Das Team tritt chaotisch auf.
- Trainer konkurrieren miteinander.
- Das Team kapselt sich gegenüber dem Seminar ab.

9.1 Das Team

Trainerteams können unterschiedlich aufgebaut sein.

1. Hierarchisches Team

Bei einem hierarchischen Team gibt es einen Haupt- und einen Nebenreferenten. Der Nebenreferent unterstützt den Hauptreferenten und hilft bei der Übungsbetreuung. Durchgeführt wird das Seminar durch den Hauptreferenten. Der Vorteil des hierarchischen Teams ist die klare Aufgabentrennung. Der Nachteil ist, dass der Nebenreferent auch von der Gruppe klar als „Hiwi" erkannt wird. Aus dieser Position heraus kann der Nebenreferent nur schwer Aufgaben des Hauptreferenten übernehmen. Er kann bei Problemen zwischen der Gruppe und dem Hauptreferenten nur sehr schlecht als Vermittler eingreifen. Fällt der Haupttrainer plötzlich aus, kann der Nebentrainer nur schwer einspringen, denn die Gruppe bewertet seine fachliche Kompetenz geringer und wird ihn nur schwer akzeptieren. Ein hierarchisches Team funktioniert nur, wenn beide mit der Rollenverteilung zufrieden sind. Wurde der Nebenreferent in diese Rolle gedrängt wird er nicht besonders motiviert sein.

2. Koordiniertes Team

Im Unterschied zu dem hierarchischen Team ist das koordinierte Team ein gleichberechtigtes Team, das sich vor Beginn des Seminars genau abgesprochen hat. Es wird festgelegt, wer zu welchem Zeitpunkt welche Aufgabe übernimmt. Die Trainer können während der Lerneinheiten unterschiedliche Rollen wie zum Beispiel „Experte" und „Lernpartner" einnehmen. Der „Experte" würde dann die Informationsteile übernehmen, während der „Lernpartner" die Übungsteile übernimmt. Die Rollen müssen nicht während des gesamten Seminars gleich bleiben, sondern können bei den einzelnen Lerneinheiten unterschiedlich sein.

3. Spontanes Team

Das spontane Team ist ebenfalls ein gleichberechtigtes Team. Die verschiedenen Aufgaben werden spontan im Seminar verteilt und nicht im Vorfeld festgelegt. Damit das auch funktioniert, sollten Übergabesignale ausgemacht werden. Diese Teams wirken sehr lebendig. Bei noch unerfahrenen oder nicht harmonischen Teams kann dies jedoch auch zu einer chaotischen Seminargestaltung führen, die zu Verwirrung und Unmut bei den Teilnehmern führt.

9.2 Moderationswechsel

Der Moderationswechsel kann freiwillig oder unfreiwillig sein. Freiwillig ist er zum Beispiel am Ende einer Lerneinheit, wenn der Mittrainer wie abgesprochen mit dem nächsten Seminarteil beginnt. Bei einem unfreiwilligen Wechsel muss einer der Trainer außerhalb der vorgesehenen Reihenfolge übernehmen. Beispielsweise wenn der Mittrainer den Faden verloren hat oder es einen Konflikt zwischen dem Trainer und einem der Teilnehmer gibt.

Es gibt verschiedene Möglichkeiten den Wechsel durchzuführen:

Freiwillige Übergabe

- „Wir kommen zur nächsten Übung und damit zu meinem Kollegen XY/meiner Kollegin XY."
- „Weiter geht es jetzt mit meinem Kollegen XY/meiner Kollegin XY."

Die Übergabe kann auch nonverbal stattfinden: Der Trainer geht zur Seite, der Mittrainer nimmt den Referentenplatz ein und beginnt mit seinem Übungsteil.

Unfreiwillige Übergabe
Wenn einer der Trainer den Faden verloren hat, kann dieser die Moderation unauffällig an den Kollegen übergeben.

- „Möchtest Du diesen Punkt noch ergänzen?"
- Nonverbale „Hilfezeichen" für den Notfall vereinbaren (zum Beispiel: Hand auf das Zifferblatt der Armbanduhr legen). Sobald der Mittrainer das Zeichen, sieht, übernimmt er die Moderation.

Übernahme
Neben der Übergabe gibt es auch die Übernahme durch den Trainer, der eigentlich nicht an der Reihe war. Dies kann zum Beispiel dann nötig sein, wenn der Mittrainer Dinge ergänzt oder richtig stellen möchte. Eine solche Übernahme ist relativ riskant, da sie zu Konflikten zwischen den Trainern führen kann oder der Mittrainer vor der Gruppe diskreditiert wird.

Deshalb gilt: Nur im absoluten Notfall eingreifen und sich ansonsten nicht einmischen. Die meisten fachlichen Fehler im Seminar können ohne Probleme zu einem anderen Zeitpunkt richtig gestellt werden. Es ist günstiger, wenn die Fehler auch durch denjenigen Trainer richtig gestellt werden, der sie begangen hat. Wenn die Übernahme aber doch notwendig ist, sollte dies möglichst diskret geschehen:

- Stichworte einwerfen, die auf den Fehler hinweisen. Der Trainer, der das Rederecht hat, wird dadurch auf seinen Fehler aufmerksam und kann sich korrigieren.

- „Ich würde hier gerne noch etwas ergänzen". Fehler können nach dieser Einleitung korrigiert werden, indem die Aussage des Mittrainers wiederholt und dabei korrigiert wird.
- „Ich würde gerne den Punkt XY noch einmal vertiefen". Dies ist ein klassischer Übernahmesatz, wenn der Referent die Teilnehmer mit zu vielen Details bombardiert und der Mittrainer beobachtet hat, dass viele der Teilnehmer nicht mehr mitkommen. Nach dieser Einleitung kann der Mittrainer die wichtigsten Punkte noch einmal zusammenfassen.
- Nonverbale Zeichen. Die Trainer können ein Übernahmezeichen vereinbaren.

9.3 Konfliktbewältigung im Team

Innerhalb eines Teams können Spannungen und Konflikte auftreten. Die wichtigsten Konfliktanzeichen und Ursachen werden im Folgenden zusammengestellt.

Ein Trainer nörgelt ständig
Mögliche Ursachen:

- Es gibt Beziehungsprobleme zwischen den Trainern.
- Ein Teampartner nimmt nicht freiwillig am Training teil.
- Die beiden Trainer sind zu unterschiedlich und können sich nicht gegenseitig ergänzen.

Ein Trainer fällt dem anderen ständig ins Wort
Mögliche Ursachen:

- Es gibt widersprüchliche Interessen und Auffassungen im Team. Beide sind sich nicht einig, wie das Seminar aufgebaut werden soll oder welche inhaltlichen Schwerpunkte gesetzt werden sollen.
- Es gibt persönliche Probleme zwischen den Trainern (zum Beispiel Konkurrenz).
- Die Moderationsübergabe wurde im Vorfeld nicht abgesprochen.
- Die Trainer zweifeln ihre Fachkompetenz gegenseitig an.

Einer der Trainer wirkt antriebsarm und demotiviert
Mögliche Ursachen:

- Die Rollenverteilung zwischen den Trainern wurde nicht geklärt.
- Das letzte Seminar lief sehr schlecht.
- Einer der Trainer fühlt sich in die „Hiwi"-Rolle gedrängt.

9.3 Konfliktbewältigung im Team

Einer der Trainer zeigt geringe und zögernde Beteiligung
Mögliche Ursachen:

- Es gibt widersprüchliche Interessen der beiden Trainer.
- Die vorher festgelegten Absprachen werden von einem der beiden nicht eingehalten.
- Es gibt persönliche Probleme innerhalb des Tandems.
- Einer der Trainer hat seinen Teil nicht freiwillig übernommen.

Alles bleibt in der Luft hängen, nichts wird wirklich geklärt
Mögliche Ursachen:

- Das Team hat unterschiedliche Auffassungen zum Seminarablauf. Beide können sich nicht über die Methoden und die Lernziele einigen.
- Es gibt persönliche Konflikte innerhalb des Tandems.
- Einer der Trainer hat nur schlechte Fachkenntnisse.

Einer der Trainer verhält sich aggressiv gegenüber dem Co-Trainer und den Teilnehmern
Mögliche Ursachen:

- Der Trainer ist fachlich und methodisch nicht sicher.
- Es gibt persönliche Konflikte innerhalb des Teams.
- Es gibt Meinungsverschiedenheiten über Methoden, Ablauf, oder Lernziele.
- Der Trainer ist mit der Gruppe überfordert.

Einer der Trainer ist unpünktlich und entfernt sich häufig vom Seminar
Mögliche Ursachen:

- Einer fühlt sich vom anderen Trainer dominiert.
- Einer der Trainer ist überfordert.
- Einer der Trainer hat fachliche Schwächen, die bereits der Gruppe aufgefallen sind.
- Es gibt große Meinungsverschiedenheiten innerhalb des Teams.
- Es gibt persönliche Konflikte zwischen den Trainern.

Der Co-Trainer wird als Handlanger behandelt
Mögliche Ursachen:

- Die fachlichen Kenntnisse sind nicht ausreichend. Starke inhaltliche Sachkonflikte.
- Einer der Trainer will seine Stärke vor der Gruppe beweisen.
- Es gibt persönliche Konflikte zwischen den Trainern.

Einer der Trainer weiß alles besser und kommentiert den anderen ständig
Mögliche Ursachen:

- Einer der Trainer will sich vor der Gruppe selbst inszenieren.
- Der Mittrainer wird für fachlich nicht kompetent gehalten.
- Es gibt persönliche Konflikte im Team.

Diese Konflikte entstehen häufig durch eine mangelnde Vorbereitung. Konflikte sollte am besten in einem Gespräch unter vier Augen geklärt werden. In diesem Gespräch können beide ihre Eindrücke und Probleme schildern und gemeinsam versuchen, das Problem so schnell wie möglich zu lösen. Auch wenn es keine aktuellen Konflikte gibt, sollten regelmäßig Teambesprechungen stattfinden. So können Konflikte schon im Vorfeld abgefangen werden.

Im Verlauf eines Seminars gibt es viele unterschiedliche Interessen, die als Team berücksichtigt werden, zum Beispiel Sach-, Prestige-, Selbstwertbestätigungs- oder Selbststeuerungsinteressen.

Auch das Auftreten eines Trainers kann zu Problemen führen.

- Tritt einer der Trainer zu übermächtig auf, entstehen Misstrauen und Konflikte. Keinem gefällt es, wenn er von seinem Teampartner vor der Gruppe als Handlanger behandelt oder als dumm dargestellt wird. Sinnvoll ist es, dass dieses Verhalten in einem Feedbackgespräch angesprochen wird und der Betroffene versucht, sich im Seminar stärker zurückzunehmen und den anderen Trainer mit seinem Verhalten zu unterstützen und nicht zu erdrücken. Im Team sollte darauf geachtet werden, dass kein Rivalitätsklima herrscht.
- Verhält sich ein Trainer sehr zurückhaltend und unsicher, wird sich der andere Trainer verpflichtet fühlen, Aufgaben des anderen zu übernehmen. Dies führt zu einem Ungleichgewicht im Team, so dass sich der eine übergangen fühlt und der andere überlastet. Um dieses Problem zu lösen, sollte in einer Pause das weitere Vorgehen im Seminar abgesprochen und eine genaue Aufgabenverteilung vorgenommen werden.
- Bei einem sich ständig selbst widersprechenden und schwankenden Verhalten eines Trainers sollte dieser durch den anderen Trainer Sicherheit erhalten. Probiert werden kann dies, indem die Person zu Beginn des Seminars anfangs kleine Aufgaben und mit zunehmender Sicherheit weitere Aufgaben übernimmt.

Teamteaching verlangt zwar eine gewisse Übung von beiden Partnern, jedoch sind die meisten Teams bereits nach kurzer Zeit sehr erfolgreich. Viele Trainer ziehen das Teamteaching dem Einzeltraining vor, da die Trainings abwechslungsreicher und qualitativ hochwertiger sind.

Grundsätzliches zu Methoden 10

Trainingsmethoden sind Hilfsmittel. Sie vermitteln einen bestimmten Lerninhalt und sind auf die Zielgruppe zugeschnitten. Mit guten Methoden macht das Lernen Spaß. Für die Methodenvielfalt sprechen aber noch andere Gründe:

- Nicht alle Menschen lernen gleich. Durch verschiedene Methoden werden die unterschiedlichen Lerntypen und Lernkanäle angesprochen.
- Unterschiedliche Methoden machen das Training abwechslungsreich. Die Teilnehmer bleiben neugierig und motiviert.
- Lernen gelingt vor allem dann, wenn Konzentrations- und Entspannungsphasen sich abwechseln.
- Durch die Methoden können die Teilnehmer aktiv in das Seminar mit einbezogen werden.
- Der Methodenwechsel entlastet den Trainer und bewahrt ihn vor Monologen.

10.1 Anforderungen an Methoden

Methoden können nach fachlichen, pädagogischen und methodischen Kriterien ausgewählt und angewendet werden.

Fachliche Kriterien
Fachliche Kriterien sind die Lernziele und der Lerninhalt sowie die Bedürfnisse der Lerngruppe. Kaum eine Methode ist für alle Inhalte gleich gut geeignet. Praktische Anwendungen können nur schlecht durch einen reinen Vortrag gelernt werden. Kaum jemand wird seinen Serienbrief nur aufgrund eines Vortrages erstellen können. Um in das Thema ein-

zuführen und zu erklären, um was es bei der Erstellung eines Serienbriefes grundsätzlich geht, kann ein Impulsreferat hilfreich sein. Die Methoden sollten den Lernbedürfnissen der Gruppe entsprechen. Daher ist zu beachten:

- Passt die Methode zu meinem Lerninhalt?
- Entsprechen die Inhalte dem Lernniveau und Lerntempo der Gruppe?
- Wie viel Lernstoff kann an einem Tag vermittelt werden?

Pädagogische Kriterien
Methoden helfen beim Lernen. Dabei ist auf Folgendes zu achten:

- Knüpfen die Inhalte und Methoden an Vorwissen, Einstellungen und Verhaltenserwartungen der Teilnehmer an?
- Kann auf die spezifischen Anforderungen und die Zusammensetzung der Gruppe mit Hilfe der Methoden eingegangen werden?
- Tragen die Methoden dazu bei, die Lernbereitschaft und die Motivation der Einzelnen zu fördern?
- Fördern die Methoden das eigenständige Lernen und die Bereitschaft für den neuen Lerninhalt?
- Berücksichtigen die Methoden die verschiedenen Lernkanäle und Lerntempi der einzelnen Teilnehmer?
- Ermöglichen die Methoden den Spaß am Lernen und Erfolgserlebnisse beim Lernen?

Methodische Kriterien
Methoden stellen den Lerninhalt auf eine bestimmte Art und Weise dar. Dadurch werden unterschiedliche Assoziations- und Anknüpfungsmöglichkeiten geschaffen. Wenn verschiedene Methoden, das heißt verschiedene Sichtweisen, kombiniert werden, steigt die Lernquote.
Methodische Perspektiven sind:

- Reduzierung der Komplexität. Komplexe Zusammenhänge werden auf ihre Grundelemente reduziert. Details werden später mit diesem Grundgerüst verknüpft.
- Kontrastierung beziehungsweise Pointierung. Durch Überbetonen oder Hervorheben können Methoden die Aufmerksamkeit der Teilnehmer auf bestimmte Aspekte lenken.
- Die Möglichkeit der Verfremdung. Gewohnte oder bekannte Sichtweisen werden durch eine ungewohnte Herangehensweise oder Betrachtungsweise aufgebrochen.
- Prinzip der Vertrautheit. Inhalte, Sachverhalte oder Prozesse werden durch Visualisierung und Beispiele aus abstrakten Zusammenhängen gelöst und unmittelbar auf bekannte Sichtweisen beziehungsweise Geschäftsvorgänge und den schon vorhandenen Erfahrungshintergrund bezogen.
- Prinzip, Inhalte selbstständig zu erarbeiten.
- Binnendifferenzierung. Unterschiede zwischen starken und schwachen Lernern und unterschiedlichen Lerntypen können mit bestimmten Methoden ausgeglichen werden.

10.2 Grenzen der Methoden

Methoden können fehlende Inhalte nicht ersetzen
In jedem Training stehen natürlich nicht die Methoden, sondern die Inhalte im Vordergrund. Methoden haben eine „dienende" Funktion. Die Anwendung vielfältiger und abwechslungsreicher Methoden darf nicht vom Thema ablenken.

Methoden können bestehende Konflikte nicht überspielen
Konflikte zwischen der Seminarleitung oder zwischen Seminarleitung und den Teilnehmern tauchen immer wieder auf. Die Anwendung arbeitsintensiver oder spielerischer Methoden darf nicht zu einer Ablenkung oder Überspielung solcher Konflikte führen. Vielmehr müssen in einer solchen Situation Methoden dazu dienen, die Konfliktpunkte deutlich zu machen und Lösungen zu finden.

Methoden können mangelnde Kompetenz nicht ausgleichen
Der Zugriff auf vielfältige Methoden und deren Einsatz im Trainingsbereich kann nicht über mangelnde inhaltliche und methodische Kompetenz hinwegtäuschen.

10.3 Überblick über die verschiedenen Methoden

Viele Methoden können einzeln, im Tandem oder in der Gruppe durchgeführt werden. In der Tab. 10.1. ist ein Überblick zu den verschiedenen Methoden, Trainingsform etc. zu sehen.

10.4 Checkliste für die Methodenauswahl

Einschätzung der Gruppe

- Wie groß ist die Gruppe?
- Wie alt sind die Teilnehmer?
- Wie groß sind die Altersunterschiede?
- Wie setzt sich die Gruppe zusammen (Nur Frauen, nur Männer oder Geschlechter gemischt)?
- Welche Computervorkenntnisse bringen die Einzelnen mit?
- Aus welchen Unternehmen stammen die Teilnehmer?
- Welche Positionen haben Teilnehmer (Sachbearbeitung, Leitungsfunktion)?

Analyse des Umfeldes

- Wie viel Zeit steht zur Verfügung?
- Wie sind die Räumlichkeiten?

Tab. 10.1 Überblick zu Methoden

Trainingsart	Ziel der Methode						Trainingsform		
	Aktives Lernen	zuhören zusehen	Praxis-übung	Eigenständiges lernen	Binnendifferenzierung	Förderung der Lernkompetenz	Gruppenarbeit	Tandemarbeit	Einzelarbeit
Lernzirkel	X		X	X	X	X	X	X	X
Modellübung	X		X	X		X	X	X	
Event (Quiz)	X		X				X		
Wiederholungsübung	X		X		X	X		X	X
Impulsreferat		X							
Systemvorführung	X	X				X			
Warm-ups	X					X	X		
Trainingsgespräch	X	X		X		X	X		
eLearning	X		X			X			X

10.4 Checkliste für die Methodenauswahl

- Wie ist die technische Ausstattung?
- Können Getränke zur Verfügung gestellt werden?

Auswahl der Methode und des Inhalts

- Welche Lernziele werden vermittelt?
- Welche Lerninhalte sollen vermittelt werden?
- Welche Aspekte des Inhalts werden durch die geplante Methode besonders geübt?
- Welche Lernleistungen werden von den Teilnehmern erwartet?
- Zu welchem Zeitpunkt des Seminars soll die Methode eingesetzt werden?
- Welche Erfahrungen bestehen mit der Durchführung der Methode?
- Welchen Zweck soll die Methode erfüllen?
- Soll sie den Lernstoff auflockern?
- Soll sie den Lernstoff vertiefen?
- Soll sie die Einzel-, Gruppen- oder Plenumsarbeit unterstützen und fördern?
- Soll sie motivieren?
- Soll sie wiederholen?

Welche Lernleistungen soll sie unterstützen?

- Fachwissen vermitteln?
- Lerntechnik helfen zu vermitteln?
- Helfen, Handlungskriterien zu entwickeln?
- Zusammenhänge kennen lernen?
- Aussagen bewerten und in die Sprache des Computers übersetzen?
- Eigenes Wissen festigen und erweitern?
- Selbstständiges Lernen und Lösen von Problemen fördern?

▶ **Hinweis** Nicht jede Methode liegt einem Trainer. Zeitweise fehlen die persönlichen und fachlichen Voraussetzungen hierzu! Daher immer die Methoden anwenden, die zum eigenen Arbeitsstil am besten passen.

Organisation von IT-Trainings 11

11.1 Große Anwenderschulungen

Nach der Einführung einer neuen Betriebssoftware in einem Unternehmen, wie beispielsweise von SAP, müssen viele Mitarbeiter geschult werden, denn durch die neue Software ändern sich viele Arbeitsabläufe grundlegend. Um die Organisation und Durchführung dieser Trainings geht es im folgenden Kapitel.

Trainings sind teuer. Nicht zu schulen ist in der Regel noch teurer. Circa 1/3 der Einführungskosten einer neuen Software entfallen auf die Trainings der Mitarbeiter.

In Zeiten knapper Kassen versuchen Unternehmen die Trainingskosten zu drücken. Wie viel ein Training kostet, ist einfach zu errechnen. Viel schwieriger ist es dagegen zu errechnen, welche Kosten auf das Unternehmen zukommen, wenn schlecht oder überhaupt nicht geschult wird. Dies sind Folgekosten, die nach der Einführung der neuen Software entstehen, wenn die Mitarbeiter nur unzureichend auf die neue Software vorbereitet wurden. Verursacht werden diese Kosten durch:

- **eine hohe Fehlerquote**

Dies führt meistens zu einem höheren Beratungsaufwand der Unternehmensberatung, die die neue Software im Unternehmen einführt. Das heißt, das Unternehmen beschäftigt die Unternehmensberatung länger als vorgesehen. Zudem entstehen zusätzliche Kosten für das Unternehmen aufgrund von Anwendungsfehlern der Mitarbeiter, die mit der neuen Software überfordert sind.

- **eine schlechte Akzeptanz der neuen Software im Unternehmen**

Ohne ein Training fühlen sich die Mitarbeiter schnell der neuen Software „ausgeliefert", sinkende Motivation und schlechtere Leistungen sind häufig die Folge.

11.1.1 Vorbereitung auf Führungsebene

Voraussetzung für eine erfolgreiche Durchführung von Schulungen ist, dass die Führungsebene des Unternehmens diese unterstützt. Denn wenn die Führungsebene vom Sinn und Zweck der Maßnahme überzeugt ist, wird die Trainingsmaßnahme auch von den Mitarbeitern angenommen.

Die Planung von Trainings mit handlungsorientierten Methoden und einem hohen Übungsanteil verlangt sehr viel Vorbereitung. Dies lohnt sich, da der Übungsanteil und Lernerfolg in den Schulungen wesentlich höher ist als beispielsweise bei „trainerzentrierten Trainings".

Wir haben die Erfahrung gemacht, dass Führungskräfte gegenüber einem handlungsorientierten und methodischen Trainingskonzept sehr aufgeschlossen waren, wenn dieses im Vorfeld ausführlich vorgestellt wurde.

Zusammen mit der Führungsebene werden in einer ersten Phase die Rahmenbedingungen der Trainings festgelegt.

Rahmenbedingungen für ein Training sind:

1. **Trainingskonzept und Methoden:**
    - Welche Methoden werden eingesetzt?
    - Ist das Training ein Präsenztraining oder werden E-Learning-Elemente eingebaut?
2. **Teilnehmer:**
    - Welche Mitarbeiter werden trainiert?
    - Nehmen Führungskräfte am Training teil?
    Aufgepasst: Nehmen Vorgesetzte am Training teil, werden damit auch bestimmte Machtverhältnisse ins Seminar getragen.
3. **Trainer:**
    - Gibt es nur externe Trainer oder werden Mitarbeiter des Kunden zu Trainern ausgebildet?
4. **Vorbereitung der Trainingsmaßnahme:**
    - Werden die Trainings ausschließlich durch Externe wie beispielsweise Unternehmensberater vorbereitet?
    - Welche Aufgaben werden von den Mitarbeitern des Unternehmens übernommen?

    ▶ **Tipp** Diese Mitarbeiter sollten für die Vorbereitung und Durchführung der Trainings von ihrem Tagesgeschäft freigestellt werden.

5. **Welches Budget steht zur Verfügung?**
6. **Über welchen Zeitraum wird trainiert?**
    Dies ist abhängig von folgenden Punkten:
    - der Länge der einzelnen Kursmodule
    - der Teilnehmerzahl
    - der Anzahl der Räume

11.1 Große Anwenderschulungen

Nicht alle diese Punkte sind zu Beginn der Trainingsvorbereitung schon geklärt, dennoch sollte der allgemeine Zeitrahmen vereinbart werden.

7. **Technik:**
   - Sind ausreichend Trainingsräume vorhanden oder müssen diese erst eingerichtet beziehungsweise angemietet werden?
   - Wie wird das Trainingssystem der zu vermittelnden Software aussehen?

▶ **Tipp** Bei großen Trainingsmaßnahmen muss von der Firma häufig noch die entsprechende Hardware für die Übungssysteme der Software angeschafft werden.

8. **Gibt es eine Anwesenheitsliste und eine Teilnahmebestätigung?**
9. **Nachbereitung der Trainings:**
   - Welche Übungsmöglichkeiten stehen den Mitarbeitern im Anschluss an das Training zur Verfügung (Übungsräume, Übungssystem oder FAQ-Datenbanken)?
   - Werden Mitarbeiter als „Softwareexperten" für die Übungsbetreuung ausgebildet? In diesem Fall ist zu klären, wer im Unternehmen die entsprechenden Mitarbeiter auswählt.
10. **Wer ist der zuständige Verantwortliche im Unternehmen?**
11. **Werden die Trainings evaluiert?**
    - Evaluierungen sind in Unternehmen sehr beliebt, da mit Zahlen dokumentiert wird, ob sich diese Maßnahme und die damit verbundenen Kosten gelohnt haben. Für das Trainingsteam hat es den Vorteil, dass es sehr schnell ein ausführliches Feedback erhält. Evaluierungsmaßnahmen müssen auch mit dem Betriebsrat abgestimmt werden.

11.1.2 Inhaltliche Konzeption und Vorbereitung der Trainings

In dieser Phase werden:

- die genauen Lernziele festgelegt
- die Übungen entwickelt
- die Übungsunterlagen geschrieben

Festlegung der Lernziele Um die Trainingsziele zu bestimmen werden die wichtigsten Prozesse und Abläufe des Tagesgeschäftes gesammelt und zusammengestellt. Aus diesen Geschäftsprozessen und -abläufen werden die verschiedenen Trainingsmodule entwickelt.

Im Idealfall sind die Trainingsmodule auf die Bedürfnisse des Einzelnen beziehungsweise einer Abteilung zugeschnitten. In der Praxis scheitert dieser Anspruch in vielen Fällen an den organisatorischen Rahmenbedingungen. Eine Ursache dafür ist zum Beispiel, dass nicht alle Mitarbeiter einer Abteilung zur selben Zeit am Training teilnehmen können. Das Tagesgeschäft läuft gleichzeitig im Unternehmen weiter.

Damit die Trainings nicht zu teuer für das Unternehmen werden, müssen die Trainingsräume durchgehend ausgelastet sein. Zudem sind zu kleine Trainingsgruppen auch pädagogisch nicht sinnvoll.

Zur Entwicklung der einzelnen Schulungsmodule kann zum Beispiel eine solche Matrix verwendet werden:

Tabelle 11.1 zeigt ein Beispiel aus dem Bereich SAP for Utilities mit Lerninhalt/Arbeitsprozess.

In der Tabelle wurden aus den Lerninhalten vier unterschiedliche Kurse gebildet:

- Basis,
- Kundenzentrum,
- Back-Office,
- Abrechnung.

Lerninhalt/Arbeitsprozess	Abteilung				Kurs
	A 1	A 2	A 3	A 4	
	12 TN	18 TN	10 TN	8 TN	
Navigieren in SAP ERP	X	X	X	X	Basis
Datenmodell SAP for Utilities (IS-U/CCS)	X	X	X	X	
Customer Interaction Center		X	X	X	Kundenzentrum
Kundenidentifikation		X	X	X	
Kundenauskünfte		X	X	X	
Einzug			X	X	Back-Office
Auszug			X	X	
Umzug			X	X	
Abrechnung				X	Abrechnung
Tarifeinstellungen				X	

Tab. 11.1 mit Lerninhalt/Arbeitsprozess. (Industrial Solution Utility Customer Care Service ist eine Abrechnungssoftware für Energieversorgungsunternehmen, TN = Teilnehmer)

Die Mitarbeiter der Abteilung A 4 besuchen alle Kurse, die Abteilung A 1 durchläuft nur den Basiskurs. Als ideale Kursgröße werden 10–12 Teilnehmer angenommen. Dem entsprechend gibt es:

- vier Basiskurse (48 Teilnehmer mit 12 Plätzen),
- drei Kundenzentrum-Kurse (31 Teilnehmer mit 12 Plätzen),
- drei Back-Office-Kurse (18 Teilnehmer mit 12 Plätzen) und
- einen Abrechnungskurs (9 Teilnehmer mit 12 Plätzen).

Als Schulungsinhalte werden ausschließlich Standardfälle aus dem Tagesgeschäft genommen. Ein Sonderfall, der nur zweimal im Jahr für einen Anwender auftritt, wird nicht trainiert, denn bis ein Benutzer nach dem Training auf solch einen seltenen Fall stößt, hat er ihn längst vergessen.

In vielen Unternehmen finden im Anschluss an die Einführung der neuen Software größere Umstrukturierungsmaßnahmen statt. Daher ist es wichtig, bei der Vorbereitung der Trainingsmaßnahme zu ermitteln, wie das Tagesgeschäft der Mitarbeiter vor und auch nach der Einführung der Software verläuft. Die einzelnen Fachabteilungen sollten deshalb in die Schulungsvorbereitung mit einbezogen werden.

Mit Hilfe der gemeldeten Lernziele aus den Fachabteilungen kann bei der Vorbereitung abgeschätzt werden, wie lange ein Trainingskurs in etwa dauern wird. Um späteren Ärger zu vermeiden ist es sinnvoll, ein paar Stunden länger pro Training einzuplanen. Es ist einfacher, die Teilnehmer eine Stunde früher nach Hause zu schicken, als ein Training zwei Stunden länger abzuhalten als angekündigt war. Je nach Zusammensetzung der Trainingsgruppe kann derselbe Kurs unterschiedlich lange dauern.

11.1.3 Entwicklung und Erstellung der Übungsunterlagen

Ab einer Auflage von 100 Stück ist es günstiger, die Schulungsunterlagen zu drucken, anstatt sie zu kopieren. In einigen Unternehmen gibt es eine eigene Druckerei. Neben den Kosten spielt auch die Druckqualität eine wichtige Rolle. Es lohnt sich nicht, eine günstige Kopie oder einen günstigen Druck zu wählen, wenn die Softwareabbildungen in der Druckversion nicht richtig lesbar sind. Daher sollte unbedingt ein Probedruck angefordert werden. Für große Druckaufträge wird eine entsprechende Vorlaufzeit vor Beginn der Trainingsmaßnahme benötigt.

Tab. 11.2 Organisation Kurse

Kurs	Termin	Plätze pro Abteilung			Summe
		A 1	A 2	A 3	
Basis 1	12.4.–13.4.	4	3	2	9
Basis 2	20.4.–21.4.	4	5	3	12
Basis 3	1.5.–6.5.	4	4	2	10
Summe	–	12	12	7	–

11.1.4 Organisation der Trainings

Festlegung der Trainingstermine Eine genaue Festlegung der Trainingstermine ist abhängig von der Anzahl der Räume und der Dauer der einzelnen Kurse. Mit der Terminplanung sollte deshalb circa drei bis vier Monate vor Beginn der Trainingsmaßnahme begonnen werden.

Verteilung der Teilnehmer auf die einzelnen Kurse Eine Verteilung der Teilnehmer auf die einzelnen Kurse kann für die Organisatoren sehr aufwendig sein. Die Urlaubsplanung, Teilzeitkräfte und Vertretungsregeln müssen berücksichtigt werden. Die Abteilungen sollten ihre Mitarbeiter deshalb in die Kurse einteilen. Dazu wird jeder Abteilung eine bestimmte Anzahl Plätze pro Schulung zugewiesen. Die Abteilungen nennen dann die Namen.

Hilfreich für die Planung ist die Tab. 11.2 zur Organisation der Kurse:

Um ein ständiges Ummelden der Teilnehmer zu vermeiden, können folgende Regeln aufgestellt werden:

- Die Teilnehmer können sich nur ummelden, wenn sie selber einen Tauschpartner finden.
- Anmeldung und Ummeldung können ausschließlich von den Vorgesetzen vorgenommen werden.

11.1.5 Ausstattung der Trainingsräume

- **Tischordnung in U-Form**
  Die Tische sollten in U-Form aufgestellt werden. Denn bei IT-Trainings verschwinden die Teilnehmer und Trainer leicht hinter dem Computer. Werden die Tische in U-Form aufgestellt, können sich alle besser sehen.
- **Pro Teilnehmer ein PC**
- **Genügend Trainingsuser pro Trainingsraum**
  Mit den Trainingsusern können sich die Teilnehmer im Trainingssystem anmelden. Zur Sicherheit sollten zwei Trainingsuser zur Reserve vorhanden sein. Die Trainingsuser sollten keinen Zugang zum Internet oder dem Mailsystem haben. Damit wird vermieden, dass die Teilnehmer während des Trainings abgelenkt werden.

11.1 Große Anwenderschulungen

- **Beamer mit Leinwand**
- **Lehrer-Schüler-Schaltung**
  Diese Schaltung bewirkt, dass der Referent sich auf den Bildschirm der Teilnehmer schalten kann. Zudem können die Teilnehmer die Vorführungen der Trainer auf ihrem eigenen Bildschirm verfolgen. Ohne eine Lehrer-Schüler-Schaltung können die Übungen von den Teilnehmern ausschließlich über das Beamerbild verfolgt werden. Meistens sind die einzelnen Felder und Masken der Software so klein, dass sie aus der dritten Reihe nicht mehr gut zu erkennen sind.
- Pro Trainingsraum ein Drucker mit ausreichend Papier
- Overheadprojektor
- Flipchart
- Zwei Metaplanwände
- Moderationskoffer
- Notfalltelefonliste

Diese enthält die Ansprechpartner für:

- technische Probleme
- Ausstattung der Schulungsräume
- Verpflegung
- inhaltliche Fragen
- methodische Fragen
- Hausmeister

Häufig sind die Trainingsräume in den Unternehmen sehr unterschiedlich ausgestattet. Die Räume sollten deshalb mehrere Wochen vor Beginn der Schulung besichtigt werden, um fehlende Technik oder Materialien zu ergänzen.

Verpflegung während des Trainings Trainer und Teilnehmer sollten während des Trainings ausreichend trinken. Die vielen Computer trocknen die Luft im Raum sehr schnell aus. Wichtig sind vor allem Kaltgetränke, da Kaffee und Tee dem Körper wieder Wasser entziehen. Durch eine gute Verpflegung steigen Wohlbefinden und Konzentrationsfähigkeit.

Einrichtung des Trainingssystems Die Schulung sollte unbedingt auf einem eigenen Trainingssystem stattfinden. Zur Durchführung eines größeren Anwendertrainings bietet es sich an, das Softwaresystem, auf dem trainiert wird, mehrmals auf dem Computernetz des Unternehmens zu kopieren. Dadurch können die eingerichteten Trainingskonstrukte immer wieder im Training verwendet werden und die Übungen müssen nicht von den Trainern manuell zurückgesetzt werden. Zudem ist dies sehr zeitaufwendig und teuer.

Um Fehler in den Übungen zu vermeiden werden die Übungen auf einem Originalsystem eingerichtet. Dieses System wird anschließend kopiert. Die Schulungen laufen auf der Systemkopie. Nachdem ein Kurs beendet ist, wird dann eine neue Kopie des Originalsystems erstellt.

Bei Anwendertrainings ist zeitweise die Datenmenge so groß, dass das Kopieren länger als eine Nacht dauert. In diesem Fall wird mit zwei Kopien gearbeitet. Es gibt das Originalsoftwaresystem (A) und die Kopien (B) und (C). In der ersten Trainingswoche wird auf der Kopie (B) trainiert. In der darauf folgenden Woche wird die zweite Kopie (C) benutzt. Gleichzeitig dazu wird in dieser Woche das Originalsystem (A) erneut kopiert (B2).

Bei dieser Vorgehensweise ist zu bedenken, dass die Kopien sehr viel Speicherplatz benötigen.

11.1.6 Durchführung der Trainings

Feedbackrunden Am schwierigsten sind bei größeren Trainingsmaßnahmen die ersten beiden Wochen. Es dauert, bis sich das Trainingsteam an den Ablauf, die Räumlichkeiten und das Trainingssystem gewöhnt hat. Die meisten technischen Fehler treten in den ersten beiden Wochen auf. Feedbackrunden mit dem Trainingsteam sind deshalb wichtig. Hier können die Trainer Erfahrungen austauschen.

Fragestellungen für diese Feedbackrunden sind beispielsweise: Wie funktioniert das Trainingskonzept? Laufen die Übungen fehlerfrei? Was kann mit schwierigen Teilnehmern unternommen werden? Welche Übungen sollten noch weiterentwickelt werden?

Werbung für die Schulungen Die Schulungen werden besser akzeptiert, wenn in den Firmenzeitschriften oder im Intranet regelmäßig über sie berichtet wird. Außerdem können so die Teilnahme und die Bemühungen der Mitarbeiter gewürdigt werden.

11.1.7 Auswertung der Trainings

Anhand von Evaluierungsbögen werden die Trainings regelmäßig ausgewertet. Anschließend werden die Ergebnisse in Feedbackrunden des Trainingsteams diskutiert. Zudem können die Ergebnisse von der Projektleitung verwendet werden, um die Trainingsmaßnahmen innerhalb des Unternehmens zu rechtfertigen und zu nutzen. Die Schulungen sollten von unabhängigen Personen und nicht von den Trainern selbst ausgewertet werden.

11.1.8 Einrichtung von Übungsmöglichkeiten für die Mitarbeiter nach dem Training

Bei großen Trainingsmaßnahmen können für einige Teilnehmer zwischen der Schulung und der Einführung der Software einige Wochen liegen. Damit das Wissen aus den Schulungen nicht verloren geht, müssen diese im Anschluss an die Schulungen üben. Solch eine Übungsphase funktioniert nur, wenn die Mitarbeiter ausreichend Übungszeit bekommen. Jeder Mitarbeiter sollte daher ein bis zwei Stunden pro Woche üben können. In

Abteilungen, die viel Kontakt mit Kunden haben, ist ein spezieller Übungsraum sinnvoll, damit die Mitarbeiter konzentriert üben können und nicht durch Telefonate oder Anfragen abgelenkt sind. Für die Übungen bringen die Mitarbeiter Fälle und Aufgaben aus ihrem Tagesgeschäft mit und versuchen diese mit der neuen Software zu lösen.

In der Regel treten bei den Übungen viele Fragen auf. Damit die Mitarbeiter nicht mit den Problemen alleine sind, ist es sinnvoll diese Übungen von einem Trainer betreuen zu lassen. Zudem kann eine Frequently Asked Question (FAQ) –Datenbank eingerichtet werden. Diese enthält die am häufigsten gestellten Fragen von Anwendern zur Software. Darüber hinaus können für die Übungsphase auch E-Learning-Programme verwendet werden.

11.1.9 Ausbildung und Begleitung des Trainerteams

In einigen Unternehmen werden die Trainings von Mitarbeitern des Unternehmens vorbereitet und durchgeführt.
Dieses Vorgehen hat folgende Vorteile:

- Die „internen Experten" eines Unternehmens kennen das bisherige Tagesgeschäft besser als externe Berater.
- Das methodische und fachliche Wissen der „internen Experten" bleibt im Unternehmen.

Der Nachteil von „internen Experten" ist, dass diese Mitarbeiter freigestellt und ausgebildet werden müssen. Meistens haben sie keine pädagogischen Erfahrungen und kennen die neue Software nicht. Die „internen Experten" bekommen zur Vorbereitung auf die Planung und Durchführung verschiedene Workshops:

1. Ein fachliches Training.

> **Tipp** In der Regel reicht ein Training von mehreren Tagen nicht aus, um die neue Software zu beherrschen. Die Trainer müssen einige Monate mit der Software arbeiten, um sich mit der Software auszukennen.

2. Grundlagen der Pädagogik.
3. Methoden zur Entwicklung und Erstellung von Trainingsmaterial (zum Beispiel Lernzirkel, Modellübungen, Anlegen von Übungskonstrukten).
4. Einführung in E-Learning-Programme.

Auswahlkriterien für das richtige IT-Training 12

Das folgende Kapitel enthält Kriterien für die Auswahl von Trainingsanbietern. Ziel ist es, das eigene Trainingsbedürfnis zu ermitteln, um auf dieser Grundlage den passenden Anbieter zu finden. Grundsätzlich gilt, je individueller die Trainings auf das eigene Unternehmen zuschnitten werden können, desto besser sind die Lernerfolge. Diese Trainings sind aber auch teurer als Trainings von der Stange.

12.1 Vorentscheidungen

Zur Entscheidungsfindung gehören viele verschiedene Punkte. Daher ist die Festlegung der Zielrichtung des Trainings sehr wichtig. Dazu sind folgende Vorentscheidungen zu treffen:

1. **In welcher Form wird trainiert?**
E-Learning, Selbststudium, Präsenzseminar oder in einer Kombination?

2. **Wo wird trainiert?**
Im eigenen Hause oder in den Räumen der Schulungsanbieter?

3. **Für welche Zielgruppe ist das IT-Training?**
Auszubildende, Studierende, Führungskräfte, Sachbearbeiter, Hotline-Mitarbeiter oder Back Office?

4. Welcher Lernansatz wird bevorzugt?
Das angeleitete Lernen, in dem die Lerninhalte und Lernziele von den Trainern vorgegeben und durch die Teilnehmer abgearbeitet werden oder ein Ansatz, dessen Inhalte und Ziele sich nach den Wünschen und Bedürfnissen der Teilnehmer richten?

12.2 Auswahlverfahren

Die Auswahl der Trainingsanbieter erfolgt in zwei Schritten. In der ersten Tabelle sind Kriterien für die Auswahl von Trainingsanbietern aufgelistet. Mit Hilfe dieser Tabelle können verschiedene Auswahlkriterien gewichtet werden. So kristallisieren sich die Kriterien heraus, die für das jeweilige Unternehmen bei der Auswahl von Trainingsanbietern entscheidend sind[1]. In einer zweiten Tabelle werden die Schulungsanbieter anhand der ersten Tabelle bewertet:

12.2.1 Schritt 1: Festlegung der Auswahlkriterien

Die folgenden Kriterien werden folgendermaßen bewertet.

* = äußerst wichtig
++ = sehr wichtig
+ = wichtig
− = weniger wichtig
−− = unwichtig

---

[1] Vgl. Kapitel Besonderheiten des IT-Trainings und Lerntheorie und Lernprozesse.

12.2 Auswahlverfahren

Danach kann die nachfolgende Tab. 12.1 auf die Kriterien verkürzt werden, die als wichtig, sehr wichtig oder äußerst wichtig eingestuft werden. In der Abbildung werden die verschiedenen Auswahlkriterien für ein Training aufgeführt.

Tab. 12.1 Auswahlkriterien für IT Trainings

Kriterien	Gewichtung				
	*	++	+	-	--
Didaktik					
Rollenbasiertes Konzept[a]					
Praxisbezug der Lerninhalte					
Lernen durch eigenständiges Erarbeiten des Lernstoffs					
Lernen durch Memorieren und Reproduzieren der Trainervorführungen/Vorträge					
Ansprechen verschiedener Eingangskanäle					
Ansprechen verschiedener Lerntypen					
Differenzieren von unterschiedlichen Lernniveaus					
Lernspaß					
Atmosphäre im Training					
Feedback zum Lernfortschritt					
Hoher Übungsanteil während des Trainings (über 70 Prozent)					
Übungsmöglichkeiten nach dem Training					
Methodik					
Methodenvielfalt					
Systemvorführungen					
Kriterien	**Gewichtung**				
	*	++	+	-	--
Impulsreferat					

Tab. 12.1 (Fortsetzung)

Kriterien	Gewichtung				
	*	++	+	-	--
Lernzirkel					
Übungen mit Praxisbezug					
Übungen mit selbstständiger Erarbeitung des Lernstoffs					
Wiederholungsübungen					
Modellübung					
Trainingsgespräch					
E-Learning					
Events					
Warm-Ups					
Gruppenarbeit					
Teamarbeit					
Einzelarbeit					
Förderung der Lernkompetenz					
Binnendifferenzierung					
Inhalte					
Prozesshandling der Software[b]					
Systemzusammenhänge und Funktionsprinzipien der Software					
Trainingsunterlagen					
Visuelle Gestaltung und Aufbereitung des Lernstoffs (Verwendung von Screenshots)					
Erstellung der Unterlagen mit einem Autorentool					
Übungsblätter					
Trainerhinweise zu den Übungsblättern					
Trainer					
Einzeln (Eigene Trainer)					
Einzeln (Trainer des Schulungsanbieters)					
Tandem (Eigene Trainer)					
Tandem (Eigene Trainer/Schulungsanbieter)					
Tandem (Schulungsanbieter)					
Didaktische Kompetenz der Trainer					
Methodische Kompetenz der Trainer					
Fachkompetenz der Trainer					
Kriterien	**Gewichtung**				
	*	++	+	-	--
Hilfestellung					

12.2 Auswahlverfahren

Tab. 12.1 (Fortsetzung)

Kriterien	Gewichtung				
	*	++	+	-	--
Evaluierung					
Regelmäßige Evaluierung während der Schulungen					
Gesamtevaluierung zum Schluss der Schulungen					
Technik[c]					
Anpassbarkeit der Software an vorhandene Technik					
Erweiterbarkeit					
Support					
Dokumentation					
FAQ-Datenbank					
Schulungsmandant					
Ausstattung des Trainingsraums (Zum Beispiel Lehrer/Schüler Schaltung)					
Umsetzung durch den Trainingsanbieter[d]					
Konzeption der Trainings					
Erstellung der Übungskonstrukte					
Erstellung der Trainingsunterlagen					
Ausbildung des eigenen Trainingsteams					
Klare Gliederung und Strukturierung der Schulungen und des Materials					
Organisation der Trainings					
Erstellung des Trainingplans (wann findet welches Training statt)					
Anmeldung und Verwaltung der Teilnehmer					
Einfache Umsetzung des Trainingskonzeptes					
Evaluation der Trainings					
Gruppengröße					
Kosten					
Preis					

[a] Rollenbasiert ist ein Schulungskonzept, das auf die speziellen Anforderungen der einzelnen Abteilungen eines Unternehmens zugeschnitten ist.

[b] Der Schwerpunkt liegt auf der reinen Durchführung einzelner Prozesse und Transaktionen.

[c] Dieser Punkt Technik bezieht sich im Wesentlichen auf Trainingsanbieter, die in ihrem eigenen Trainingszentrum schulen.

[d] In diesem Fall werden die Trainings im Haus des Auftraggebers vorbereitet und durchgeführt

12.2.2 Bewertung der Angebote

Übertragen Sie die Gewichtungen aus dem ersten Analyseschritt in die Tab. 12.2.

Tab. 12.2 Übertrag Bewertungen aus der Tabelle Auswahlkriterien

Kriterien	Gewichtung	Anbieter A	Anbieter B	Anbieter C
Didaktik				
Rollenbasiertes Konzept				
Praxisbezug der Lerninhalte				
Lernen durch eigenständiges Erarbeiten des Lernstoffs				
Lernen durch Memorieren und Reproduzieren der Trainervorführungen/ Vorträge				
Ansprechen verschiedener Eingangskanäle				
Ansprechen verschiedener Lerntypen				
Differenzieren von unterschiedlichen Lernniveaus				
Lernspaß				
Atmosphäre im Training				
Feedback zum Lernfortschritt				
Hoher Übungsanteil während des Trainings (über 70 Prozent)				
Übungsmöglichkeiten nach dem Training				
Zwischensumme (Anzahl Gewichtungen)		* ++ + - --	* ++ + - --	* ++ + - --
Zwischenwertung (Platz 1-X)		Anbieter A	Anbieter B	Anbieter C

Tab. 12.2 (Fortsetzung)

Kriterien	Gewichtung	Anbieter A	Anbieter B	Anbieter C
Methodik				
Methodenvielfalt				
Systemvorführungen				
Impulsreferat				
Lernzirkel				
Übungen mit Praxisbezug				
Übungen mit selbstständiger Erarbeitung des Lernstoffs				
Wiederholungsübungen				
Modellübung				
Trainingsgespräch				
Events				
E-Learning				
Warm-ups				
Gruppenarbeit				
Teamarbeit				
Einzelarbeit				
Förderung der Lernkompetenz				
Binnendifferenzierung				

Zwischensumme (Anzahl Gewichtungen)	*	++	+	-	--	*	++	+	-	--	*	++	+	-	--

Zwischenwertung (**Platz 1-X**)	Anbieter A	Anbieter B	Anbieter C

Tab. 12.2 (Fortsetzung)

Kriterien	Gewichtung	Anbieter A	Anbieter B	Anbieter C
Inhalte				
Prozesshandling der Software				
Systemzusammenhänge und Funktionsprinzipien der Software				

Zwischensumme (Anzahl Gewichtungen)	*	++	+	-	--	*	++	+	-	--	*	++	+	-	--
Zwischenwertung (Platz 1-X)	Anbieter A					Anbieter B					Anbieter C				

Kriterien	Gewichtung	Anbieter A	Anbieter B	Anbieter C
Trainingsunterlagen				
Visuelle Gestaltung und Aufbereitung des Lernstoffs (Verwendung von Screenshots oder eines Autorentools)				
Übungsblätter				
Trainerhinweise zu den Übungsblättern				

Zwischensumme (Anzahl Gewichtungen)	*	++	+	-	--	*	++	+	-	--	*	++	+	-	--
Zwischenwertung (Platz 1-X)	Anbieter A					Anbieter B					Anbieter C				

12.2 Auswahlverfahren

Tab. 12.2 (Fortsetzung)

Kriterien	Gewichtung	Anbieter A	Anbieter B	Anbieter C
Trainer				
Einzeln (Eigene Trainer)				
Einzeln (Trainer des Schulungsanbieters)				
Tandem (Eigene Trainer)				
Tandem (Eigene Trainer/ Schulungsanbieter)				
Tandem (Schulungsanbieter)				
Didaktische Kompetenz der Trainer				
Methodische Kompetenz der Trainer				
Fachkompetenz der Trainer				
Hilfestellung				

Zwischensumme (Anzahl Gewichtungen)	*	++	+	-	--	*	++	+	-	--	*	++	+	-	--
Zwischenwertung (Platz 1-X)	Anbieter A					Anbieter B					Anbieter C				

Kriterien	Gewichtung	Anbieter A	Anbieter B	Anbieter C
Evaluierung				
Regelmäßige Evaluierung während der Schulungen				
Gesamtevaluierung zum Schluss der Schulungen				

Zwischensumme (Anzahl Gewichtungen)	*	++	+	-	--	*	++	+	-	--	*	++	+	-	--
Zwischenwertung (Platz 1-X)	Anbieter A					Anbieter B					Anbieter C				

Tab. 12.2 (Fortsetzung)

Kriterien	Gewichtung	Anbieter A	Anbieter B	Anbieter C
Technik				
Anpassbarkeit der Software an vorhandene Technik				
Erweiterbarkeit				
Support				
Dokumentation				
FAQ-Datenbank				
Schulungsmandant				
Ausstattung des Trainingsraums (Lehrer/Schüler-Schaltung)				

Zwischensumme (Anzahl Gewichtungen)	*	++	+	-	--	*	++	+	-	--	*	++	+	-	--

Zwischenwertung (Platz 1-X)	Anbieter A	Anbieter B	Anbieter C

Kriterien	Gewichtung	Anbieter A	Anbieter B	Anbieter C
Umsetzung durch den Trainingsanbieter				
Konzeption der Trainings				
Erstellung der Übungskonstrukte				
Erstellung der Trainingsunterlagen				
Ausbildung des eigenen Trainingsteams				
Klare Gliederung und Strukturierung der Schulungen und des Materials				

12.2 Auswahlverfahren

Tab. 12.2 (Fortsetzung)

Zwischensumme (Anzahl Gewichtungen)	*	++	+	-	--	*	++	+	-	--	*	++	+	-	--
Zwischenwertung (Platz 1-X)	Anbieter A					Anbieter B					Anbieter C				

Kriterien	Gewichtung	Anbieter A	Anbieter B	Anbieter C
Organisation der Trainings				
Erstellung des Trainingsplans (wann findet welches Training statt)				
Anmeldung und Verwaltung der Teilnehmer				
Einfache Umsetzung des Trainingskonzeptes				
Evaluation der Trainings				
Gruppengröße				

Zwischensumme (Anzahl Gewichtungen)	*	++	+	-	--	*	++	+	-	--	*	++	+	-	--
Zwischenwertung (Platz 1-X)	Anbieter A					Anbieter B					Anbieter C				

Kriterien	Gewichtung	Anbieter A	Anbieter B	Anbieter C
Kosten				
Preis				

Zwischensumme (Anzahl Gewichtungen)	*	++	+	-	--	*	++	+	-	--	*	++	+	-	--
Zwischenwertung (Platz 1-X)	Anbieter A					Anbieter B					Anbieter C				

12.2.3 Gesamtauswertung

Übertragen Sie die Zwischenwertungen und die Plätze in die Tab. 12.3 für die Gesamtauswertung.

Tab. 12.3 Gesamtauswertung

Kriterien	Anbieter A		Anbieter B		Anbieter C	
	Gewichtung	Platz	Gewichtung	Platz	Gewichtung	Platz
Didaktik						
Methodik						
Inhalte						
Trainingsunterlagen						
Trainer						
Evaluierung						
Umsetzung durch den Schulungsanbieter						
Kosten						
Gesamt						

E-Learning 13

> *„Wahrlich es ist nicht das Wissen, sondern das Lernen, nicht das Besitzen, sondern das Erwerben, nicht das Da-Seyn, sondern das Hinkommen, was den größten Genuss gewährt."*
> Carl Friedrich Gauß
> Dieses Kapitel entstand unter Mitarbeit von Ina Gäde

E-Learning wird als Oberbegriff für Tele-Learning, Virtual Classroom oder Learning on Demand verwendet. E-Learning steht für die Integration neuer Technologien im Ausbildungs- und Bildungsbereich.

Im Jahr 1995 war „Multimedia" das Wort des Jahres; seitdem gibt es zahlreiche Möglichkeiten um Hard- und Software miteinander zu kombinieren und damit auch interaktive Anwendungen und Lernprogramme zu entwickeln.

Zum Thema E-Learning gibt es viele Schlagworte:

- Autorentools, -systeme, Simulation, Zertifizierung, blended learning
- WBT, CBT
- LMS, LCMS
- Plattform für die Zusammenarbeit etc.

Die wichtigsten werden im Folgenden erklärt. Lernprogramme werden als CBT (Computer-Based-Training) oder als WBT (Web-Based Training)[1] bezeichnet. CBT sind Lernprogramme, die mit Hilfe des Computers zum Selbststudium und Selbstlernen eingesetzt werden. Im Unterschied dazu laufen WBTs im Inter- oder Intranet. WBTs arbeiten mit umfangreichen Datenbanken und Informationssystemen. Häufig taucht auch der Begriff

---

[1] Vgl. Stoecker, Daniela (2013²): eLearning – Konzept und Drehbuch/Handbuch für Medienautoren und Projektleiter. Berlin, Heidelberg, S. 31 ff.

E-Learning-Plattform oder Learning Management System (LMS) auf. Bei einer E-Learning Plattform wird in einem Unternehmen ein virtueller Bildungsbereich eingerichtet. Über diese Plattform werden die unterschiedlichen E-Learning-Programme angeboten. In vielen Plattformen wird eine Seminarverwaltung integriert, über die sich die Teilnehmer (intern und extern) anmelden können. Außerdem gibt es virtuelle Kommunikationsmöglichkeiten (z. B. Chatroom). Darüber hinaus können Lernplattformen auch Daten über die Anwender enthalten.

Der Nutzen von E-Learning wird kontrovers diskutiert. Von vielen Trainern wird E-Learning als „alter Wein in neuen Schläuchen" betrachtet. Sie kritisieren, dass viele E-Learning-Programme nur abgefilmte Präsenzseminare sind und die Möglichkeiten der virtuellen Lernumgebungen nicht genutzt würden. Dazu tauchen folgende Argumente in der Diskussion auf:

Vorteile von E-Learning sind

- Das Lernen ist nicht orts- und zeitgebunden.
- Die Kosten, die bei Präsenzseminaren entstehen (Reisekosten, Arbeitskosten, Trainerkosten), fallen weitgehend weg.
- Die Lerneinheit kann beliebig oft wiederholt werden.
- Die Anwender können selbst das Lerntempo und den Lernort festlegen. Bzw. der Anwender kann zu dem Zeitpunkt lernen, wenn er das Wissen benötigt, also „just in time".
- Mit der Methode E-Learning können unterschiedliche Methoden und verschiedene Lernstile angesprochen werden.

Schwächen von E-Learning sind

- E-Learning-Programme setzen einen autonomen Lerner voraus.
- Bei vielen Programmen wird Wissen in die kleinstmöglichen Lerneinheiten unterteilt. Durch die modulare Struktur geht der Gesamtzusammenhang verloren.
- Programme, die mehr beinhalten als reine Drillübungen sind sehr teuer.
- Bei Programmen ohne E-Tutoren haben die Lerner keine Ansprechpartner und keine Hilfestellung. Meistens führt dies bei den Anwendern zu Demotivation und Leistungsverweigerung.
- Fehlt den Programmen eine klare Struktur, kann ein sogenannter „Schmetterlingseffekt" auftreten, d. h. die Lernenden springen zu schnell von einer Aufgabe zur nächsten, ohne diese vollständig zu lösen und zu verstehen. Sie haben zwar das E-Learning-Programm absolviert, ohne aber einen Lernerfolg mitzunehmen.
- Firmen und Trainingsanbieten benötigen die entsprechende technische Ausrüstung.
- Eine Herausforderung für Trainer ist es, online Schulungen interessant und effektiv zu gestalten, um als Online-Tutuor oder E-Trainer in den Online-Kursen von den Teilnehmern als Trainer wahrgenommen zu werden.
- Schwierigkeit keine persönliche Anwesenheit im Kurs von den Teilnehmern und dem Trainer, nur eine Bildschaltung ist möglich. Dies kann dazu führen, dass sich Teilnehmer allein gelassen fühlen und auch nicht immer gleich den E-Tutor erreichen können.

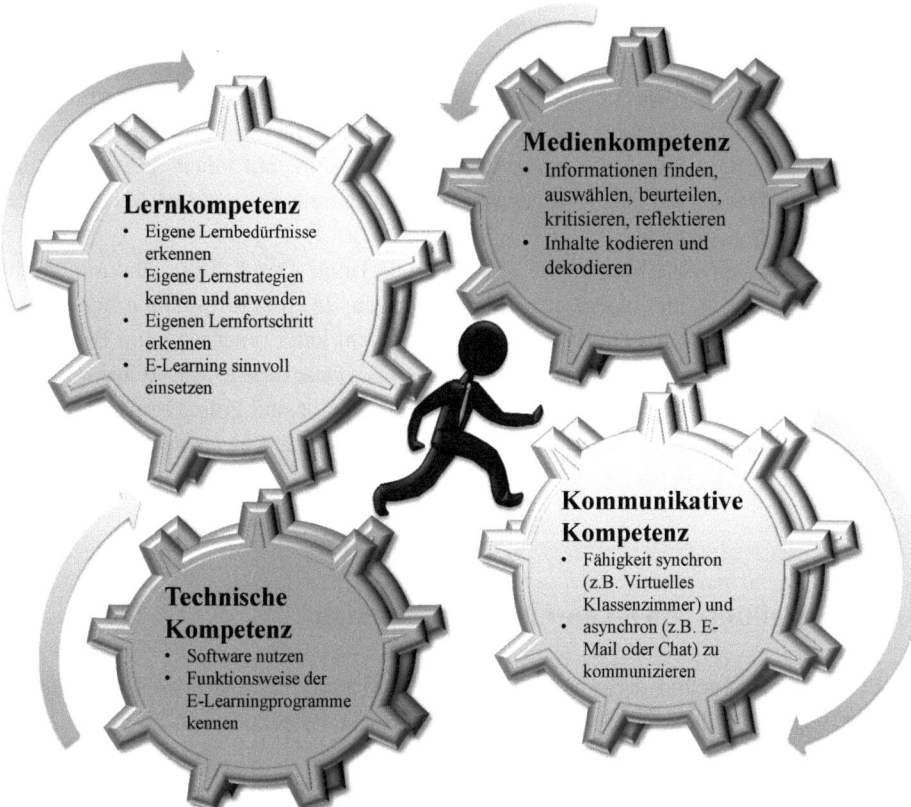

Abb. 13.1 Der autonome Lerner

Insgesamt stellen viele E-Learning-Programme hohe Anforderungen an die Benutzer. Sie setzten autonome Lerner voraus. Im Gegensatz zu einer Präsenzveranstaltung können die Teilnehmer niemanden fragen, wenn sie Probleme haben. Die Anwender müssen sich die verschiedenen Lerneinheiten weitgehend selbstständig erarbeiten können.

Dies erfordert folgende Fähigkeiten vom autonomen Lernen, wie in der Abb. 13.1 zu sehen ist:

13.1 Entwicklung von E-Learning-Programmen

Ein E-Learning-Programm ist nicht gleich E-Learning-Programm. Das pädagogische Konzept und die Form der Programme können sehr unterschiedlich sein. Welche Konzepte sinnvoll sind, ist abhängig vom Lerninhalt und der Zielgruppe. Einige Formen und pädagogische Ansätze werden im Folgenden vorgestellt.

13.2 Konzepte und Formen des E-Learnings

1. Reines E-Learning. Die Lerninhalte werden ausschließlich durch E-Learning-Programme vermittelt. Diese Form eignet sich für einfache Inhalte.
2. Blended Learning: Hier wird ein E-Learning-Programm mit einem Präsenztraining kombiniert. Das E-Learning wird zur Vor- und Nachbereitung sowie zur Vertiefung des Präsenztrainings genutzt.
3. E-Learning-Programm kombiniert mit einem E-Tutor. Der E-Tutor übernimmt die Funktionen, die Trainer in Präsenzseminaren haben: er gibt Hilfestellung oder beantwortet Fragen. Die Kommunikation mit dem E-Tutor kann synchron, zum Beispiel in einem virtuellen Klassenzimmer oder asynchron per Chat oder E-Mail sein.
4. E-Learning-Programm in Verbindung mit einem E-Tutor und Präsenztraining. Häufig wird diese Kombination angewendet, um komplexe und schwierige Lerninhalte zu vermitteln.

13.3 Erstellung von E-Learning Programmen

Laut Certified European E-Learning Manager (CELM)[2] teilt sich der Prozess vom Erkennen der Bedarfe für die E-Learning Anwender bis zur Fertigstellung in 6 Phasen:

1. Bedarf (Personalentwicklung, SWOT-Analyse, Entscheidungsbaum)
2. Konzept (Pädagogisches Konzept, technische Aspekte, Checklisten)
3. Planung (Projektmaßnahmenplan, Autorentools, Budgeterstellung, Kick off)
4. Implementierung (LMS, Marketingmaßnahmen, Kompetenzmatrix Tutoren)
5. Umsetzung (Aufgaben und Zuordnung, welche Person was macht, Projektkontrollen und Unterstützung)
6. Evaluation (Fragebogen für Teilnehmer, Experten-Checkliste, Zielgruppenanalyse)

Das Erstellen von E-Learnings folgt im Grunde der Struktur von vielen anderen Projekten, für die es bereits seit Langem erprobte Modelle gibt. Sei es das vom Project Management Institute (PMI) mit den Phasen: Initiierung, Planung, Durchführung, Monitoring und Controlling und Abschluss (Closing) oder das ASAP-Modell der SAP AG mit folgenden Phasen: Projektvorbereitung, Business Blueprint, Realisierung, Projektvorbereitung, Go Live & Support.

---

[2] Vgl. im Internet Seite http://www.c-el-m.de/celm.html

13.4 Planung von E-Learning Programmen

In der 1. Phase geht es um die Planung und Vorbereitung des Projektes. Sinnvoll ist dabei, schrittweise vorzugehen:

1. Festlegung der Projektziele (Ausbildungsziele mit Lernzielen, Lerninhalten und der Zielgruppen)
2. Auswahl der Form und des pädagogischen Konzeptes (reines E-Learning oder Blended Learning)
3. Identifizierung der Stakeholder und Definition Ihrer Rollen
4. Stakeholder (z. B. Azubis, IT, Firmenleitung, Kunden, Multimedia-Agentur) – siehe SAP Folie
5. Bewertung und Einordnung der Ansprüche
6. Erstellung eines Zeitplans und Schätzung der Kosten
7. Festlegung der Projektabläufe mit Standards
8. Zuteilung der Ressourcen
9. Erstellung eines Grobkonzept und eines Pflichtenheftes
10. Planung der technischen Anforderungen für die Anwender Optional: Auswahl des Autorentools oder bereits eine Vorauswahl möglicher Autorentools zu treffen
11. Schulung der Projektteammitglieder
12. Planung und Durchführung des Kick offs

13.5 Auswahl der Form und des pädagogischen Konzeptes

Je einfacher die Lerninhalte sind, desto einfacher kann das E-Learning-Programm sein. Je komplexer die Inhalte sind, desto aufwendiger wird das Programm werden. Müssen die Teilnehmer nur wenige Transaktionen oder Prozesse beherrschen, zum Beispiel Adressdaten erfassen, reicht ein reines behavioristisches E-Learning-Programm. In diesem Fall geht es nur darum, dass die Anwender einen bestimmten Prozess richtig durchführen. Sollen die Anwender dagegen komplexere Lernziele verstehen, zum Beispiel grundlegende Systemzusammenhänge, sind reine Drillprogramme überfordert. Denn sie lassen keine Reflexion über unterschiedliche Handlungsalternativen zu. Hier bieten sich eher Programme mit Kommunikationsmöglichkeiten wie Blended-Learning-Konzepte oder ein E-Tutor an.

13.6 Erstellung eines Drehbuches mit einem Grobkonzept und einem Pflichtenheft

Für die Erstellung des Feinkonzeptes dient das Grobkonzept als Grundlage und somit gleichzeitig auch für das Pflichtenheft.

Im Grobkonzept wird sich für eine E-Learning Variante entschieden, entweder WBT oder CBT. Bei der Umsetzung als Computer Based Training, bei dem ein PC als Voraussetzung dient, bedient sich der Anwender einer CD-ROM als Datenträger, unabhängig vom Ort und Internet.

Bei der anderen die Umsetzung als Web Based Training fungiert der PC ebenfalls als Basis. Jedoch benötigt man zusätzlich ein Netzwerk, über welches die Daten zur Verfügung gestellt werden. Somit ist der Anwender zwar ebenfalls orts- und PC-unabhängig, jedoch nicht vom Internet bzw. von einem Netzwerk.

Unabhängig davon kann das E-Learning allein verwendet werden oder es kommt zusätzlich beim Blended Learning mit zum Einsatz. Ebenfalls kann es auch als Wissensdatenbank genutzt werden, wenn z. B. Dokumente oder Simulationen integriert sind.

Der Umfang des E-Learnings hängt natürlich von vielen Faktoren ab. Dabei ist sicherlich das Budget ein wichtiger Punkt, ebenfalls der zeitliche Aspekt sowie die technischen Vorgaben.

13.7 Festlegung der Lernziele, der Lerninhalte und der Zielgruppe

In dieser Phase werden die genauen Lernziele, Lerninhalte und Zielgruppen festgelegt. Auf dieser Basis werden die Form und das pädagogische Konzept erstellt.

Festlegung der Lernziele

Einfache Prozesse, bei denen es nur einen Lösungsweg gibt, sind einfach zu vermitteln. Bei komplexen Aufgaben, bei denen es zum Beispiel um Systemzusammenhänge geht, haben die Anwender große Entscheidungsfreiheiten. In diesen Fällen geht es nicht mehr nur darum ob, sondern vor allem warum eine Lösung richtig ist.

Kommunikation und Interaktion sind entscheidende Bestandteile des Lernprozesses. Dies kann aber nur mit einem E-Tutoren, einem Chatroom oder in Form von Blended Learning erreicht werden.

Die Lernziele zu finden, kann sich mitunter schwierig gestalten. Zur Vereinfachung gilt, dass Lernziele immer aktiv beschrieben werden. Mögliche Formulierungen sind beispielsweise „Der Lernende begreift, …" oder „Der Lernende ist in der Lage, …".

Am Ende stehen Lernziele, wie

- Der Lernende ist in der Lage, die Unterschiede zwischen den zwei Sichten Netz und Liefer im IS-U Haus (SAP for Utilities) zu erklären.
- Der Anwender kann das Anlegen eines Anschlussobjektes im SAP System nachvollziehen.

Definieren von Lerninhalten

Im Grobkonzept werden alle wichtigen Lerninhalte aufgezählt, die Thema des E-Learning sind.

Um geeignete E-Learning-Inhalte zu finden, bietet als Anregung eine Checkliste, mit der man dieses prüfen kann[3].

13.8 Checkliste für geeignete E-Learning-Inhalte

Allgemeine Checkliste als Voraussetzung für die Inhalte

- Die Inhalte selbst reichen aus, um dem Teilnehmer die Erreichung seiner Lernziele zu ermöglichen, sofern er durch Online-Tutoren unterstützt wird
- Die Inhalte sind qualitativ hochwertig, in logische Abschnitte unterteilt und in einer Reihenfolge/Hierarchie angeordnet, die das Lernen erleichtert.
- Sämtliche Lektionen verfügen über einen Überblick und eine Zusammenfassung
- Der Stil ist für die jeweilige Zielgruppe geeignet
- Der Inhalt ist korrekt, aktuell und frei von Rechtschreibe- und Grammatikfehlern
- Der Kurs ist benutzerfreundlich, dynamisch, motivierend und macht Spaß
- Die Inhalte sind leicht verständlich
- Interaktivität und Multimedia-Inhalte
- Professionelle Grafiken und hochwertige Ton-/Videoclips
- Zuverlässige technische Umsetzung/Funktioniert fehlerfrei
- Lässt sich anpassen und wiederverwenden
- Der Kurs beinhaltet genügend Tests, Übungen und Aufgaben
- Es ist klar, wo Ergebnisse gespeichert und wie sie verwendet werden
- Der Teilnehmer kann seine Antwort überarbeiten, bevor er die Antwort bestätigt
- Die Tests, Übungen und Aufgaben decken sämtliche Lernziele ab
- Am Ende der Prüfung erhält der Teilnehmer entsprechendes Feedback

13.9 Zielgruppe

Anhand einer Zielgruppenanalyse lässt sich die Zielgruppe/die Zielgruppen am Einfachsten finden. Diese kann durch mit Hilfe von Interviews oder Fragebögen.

Aspekte, die hierbei Beachtung finden, sind u. a.

- Die Anzahl der Anwender
- die Zusammensetzung der Zielgruppe: Alter, Nationalität
- Vorwissen der Anwender
- die Medienkompetenz

---

[3] Stoecker, S. 51 ff.

13.10 Design

Beim Design sollten die firmeninternen Richtlinien beachtet werden. Ebenfalls lohnt es sich zu prüfen, ob sich das Autorentool designtechnisch anpassen lässt. Hierbei ist ebenfalls ein Augenmerk auf die eventuell zusätzlichen Kosten zu legen, falls diese Anpassung (Logo, Formatvorlagen der Outputs etc.) direkt durch den Softwarehersteller vorgenommen werden muss.

Es bietet es sich an, entweder die eigene Designabteilung bei diesem Thema mit ins Boot zu nehmen oder sich direkt an eine Medienagentur zu wenden.

Grundsätzlich empfiehlt sich für die grafische Darstellung des Grobkonzepts der Einsatz von Mind Maps, Flowcharts (Baumdiagramm, Prioritätenmatrix, Zuordnungsdiagramm) oder eine Prozesssoftware (z. B. sycat IMS GmbH).

13.11 Auswahl von Autorentools bzw. eines E-Learning-Programms

Bei der Auswahl der auf dem Markt erhältlichen Autorentools gibt es Einiges zu beachten. Hierbei helfen u. a. folgende Fragen:

Wie werden die Inhalte, auch Content genannt, erfasst?

- Wie oft muss ich einen Prozess aufzeichnen oder reicht hier einmal (single source Prinzip)?
- Kann ich Inhalte von vorhandenen Dokumenten einfach per copy& paste einfügen?
- Besteht die Möglichkeit, vorhandene Dokumente, Bilder, Grafiken, Audio, aber auch Links zu anderen WBTs oder Videos einzubinden?
- Werden meine Projekte als Versionen gesichert oder muss ich mich um diese Datensicherung selbst kümmern?
- Wie funktioniert die Zusammenarbeit mit anderen Kollegen?
- Ist es möglich, meine erstellten Projekte einfach in andere Sprachen übersetzen zu lassen, inklusive Screens?
- Muss ich mich jedes Mal wieder neu ins Autorentool einarbeiten, wenn ich damit etwas länger nicht gearbeitet habe oder ist es einfach zu bedienen?

Kann der Lerner nach eigenem Gusto vorgehen?

- Hat der Anwender die Option, getrennte Lernwege zu gehen (Verzweigungen möglich)?
- Gibt es Lernstandskontrollen und können diese gespeichert werden?
- Ist es schwierig, Übungen und Tests zu erstellen und gibt es eine automatische Auswertung dieser?
- Gibt es verschiedene Formate für Übungen und Tests?
- Kann ich bei den Übungen/Tests für die Auswahl mischen, so dass bei Wiederholungen von Lerneinheiten andere Übungen zu lösen sind?

13.11 Auswahl von Autorentools bzw. eines E-Learning-Programms

- Kann ich dem Lerner ein individuelles oder allgemeines Feedback geben? Kann ich dieses pro Lerneinheit oder Übung einfach variieren?
- Kann ich den Lerner durch verschiedene Elemente, wie Animationen, Videos, Fotos oder gesprochene Aufgaben (text-to-speech) motivieren?
- Unterstützt mich das Tool auch bei meiner alltäglichen Arbeit (Produktivsystem)?
- Wird mir Hilfe direkt im Kontext angeboten oder muss ich mir diese erst irgendwo suchen?
- Besteht die Möglichkeit, jegliche Inhalte (Simulationen, Dokumente etc.) in einer multimedialen Lernumgebung zusammen zustellen (z. B. Bücher)?
- Bekomme ich eine Übersicht pro Lerneinheit, bei welchem Test und bei welcher Frage die Lerner immer wieder Probleme haben, um diese „Schwachstelle" zu beheben?

Wie ist die Zusammenarbeit mit anderen Kollegen machbar?

- Besteht die Möglichkeit der Zusammenarbeit mit anderen Kollegen?
- Bekomme ich eine automatische Nachricht, wenn mein Kollege seine Aufgaben erledigt hat und ich als Nächster weiter arbeiten kann?
- Können Workflows für die Zusammenarbeit eingerichtet werden?

Wie sieht es mit Lernmanagementsystemen (LMS) versus Lerncontentmanagementsystemen (LCMS) aus?

- Bietet mir das Autorentool die Option eines LMS bzw. LCMS?
- Falls nein: Kann ich die erstellten Lerneinheiten direkt in ein zusätzliches LMS oder LCMS uploaden?
- Welche Standards (SCORM, AICC) werden unterstützt?

Welche technischen Voraussetzungen sind notwendig?

- Welche Systemanforderungen sind Voraussetzung für die Installation und Nutzung des Tools?
- Wie aufwendig ist die Installation des Tools?
- Verfügt das Autorentool über Templates, die ich für meine Belange (corporate identity) noch anpassen kann?
- Wo kann ich meine Lerneinheiten abspielen?
- Ist mobile learning möglich?
- Welche Software und Releasestände werden vom Tool unterstützt?

Wie soll ein Kick Off für ein eLearning sein?
In dem Kick Off Meeting geht es vor allem um die Motivation der Projektteammitglieder, die Erläuterung des Projektes mit Zielen und zeitlichen Vorgaben sowie die Klärung der einzelnen Rollen. Gleichzeitig dient es als offizieller Projektstart.

13.12 Umsetzung und Realisierung vom Feinkonzept mit eLearning-Drehbuch und Abnahme

Auf Grundlage des Grobkonzeptes wird das Feinkonzept geschrieben und in Lektionen, Lerneinheiten und Lernschritte eingeteilt.

1. Inhalte des Feinkonzepts
Im Feinkonzept ist alles enthalten, was im finalen E-Learning zu sehen sein soll. Es sind die Antworten auf folgende Fragen (Ausschnitt) enthalten

- Wie heißt das E-Learning?
- Welche Lernziele sollen erreicht werden?
- Welche Medien werden für welche Lernziele verwendet?
- Wie ist das E-Learning unterteilt (Lerneinheiten, Lernschritte etc.)
- Welche Varianten gibt es bei den Lerneinheiten – Test, Simulationen, Wiederholungsübungen (Aufgaben)?
- Welche Dokumente werden ins E-Learning eingebunden?

2. Konzeption eines Drehbuches
Das Drehbuch enthält die Lernwege, die einzelnen Lerneinheiten und die verschiedenen Übungen. Es legt fest, welche Lerneinheiten nacheinander durchlaufen werden müssen beziehungsweise wie sich die Anwender ihren Lernweg selbstständig zusammenstellen können. Tests und Wiederholungsübungen werden hier ebenfalls festgelegt. Die Übungen und Aufgaben für die Teilnehmer dürfen nicht zu schwierig oder zu offen sein, damit die Anwender nicht überfordert und demotiviert werden. Hierfür ist es ratsam, verschiedene Quizmodule (z. B. Lückentext, Sortieren nach Reihenfolge, Zuordnungsübungen per Drag & Drop) einzubinden. Ein zufälliges Mischen dieser Quiz ermöglicht es dem Lerner, beim wiederholten Durchlaufen einer Lerneinheit durch neue Quiz das Wissen auf eine andere Art & Weise zu wiederholen.

Am Anfang eines E-Learning-Programms sollte eine Einführungssequenz stehen. Diese entspricht der Anfangsphase in einem Präsenzseminar; sie motiviert die Anwender für das E-Learning-Programm und das neue Thema. Die Hinführung ins Thema kann interaktiv sein. Beispielsweise durch eine Figur, die durch das Programm führt. Wichtig ist, dass ein Praxisbezug zum Arbeitsalltag der Anwender hergestellt wird, damit diese neugierig und motiviert werden.

Durch unterschiedliche Aufgabenniveaus werden die Anwender nicht über- beziehungsweise unterfordert. Anwender mit Vorkenntnissen bekommen komplexere Übungen, während andere einfachere Aufgaben lösen. Die Trainingsmaterialien für die unterschiedlichen Aufgaben werden ebenfalls im Drehbuch festgelegt. Das können Onlinehilfen, Grafiken, Videos, Schaubilder oder Audioelemente sein.

Bei der Konzeption des E-Learnings ist besonders auf die Sprache, wie z. B. den Texten auf den einzelnen „Seiten" des E-Learnings zu achten. Diese sollten klar, deutlich und vor allem verständlich sein. Verwendet werden kann hier auch die Funktion „text-to-speech", dabei ist darauf zu achten, dass das „Geschriebene", d. h. der Text auf dem Bildschirm, mit dem Gesprochenen harmoniert.

Beispiel Aufgabentext: Bei Aufgabentexten ist es eine Kunst, die Balance zwischen zu einfach und zu schwierig zu finden.

Bei einer Multiple-Choice-Aufgabe gibt es mehrere Lösungsmöglichkeiten.

Folgende Fragevarianten (SAP for Utilities, Bereich Abrechnung) könnte es geben:

Zu einfach: Eine Anlage wird über Tariftyp und Tarifart mit dem Tarif verbunden. Richtig?

Zu schwer: Wo sind welche Daten zur thermischen Gasabrechnung G685 hinterlegt?

Passend: Wie verbindet man eine Anlage mit einem Tarif?

Auch bei einer Single-Choice-Frage kann ich dem Anwender vortäuschen, dass es mehrere richtige Antworten gibt. Somit wird der Schwierigkeitsgrad erhöht.

Es gibt verschiedene Aufgabentypen. Besonders willkommen sind die Quizvarianten, die sowohl als Wiederholungsübung oder als Test eingesetzt werden können. Hier bieten sich beispielsweise folgende Varianten: Lückentext, Zuordnungsübung, Mehrfachauswahl, Puzzle etc. Diese Methoden finden Sie mit Praxisbeispielen, die auch in Präsenztrainings eingesetzt werden können, im 2. Teil „Methoden" in diesem Buch beschrieben.

3. Umsetzung in das E-Learning-Programm

In dieser Phase werden die einzelnen Übungselemente und das Programm produziert.

Auch bei der Umsetzung muss vorher ein zeitlich strukturierter Plan mit vordefiniertem Enddatum erstellt werden. Hierbei ist es die Aufgabe des Projektmanagers, den zeitlichen Ablauf mit allen Meilensteinen im Auge zu behalten. Unterstützend kann dabei eine Software (z. B. MS Project, PMP) eingesetzt werden. Grundsätzlich ist es ratsam, sogenannte „buffer" (also Puffer) als Zeitreserven mit einzuplanen.

Im Feinkonzept sollten die Aufgaben so detailliert sein, dass nicht nur der Zeitrahmen, sondern auch die täglichen Aufgaben daraus klar ersichtlich sind nach PMP ist dies eine Work Breakdown Structure (WBS) mit entsprechendem Dictionary. Mit z. B. der PMI Projektmanagement Methode erhalten Sie ein umfangreiches und sehr detailliertes Tool, um die Umsetzung des E-Learnings erfolgreich durchzuführen[4].

13.12.1 Evaluierung

Nach der Erstellung eines E-Learning-Programms kann den Benutzern mit einer Auswertung gezeigt werden, ob die Lerninhalte mit dem Programm gut vermittelt wurden. Die Auswertung kann auch in Form einer Selbstauswertung der Anwender durchgeführt werden.

---

[4] Vgl. Project Management Institute (Hrsg.), (2013[5]): A Guide to the Project Management Body of Knowledge (PMBOK Guide), Newtown Square, Pennsylvania. S. 128 ff.

Je nach Autorentool besteht auch die Möglichkeit, sich eine Auswertung direkt dort anzeigen zu lassen. Bei welchem Schritt in welcher Lerneinheit gab es besonders Probleme? Welche Frage wurde fast immer erst beim 3. Versuch richtig beantwortet.

Gewonnene Erkenntnisse dieses Projektes sollten auf alle Fälle aufgeschrieben werden und als Information für ein vielleicht nächstes E-Learning Projekt in der Zukunft verwendet werden.

Karikatur Liebermann „Unsere einzige Chance gegen die Roboter liegt in der Weiterbildung …"

13.13 Zusammenfassung

Zusammengefasst ist ein E-Learning-Programm aus Sicht der Anwender dann gut, wenn ihnen ein durchdachtes methodisch-didaktisches Konzept zu Grunde liegt, das für die Anwender leicht verständlich ist. E-Learning ist für die Anwender inzwischen keine ungewohnte Lernform. Voraussetzungen für ein erfolgreiches E-Learning sind:

1. Methodisch und didaktisch gut aufgebaute Konzepte.
2. Klare Lernziele und eindeutige Zielgruppen.

13.13 Zusammenfassung

3. Angebot verschiedener Lernniveaus und Lerntempi.
4. Selbsttests und Zwischentests, mit denen der Lernende seine weiteren Lernschritte planen kann[5].
5. Benutzerspezifische Programme, die an die Berufspraxis der Anwender anknüpfen.
6. Eventuell einen E-Tutor, der in die Technik und das Programm einführt und auch bei Problemen und Fragen angesprochen werden kann[6]. Dies ist im Wesentlichen erforderlich, wenn die zu lernende Software komplex ist. Bei einfacheren Softwareprogrammen kann auf einen E-Tutor verzichtet werden.

---

[5] Vgl. Dichanz, Horst; Ernst, Annette (2002). E-Learning – begriffliche, psychologische und didaktische Überlegungen. In: Scheffer, Ute; Hesse, Friedrich W. (Hrsg.). E-Learning. Die Revolution des Lernens gewinnbringend einsetzen. Stuttgart, S. 43–66, S. 53.

[6] Vgl. Straub, Daniela (2002). „Train-the-E-Trainer". E-Learning aus der Sicht einer Unternehmensberatung. In: Scheffer, Ute; Hesse, Friedrich W. (Hrsg.). E-Learning. Die Revolution des Lernens gewinnbringend einsetzen, Stuttgart. S. 207–229, S. 213 ff.

Teil II
Methoden

Diejenigen, die sich nicht auf neue Methoden einlassen, müssen immer wieder mit den alten Unzulänglichkeiten rechnen. Zeit ist nämlich der größte Erneuerer.
Francis Bacon
Einen Überblick zu den Methoden ist in der nachfolgenden Abb. 1 zu sehen.

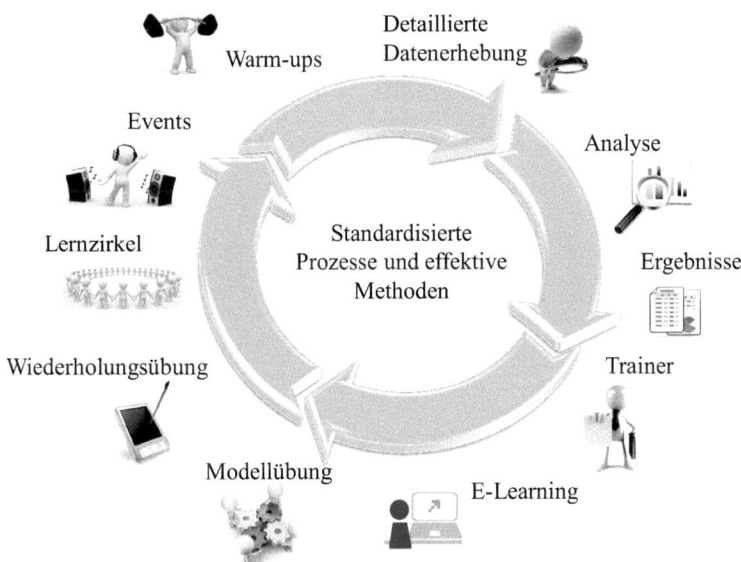

Abb. 1

14 Praxisbericht Ausbildung von Fachkräften im IT Bereich: Konzeption und Planung eines maßgeschneiderten Traineeprogramms

14.1 Vorüberlegungen und Vorbereitungen zum Traineeprogramm

Seit der europäischen Liberalisierung des Energiesektors und den halbjährlich gesetzlich neuen Vorgaben der Bundesnetzagentur sind die Beratungsanforderungen an IT-Servicedienstleister komplexer geworden. Sehr schnell verändern sich Aufgaben und Anforderungen. Daher ist es schwierig, gut ausgebildete und bezahlbare Fachkräfte auf dem Arbeitsmarkt zu finden. Aus diesem Grund entschied sich die SPE Unternehmensberatung GmbH, selbst auszubilden und ein Traineeprogramm zu konzipieren und durchzuführen[1]. Ziel dieses Traineeprogramms war es, eine auf unsere Bedürfnisse zugeschnittene Ausbildung für die Versorgungsindustrie SAP for Utilities zu entwickeln. Als Zielgruppe definierten wir Hochschulabsolventen oder Bewerber mit einer abgeschlossenen Lehre mit zwei bis drei Jahren Berufserfahrung in der Energiewirtschaft.

Im nächsten Schritt suchten wir nach geeigneten Kandidaten und warben im Internet auf verschiedenen Jobportalen sowie auf Personalmessen. Der Rücklauf ließ nicht lange auf sich warten. Innerhalb von wenigen Wochen hatten wir im ersten Ausbildungsjahrgang über 70 qualifizierte Bewerbungen und führten mit über 30 Bewerbern Gespräche. Wesentliche Kriterien für die Auswahl waren das Auftreten des Bewerbers, die Mathematiknote im Abitur sollte gut oder noch besser sein, da wir dies für spätere Programmierfähigkeiten als wichtige Voraussetzung ansahen. Zudem ein sympathisches Auftreten und natürlich Reisebereitschaft innerhalb von Deutschland.

Parallel zum Personalrecruiting wurde ein Ablaufplan für das Traineeprogramm aufgestellt, indem alle Schulungen, Besichtigungen, Softskills, festgelegten Urlaube usw. aufgeführt wurden.

---

[1] Konzipiert und durchgeführt wurde das Traineeprogramm von den beiden Education Managern Ina Gäde, Dr. Stefanie Gerlach und Thomas Pieritz sowie vielen Kollegen/innen, die die Trainees trainierten, unterstützten und auch als Mentoren die Trainees in der Praxisphase begleitet.

14.2 Wichtige Punkte für die Erstellung eines Ablaufplans

1. Festlegung der Gesamtdauer des Programms.
   In unserem Fall waren es 9 Monate.
2. Definieren der notwendigen Schulungen für die fachliche Ausbildung sowie der Beratertätigkeiten (Softskillschulungen), der Einführung in die Thematik (in unserem Fall der Energiewirtschaft SAP for Utilities).
3. Bestimmung der Dauer der Schulungen und wie viel Nachbereitungstage für das Selbststudium notwendig sind.
4. Berücksichtigung der notwendigen Reihenfolge der Schulungen.
   Wenn – dann Verbindungen von Schulungen beachten. Muss es eine bestimmte Schulung erst gegeben haben, bevor eine andere folgen kann, welche Schulung baut somit auf welcher Schulung auf. In unserem Fall bauen einige Fachschulungen aufeinander auf bzw. diese Schulungen können von den Trainees nicht nachvollzogen werden, wenn es in einem bestimmten Fachbereich keine Vorkenntnisse gibt. Beispielsweise wird bei uns zuerst die Schulung Geräteverwaltung, dann die Schulung Ablesung vermittelt und erst dann folgt die Abrechnungsschulung.
5. Je nach Dauer des Programms, kann der Urlaubsanspruch der Trainees für die Zeit des Traineeprogramms ausgerechnet werden. Anschließend legten wir große Teile des Urlaubs in der Zeit der Ausbildung fest, beispielsweise Brückentage, Tage um Weihnachten oder Ostern etc. Sehr gute Erfahrungen haben wir dabei gemacht, dass es einen festgelegten Urlaub für alle Trainees nach den ersten 9 Wochen Fachschulungen gab. Für die Zeit der Fachschulungen wurde eine Urlaubssperre verhängt, da die Schulungen aufeinander aufbauen und nicht mehr wiederholt werden.
6. Verteilung der Trainer auf die verschiedenen Schulungen.
   Somit wurden die Trainer zur Vorbereitung der Schulungen, wie auch für die Zeit der Schulung für bestimmte Zeit bei Ihren Kunden freigestellt. Zudem vergaben wir Schulungen an Externe, beispielsweise die Softskillschulungen. Sobald diese Festlegungen erfolgt sind, wird eine Verschiebung der jeweiligen Schulungen auf andere Termine immer schwieriger und verlangt sehr viel organisatorischen Aufwand der Education Manager.
7. Vereinbarung der Wochen mit Kunden/Partnern für die Praxisphase der Trainees.
   In welchen Wochen sind die Trainees auf Projekt und wer ist in dieser Zeit beim Kunden Ihr Ansprechpartner? Welche Inhalte sind während der Praxismonate geplant und wie werden diese seitens des Kooperationspartners eingehalten?
8. Festlegung, zu welchen Zeitpunkten es Feedbackgespräche für die Trainees gibt.
   In unserem Fall haben wir das Traineeprogramm in 4 verschiedene Phasen unterteilt und nach jeder Phase die Trainees anhand einer Scorecard evaluiert. Anschließend ist in der Abb. 14.1 eine graphische Übersicht zur Jahresschulungsplanung zu sehen.

14.2 Wichtige Punkte für die Erstellung eines Ablaufplans

Abb. 14.1 Erstellung eines Ablaufplanes Jahresschulungplan und seine Einflussfaktoren

Unser Ablaufplan wurde entsprechend den 4 Phasen des Traineeprogramms konzeptioniert:

1. Einführungsphase: In dieser Phase standen folgende Inhalte im Vordergrund: die Grundlagen der Energieversorgung und das Kennenlernen unserer Firma mit unserem Beratungs-Know How und deren Produkte kennen. In dieser Zeit sollen die Trainees eines Jahrganges zu einem Team zusammenwachsen, um ein Netzwerk aufzubauen.

Foto Traineejahrgang auf dem GKM Mannheim

2. Qualifizierungsphase: Im Mittelpunkt der 2. Phase standen die branchenspezifischen, betriebswirtschaftlichen SAP-Anwendungs- und Programmiergrundlagen. Die Trainees erhielten einen Überblick über die Geschäftsprozesse unserer Kunden und erlernten Grundkenntnisse der Branchenkomponente SAP for Utilities.
3. Kompetenzförderungsphase: Die Trainees wurden an kleinere Aufgaben auf einem Kundenprojekt herangeführt, alles unter der Anleitung eines Mentors. Diese Zeit diente

Tab. 14.1 Praxisbericht Ausschnitt Traineeablaufplan

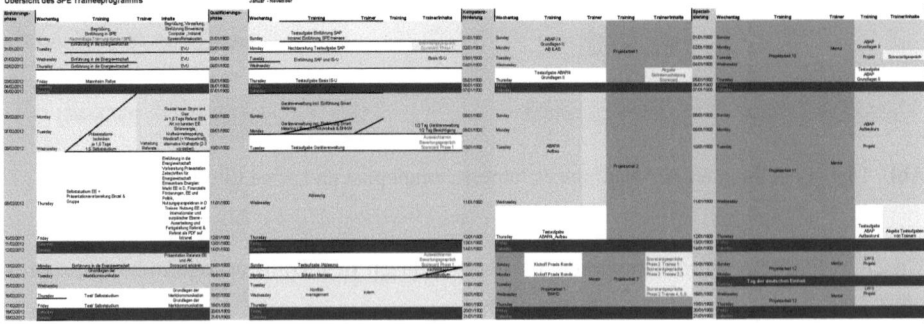

dem Auf- und Ausbau von fachlichen Kompetenzen, der Findung der persönlichen Stärken und Schwächen und der Orientierung innerhalb unseres Beratungshauses.
4. Spezialisierungsphase: In der letzten Phase spezialisierten sich die Trainees in einem von Ihnen und uns favorisierten Fachgebiet der Versorgungsindustrie. Das notwendige Grundwissen wurde bereits in der dritten Phase vermittelt. Sie arbeiteten sich in diesem Abschnitt tiefer in Ihr gewähltes Spezialgebiet ein und arbeiteten mit größerer Selbstverantwortung und Selbstständigkeit.

Die Tab. 14.1 zeigt einen Ausschnitt von einem Ablaufplan. Die Namen der Trainer wurden dazu herausgenommen.

14.3 Herangehensweise und Durchführung eines Traineeprogramms

Innerhalb von neun Monaten wurde das Traineeprogramm durchgeführt. Diese Zeit teilte sich auf in einen Theorieteil, der in unseren Schulungsräumen stattfand und einen Praxisteil vor Ort beim Kunden. Um alle Trainees, die mit sehr unterschiedlichen Vorkenntnissen starteten, auf das gleiche Ausgangsniveau zu bekommen, begannen wir das Programm mit einer strukturierten Einarbeitung in die politischen, rechtlichen und historischen Rahmenbedingungen der Versorgungsindustrie. Gleichzeitig dazu wurden Softskillschulungen zu Präsentationstechniken, Umgang mit Konflikten, Moderationstechniken, Argumentationstechniken, Teamtrainigs etc..... von externen Anbietern durchgeführt. Darüber hinaus erhielten die Trainees eine Einführung ins Knowledge Sharing, um ein eigene Datenbank aufzubauen und umzusetzen. Dies geschah beispielsweise mit Versionen von Dokumenten, die gemeinsam erstellt und bearbeitet wurden. Zudem wurden Namenskonventionen für Dokumente festgelegt, es erfolgte die Erstellung eines Fachlexikons mit Fachausdrücken etc. Anschließend bekamen die Trainees umfassende Fachschulungen in branchenspezifischen SAP-Anwendungen (SAP for Utilities) und Programmiergrundlagen. Geschult wurden die Trainees von unseren Education Managern und BeraterInnen, die mit Beispielen aus dem Tagesgeschäft beim Kunden und vielen Wiederholungsübungen die Schulungen anschaulich vermittelten.

Vor der Schulung erstellten die Trainer in Zusammenarbeit mit dem Bereich Education Schulungspläne[2], damit die Schulungen auch später bzw. beim nächsten Jahrgang von anderen Kollegen möglichst schnell und leicht nachvollzogen und übernommen werden konnten. Im Schulungsplan wurden die Zeiten mit einer Genauigkeit von bis zu 15 min geplant. Zudem wurden die Lernziele, die Lerninhalte, die Methoden und das dazu notwendige/verwendete Material definiert. Vorgaben von den Education Managern für die Schulungen waren, so wenig PowerPoint Folien wie möglich zu verwenden und stattdessen viele Praxisbeispiele, unterschiedliche Schulungsmethoden und Prozesse im SAP Schulungssystem den Trainees zu zeigen. Teilweise zeichneten die Trainer die Prozesse mit dem Autorentool SAP Workforce Performance Builder auf, so dass die Trainees in der Nachbereitungszeit die Prozesse von den Trainern in Form eines E-Learnings zur Verfügung gestellt bekamen[3]. Während der Ausbildungszeit legten wir einen Schwerpunkt auf die Teamarbeit der Trainees untereinander, da dies bei der Projektarbeit sehr wichtig ist. Zu Beginn sollten die Trainees zu einem Team zusammenwachsen, das später ein Fundament für Ihr Netzwerk darstellen sollte. Um einer Kleingruppenbildung vorzubeugen, wurden immer neue Teams bei den Gruppenarbeiten gebildet und jede Woche Lose gezogen und damit eine neue Sitzordnung hergestellt. Daher wurden von den Trainern neben Einzelaufgaben auch viele Gruppenaufgaben gestellt, was nicht immer ohne Reibungen und Spannungen vom Team bewältigt wurde. Zusätzlich dazu wurde die Teambildung unterstützt durch je eine regelmäßige Teambildungsmaßnahme pro Phase, die von externen Trainern durchgeführt wurden. Ein Höhepunkt dabei waren Teamübungen im Hochseilgarten, indem jeder seine eigenen Grenzen kennenlernte und die Fähigkeiten des gesamten Teams gefordert wurden. Bei unseren verschiedenen Jahrgängen gab es für diese Teambildungsmaßnahmen viel positive Resonanz. In den beiden folgenden Fotos gibt es Beispiele der Teambildungsmaßnahmen. Einmal zum Hochseilgarten und einem zu Projektmanagement, in Form von kochen.

---

[2] Vgl. dazu die Kapitel Trainingsplanung, in dem gezeigt, wie ein Schulungsplan erstellt wird sowie das Kapitel E-Learning in dem auf die Begriffe Lernziel und Lerninhalt ausführlich erklärt werden.
[3] Vgl. dazu das Kapitel E-Leraning.

Foto Trainees im Hochseilgarten

Foto Trainees Projektmanagement in Form von kochen.

Die praktischen Einsätze in 2-er Teams erfolgten beim Kunden, also jeweils ein SPE-Trainee und ein Kooperationstrainee. Auch die internen Projekte der Trainees wurden in 2-er Teams durchgeführt, was meistens nach einer Eingewöhnungsphase sehr gut funktionierte. Die Trainees lernten dabei, sich aufeinander abzustimmen, zu priorisieren, Aufgaben untereinander aufzuteilen, damit es zu keiner „Doppelarbeit" kommt. Regelmäßige Abstimmung und Besprechung der weiteren Vorgehensweise war somit Grundlage für das mehr oder weniger reibungslose Zusammenarbeiten.

Hierbei funktionierten die Teams sehr gut, jedoch stellten wir später fest, dass dadurch auch einige Schwächen von einzelnen Trainees während der Praxisphase nicht festgestellt wurden, da der Teampartner diese teilweise ausgeglichen hat. Jedoch war dies auch eine sehr gute Vorbereitung auf die spätere Projektarbeit, in der nicht jeder alles kann, sondern die Lösung der gestellten Probleme im Vordergrund steht.

14.4 Evaluierung

Um die persönlichen Entwicklungen der Trainees professionell zu begleiten und zu dokumentieren, führten wir nach jeder unserer vier Phasen der Ausbildung ein Scorecardgespräch durch. Für dieses Gespräch füllten die Trainees einzeln vorab Ihre Scorecard aus. Darin gaben sie an, was sie in der jeweiligen Phase von einem Trainee erwarten würden und schätzten sich selbst danach ein. Dazu wurden verschiedene Bereiche behandelt: von persönlichen Fähigkeiten über Projektmanagement, Businessskills, technische Kenntnisse, Gesetze und Verordnungen sowie Trainingsfähigkeiten. Einige Tage vor dem gemeinsamen Gespräch gaben die Trainees ihre ausgefüllte Scorecard ab. Im Gespräch wurden dann alle Punkte besprochen, in denen es unterschiedliche Bewertungen zwischen den Einschätzungen durch den Trainee bzw. die Education Manager/der Geschäftsführung gab. Gemeinsam einigten sich dann alle Seiten im Gespräch auf jeweils einen Wert.

Die Scorecard wurde in mehrere Oberbereiche unterteilt. Jeder dieser Oberbereiche hatte verschiedene Bereiche, die in jeweils 5 verschiedene Level (0 niedrig, 5 hoch) unterteilt wurden. Jeder Bereich wurde pro Level genau definiert, so dass die Bedeutung und die zu erbringenden Fähigkeiten des einzelnen Levels genau vorgegeben und erklärt waren. Während des Traineeprogramms führten wir diese Gespräche in der Regel 4 Mal durch. Also immer am Ende jeder Phase. Damit konnte eine Entwicklung der Trainees im Verlauf des Programms festgestellt werden. Das 4. Gespräch fand am Ende der Ausbildung in Form eines Abschlussgespräches und eines Ausblicks auf den weiteren Werdegang statt.

14.5 Weiterentwicklung des Traineeprogramms durch eine Kooperation mit einem Partner

Nach dem ersten Traineejahrgang und dem guten Feedback vieler Kunden überlegten wir uns, ob eine Kooperation im Bereich der Ausbildung zusammen mit einem Kunden möglich wäre und ob daran Interesse besteht. Daher entwickelten wir Flyer, gingen auf Messen und führten viele Gespräche mit Kunden durch. Das Interesse war groß und ein vergleichbares Angebot zur Ausbildung von SAP for Utilities BeraterInnen gab es auf dem deutschen Markt bis dahin nicht.

Um sich für eine Kooperation im Bereich Ausbildung zu entscheiden gab es folgende Punkte, mit denen wir uns als auch unsere Kooperationspartner auseinandersetzen mussten:

1. Wahrung der eigenen Unternehmensinteressen:
   Dieses Ziel wurde für beide Seiten erreicht. Beide Unternehmen bekamen durch die Kooperation sehr gut ausgebildete Fachkräfte und hatten deutlich weniger zeitlichen und fachlichen Aufwand, als wenn sie die Ausbildung allein durchgeführt hätten.
2. Beide Seiten leisten einen Beitrag zur Ausbildung:
   In gegenseitiger Absprache wurde die Traineeausbildung aufgeteilt. Die eine Seite übernahm die Konzeption, die Betreuung der Trainees und die Schulungen (SAP-Fachschulungen, Softskillschulungen und Teambildungen). Die andere Seite organisiert und betreut die parktischen Einsätze der Trainees im jeweiligen Unternehmen.
3. Sicherstellung der vereinbarten Ausbildungsziele und Betreuung der Trainees:
   Gewährleistet wurde dies durch die Ausbildungsleitung von zwei Education Managern auf Seiten der SPE sowie einem Ausbildungsleiter von Seiten des Kooperationspartners und Mentoren in den jeweiligen Fachbereichen, in denen die Trainees eingesetzt waren.
4. Kostenreduzierung:
   Durch die Kooperation konnten die Kosten für beide Seite gesenkt werden und trotzdem eine umfassende und komplexe Ausbildung im Bereich der Energiewirtschaft angeboten werden.
5. Vertragliche Festlegung durch einen Kooperationsvertrag:
   Hierin wurde festgelegt, wer von den Partnern übernimmt welche Aufgabe, wer sind die Ansprechpartner in den beiden Unternehmen, Geheimhaltungsvereinbarungen etc.

14.6 Praktische Umsetzung und Ausgestaltung der Traineeausbildung nach den Wünschen des Kooperationspartners

Zur Ausgestaltung der Kooperation trafen sich von beiden Unternehmen die Fachverantwortlichen für die Bereiche Ausbildung und IT. Als erstes wurde dabei festgelegt, welche Lernziele und Lerninhalte die Trainees in den verschiedenen SAP-Fachschulungen während der Theoriephase erhalten sollen. Dabei wurde beispielsweise definiert, welche Prozesse vermittelt werden, in welcher Tiefe und welche Fachgebiete von SAP for Utilities und in wie vielen Tagen diese Schulungen durchgeführt werden sollen. Neben Grundlagenschulungen von SAP for Utilities wurden sowohl Spezialschulungen für die Bereiche Lieferantenwechsel, EDM, Smart Grid als auch Schulungen für die Vermittlung der SAP Programmiersprache ABAP festgelegt.

Bei der Umsetzung dieser vereinbarten Schulungen legte die SPE einen Schwerpunkt darauf, dass die SAP-Fachschulungen 70–80 % praktische Übungen enthalten und die

Übungen aus dem Tagesgeschäft stammen bzw. an die entsprechenden neuen Anforderungen an die IT angepasst sind.

Dazu baute die SPE ein eigenes SAP-Schulungssystem mit drei SAP-Mandanten auf. Drei Mandanten sind notwendig, um Prozesse des Lieferantenwechsels und den damit einhergehenden Datenaustauschformaten zu zeigen und zu üben. Am besten lernten die Trainees bei den parktischen Übungen im System und bei der anschließenden eigenen Fehleranalyse. Die Behebung von Fehlern ist eine wichtige Aufgabe, die auch bei späteren Kundeneinsätzen gefordert wird. Darüber hinaus wurde vereinbart, den Trainees nach einer SAP Fachschulung ein bis zwei Tage zur eigenen Nachbereitung der Schulungen Zeit zu geben. Die Trainer stellten dazu Systemübungen oder Aufgaben, die sie alleine oder im Team lösen sollten/konnten. Zusätzlich dazu erhielten die Trainees Trainingsunterlagen mit einem Trainingshandbuch sowie auch E-Learnings mit den jeweils wichtigsten SAP-Prozessen. Die E-Learnings enthielten verschiedene Modi, wie beispielsweise einen Demomodus, indem der Prozess in einer Art Film Schritt für Schritt vorgeführt wurde, wie auch einen Übungsmodus, indem der Anwender den Prozess selbst nachvollziehen kann oder sich entsprechende Hilfe anzeigen lassen kann, wenn er unsicher ist. Bei Schwierigkeiten oder Problemen während der Nachbereitung der Schulungen konnte jederzeit der Trainer telefonisch, per Mail oder persönlich erreicht werden.

Schließlich wurde zur Qualitätssicherung der gemeinsamen Ausbildung vereinbart, dass sowohl nach Abschluss jeder Phase ein Scorecardgespräch geführt wurde und zum Abschluss des Traineeprogramms ein Abschlusstest über alle SAP-Fach- und Softskillschulungen geschrieben wurde. Für diesen Test bereiten die Trainer für ihren jeweiligen Fachbereich Aufgaben mit Lösungen und prozentual vergebenen Punkten vor. Die Education Manager führten diese vielen verschiedenen Aufgaben zu einem Test mit entsprechenden Punktzahlen zusammen, gaben Tipps zur Aufgabenstellung, testeten die Aufgaben und erstellten selbst Aufgaben für ihre Fachbereiche. Nach dem Abschlusstest gab es ein letztes Scorecardgespräch mit Rückblick auf die gesamte Traineeausbildung und Ausblick auf die nahe Zukunft. An dem Gespräch nahmen teil der Trainee, sein Mentor, sein Personalverantwortlicher und die beiden Education Manager der SPE.

14.7 Erfahrungen aus den Ausbildungskooperationen und den Traineejahrgängen

Insgesamt führten wir die Traineeausbildung drei Mal durch. Gelernt haben wir dabei eine Menge. Für jeden neuen Jahrgang wurden die Ausbildungsinhalte zusammen mit unseren Kunden abgestimmt, angepasst und entsprechend erweitert. Zudem mussten für jeden neuen Traineejahrgang die fachlichen Inhalte an die neuen gesetzlichen Anforderungen (BundesNetzagentur etc.) angepasst werden. Denn die Schulungsinhalte aus dem Jahrgang zuvor konnten nicht 1:1 im darauffolgenden Jahrgang verwendet werden. Ursache dafür waren die neuen Entwicklungen in der Energiewirtschaft in Form von Präsentationen und den eigens erstellten Readern mit Fachtexten und Fachartikeln zum Thema Energiewirtschaft der ca. 300 Seiten umfasste. Diese Texte mussten regelmäßig inhaltlich auf den aktuellsten Stand gebracht werden. Viel Aufwand erforderte dies, da sich sehr viele Gesetze im Bereich der Energieversorgung verändern und auf der politischen Ebene große Veränderungen eingeleitet worden sind. Zudem wurde nach den neusten Vorgaben der Bundesnetzagentur und der Branchenlösung SAP for Utilities unser Schulungssystem auf den neuesten Stand gebracht. Dies wurde von Jahrgang zu Jahrgang immer umfangreicher und anspruchsvoller, da die Deregulierung immer mehr Prozesse erforderte und die aktualisierten Datenaustauschformate im System hinterlegt werden mussten und das System an die aktualisierten Datenaustauschformate angepasst werden musste. Daher wurde vor Beginn einer jeden neuen Traineeausbildung in Absprache mit dem Kooperationspartner der Reader, die Fachschulungen, die E-Learnings und die Präsentationen sowie das SAP Schulungssystem der SPE auf den neuesten Stand gebracht. Zusätzlich dazu wurde darauf geachtet, auch die neuesten Entwicklungen im Bereich der Energiewende (Gesetze und Gesetzesvorlagen, Klimakonferenzen, etc.) wie auch im Softwarebereich, beispielsweise das Thema HANA, mit in die Schulungen aufzunehmen. Um dies ebenfalls in der Software entsprechend abzubilden, wurde unser Schulungssystem von den jeweiligen Fachtrainern gecustomized.

Bezüglich der Anleitung/Führung des Traineeteams lernten wir, dass es sehr hilfreich ist, zusammen mit dem Traineeteam zu Beginn der Ausbildung gemeinsam allgemeine Regeln für den gegenseitigen Umgang zu erarbeiten. Darin wurde auch festgelegt, wie sich das Team selbst organisiert. Beispielsweise wann finden die wöchentlichen Traineeteambesprechungen statt, wer schreibt ein Protokoll, wo werden die Protokolle abgelegt etc.

Darüber hinaus legten wir sehr viel Wert auf ein gemeinsames Traineeteam, das sich nicht in ein SPE Team und ein Kooperationspartnerteam spaltet. Daher führten wir nach jeder Phase eine Teammaßnahme durch. Von fast allen Jahrgängen wurden diese Teammaßnahmen positiv aufgenommen und aktiv daran teilgenommen. Jedoch hatten wir auch einen Jahrgang der sich in dieser Hinsicht nicht entwickeln ließ und wir lernten daraus, dass sich trotz stetiger Bemühungen der Education Manager und entsprechendem Einsatz von externen Teamtrainern sich manchmal auch kein Team bilden lässt. Als Ursache sahen wir dafür, dass die meisten Trainees lieber alleine oder im Zweierteam arbeiteten und der Traineeteamgedanke eher als untergeordnet betrachtet wurde.

Ebenfalls wichtig bei der Planung und Umsetzung eines Traineeprogramms ist es, dass Übungszeiten eingeplant werden, um genügend Zeit für die Wiederholung der geschulten Fachthemen zu haben. Die Wiederholungen sollten sowohl vom ganzen Team als auch in Eigenarbeit durchgeführt werden. Dies erforderte eine klare und gut durchdachte Aufgabenstellung von den Trainern. Zudem sollte auch bei der Ausbildung auf die Themen Knowledge Sharing und die selbstständige Einarbeitung in neue Themen Gewicht gelegt werden.

Desweiteren lernten wir, dass das Thema Pünktlichkeit für die meisten Trainees überhaupt kein Problem ist, auch wenn sie teilweise eine sehr weite Anreise von über 1 Stunde zum Schulungsort hatten. Trotzdem gab es einige Trainees, die die Pünktlichkeit bis zum

Ende der Ausbildungszeit, auch trotz mehrfacher persönlicher Gespräche, nicht lernten. Auf Pünktlichkeit legen wir einen großen Wert, da BeraterInnen immer besser überpünktlich sind, um sich richtig auf eine Präsentation, eine Besprechung o. ä. vorzubereiten. Viele von unseren Kunden schätzen dies besonders.

Veränderungen, auch als Change Request bezeichnet, passieren schnell und wurden im Verlauf der Ausbildung häufig von den Trainees unterschätzt. Jedoch wurden vom Partnerkunden meistens Aufgaben mit einer festen Abgabefrist gestellt, die unbedingt eingehalten werden sollten. Falls es absehbar ist, dass die Aufgabe nicht termingerecht gelöst werden kann, muss dies mit dem Kunden rechtzeitig besprochen werden. Um diese Praxis einzuüben, stellten wir den Trainees Aufgaben mit festen Fristen und forderten bei nicht Einhaltung eine entsprechende Kommunikation, so dass es dann beim praktischen Einsatz ganz selbstverständlich ist, dies rechtzeitig zu kommunizieren und den entsprechenden Prozess anzustoßen bzw. anzuwenden.

Alle Trainees sagten, dass sie flexibel sind und sich natürlich nach den Wünschen des Kunden richten. Die Praxis zeigte uns jedoch, dass, wenn es aufgrund von Kundenanforderungen zu terminlichen Verschiebungen von Schulungen oder Programmänderungen beim Ablaufplan kam, wurde dies von den Trainees ungerne akzeptiert. Für einige Trainees war dies ein schwieriger Lernprozess, dass der Kunde König ist und wir erst den Kunden im Blick haben und dann erst unsere Trainees. Die gleiche Herangehensweise wird auch von unseren BeraterInnen verlangt. Erst der Kunde, dann die Interessen der BeraterInnen.

14.8 Checkliste zur Ausarbeitung und Durchführung eines Traineeprogramms

Beginn Planung

- Festlegung der Anzahl der auszubildenden Trainees
- Erstellung von Marketingmaterial für die Ausschreibung der Traineestellen (Flyer, Internetauftritte, Messen etc.)
- Personalrecruiting (Personalmessen, Stellenausschreibungen bei verschiedenen Internetanbietern und Portalen, etc....)
- Suche eines oder mehrerer Kooperationspartner
- Ausarbeitung von Arbeitsverträgen für die Trainees
- Ausarbeitung des Kooperationsvertrages
- Ausarbeitung der Geheimhaltungsvereinbarung für die Trainees und den Kooperationspartner
- Absage Bewerber, die nicht genommen wurden
- Ausstattung Schulungsraum mit Flipchart, Pinnwänden, Moderationskoffer etc.
- Software und Softwarelizenzen für Trainees bestellen (Office, Autorentool, SAP Anmeldungen etc.)

- Notebooks bestellen und einrichten für eigene Trainees
- Angebote für externe Softskillschulungen einholen
- Teambildungsmaßnahmen Angebote einholen

Vorbereitung

- Erstellung des Ablaufplans für das Traineeprogramm mit allen Terminen, Urlauben, Scorecardgesprächen, Teamveranstaltungen und Besichtigungen, wie beispielsweise das Großkraftwerk Mannheim, die Müllverbrennungsanlage, juwi eine Firma, die auf Windenergie spezialisiert ist oder das Future Energy Center der SAP
- Zuordnung der Trainer zu den Fachschulungen
- Durchführung einer Train-the-Trainer Schulung: In dieser Schulung erhalten alle Trainer eine Methodenschulung. Sie erlernen die Erstellung von Schulungsplänen mit Lernzielen und Lerninhalten, die Erstellung von Handbüchern, Übungen und Lösungen etc.
- Erstellung des Readers mit aktuellen Fachartikeln für die Einführungsphase
- Druck des Readers für alle Trainees
- Customizing und Einrichtung der Schulungsmandanten
- Erstellung von Trainingsmaterialien für alle Fachschulungen (Schulungspläne, Präsentationen, E-Learnings, Handbücher, Übungen etc.)
- Erstellung von Übungen und Lösungen für den Abschlusstest durch alle Trainer
- Einrichtung der Traineenotebooks
- Einrichtung eines Schulungsraumes für die Theoriephasen
- Einrichtung eines eigenen Traineelaufwerkes (Knowledge Sharing)
- Ausstattung der Küche für die Trainees (mit Kühlschrank, Kaffeeautomat, Geschirr etc.)
- Anfrage externer Trainer, falls die Softskillschulungen und Teamevents nicht von eigenen Trainern durchgeführt werden
- Entwicklung und Erstellung einer Scorecard für die phasenweise Feedbackgespräche
- Intranetseite nur für Trainees und Trainer einrichten
- Laufwerk für Trainees zur Verfügung stellen
- Namensschilder für die Trainees

Kooperation mit einem Partner

- Benennen und Kennenlernen aller Mentoren für die Praxisphase
- Unterzeichnung des Kooperationsvertrages und der Geheimhaltungsvereinbarungen
- Festlegung aller Inhalte sowie der Inhalte für alle Schulungen
- Festlegung der Schwerpunkte bei den Softskillschulungen
- Festlegung der Aufgabenverteilung mit dem Kooperationspartner
- Festlegung der Trainer für die Schulungen (inklusive der Softskillschulungen)
- Terminvereinbarungen für das Kick off, die Scorecardgespräche und das Abschlussgespräch
- Planung des Kick off Meetings für alle Mentoren, Personalverantwortlichen und Geschäftsführern

14.8 Checkliste zur Ausarbeitung und Durchführung eines Traineeprogramms

Durchführung

- Kick-off Meeting mit allen Trainees, Personalverantwortlichen und Geschäftsführungen (1. Tag der Ausbildung)
- Kennenlernen der neuen Räumlichkeiten und Vorstellung und Einführung in das Traineeprogramm
- Ablauf der Schulungen laut Ablaufplan
- Erarbeiten von gemeinsamen Regeln für das Traineeteam (Wann gibt es Teamsitzungen? Wer leitet diese? Wer protokolliert alles? Wo werden diese abgelegt? etc.)
- Erarbeiten von gemeinsamen Regeln für das „Zusammenleben" auf so engem Raum über einen langen Zeitraum (Anwesenheitszeiten, interne Organisation etc.)
- Erstellung eines gemeinsamen Laufwerkes (Knowledge Sharing)
- Ausarbeitung und Umsetzung von Knowledge Sharing (Ablage Protokolle, Präsentationen, Lösungen, Bilder etc.)
- 4 Teamevents
- Finale Ausarbeitung des Abschlusstests
- Scorecardgespräche mit jedem Trainee nach jeder Phase
- Durchführung des Abschlusstests
- Abschlussgespräche mit jedem Trainee
- Organisation und Durchführung der Abschlussfeier mit allen Teilnehmern (Trainees, Trainer, Personalverantwortliche und Geschäftsführungen)
- Traineeprogramm mit entsprechender Öffentlichkeitsarbeit begleiten, Artikel in Fachzeitschriften, Internet und Intranet regelmäßig berichten
- Vorbereitung und Durchführung des Abschlussgespräches mit den, Kooperationspartner
- Urkunde für Trainees entwerfen zum Überreichen beim Abschlussfest
- Vorbereitung Abschlussfeier mit allen Trainern, Trainees, den Education Managern, Verantwortlichen und Kunden, die die Trainees betreut haben

Anfangssituation 15

„Auch die längste Reise beginnt mit dem ersten Schritt."
Chinesische Weisheit

15.1 Einführung

Entscheidend ist die Anfangssituation[1] für die Atmosphäre und Stimmung in einem Training. Daher steht der Einstieg in ein Training immer in Zusammenhang mit dem IT-Thema und den Beteiligten. Eine weitere wichtige Aufgabe der Seminarleitung ist es, Interesse für die neue Lernsituation zu wecken und Gemeinsamkeiten zwischen den einzelnen Teilnehmern herzustellen.

In der Anfangssituation geht es im Wesentlichen um drei Punkte:

1. Kennenlernen: Die Teilnehmer und der Trainer wollen sich gegenseitig kennen lernen.
2. Inhalte: Die Teilnehmer wollen den Tagesablauf und die Seminarinhalte kennen lernen.
3. Erwartungen: Die Trainer wollen die Erwartungen und Wünsche der Teilnehmer abfragen.

Die Methoden unterstützen die oben genannten Punkte unterschiedlich gut. Es sollte deshalb überlegt werden, zu welchem Zweck sie eingesetzt werden sollen. Die Übungen können auch miteinander kombiniert werden.

---

[1] Ausführliche Hinweise zur Anfangssituation finden sich im Kapitel Seminarphasen.

15.2 Persönlichkeitsplakat

Ziel:	Die Teilnehmer lernen sich kennen
Art:	Ankommübung vor Seminarbeginn
Form:	Einzelübung
Dauer:	2–5 min pro Teilnehmer
Material:	Metaplan mit Fragen

15.2.1 Durchführung

Bei vielen Schulungen kommen die Teilnehmer nach und nach an. In dieser Phase entsteht das Persönlichkeitsplakat. An der Metaplanwand hängt ein Plakat mit verschiedenen Fragen, dies können Fragen zum Seminar, zu den Teilnehmern oder zum Thema sein. Alle eintreffenden Teilnehmer werden gebeten, diese Fragen zu beantworten und ihre Antworten auf das Plakat zu schreiben. Das Plakat wird in der Regel nicht kommentiert. In den Pausen haben alle die Gelegenheit, sich über die anderen Teilnehmer zu informieren.

Beispiele dazu werden in der Tab. 15.1 gezeigt.

15.3 Assoziationen

Ziel:	Die Teilnehmer lernen sich kennen
Art:	Einstiegsübung und Denksportübung
Form:	Gruppenübung
Dauer:	10–15 min (je nach Gruppengröße)
Material:	Keins

15.3.1 Durchführung

Die Teilnehmer stellen sich der Reihe nach vor. Sie nennen ihren Namen und eine Assoziation, die sie mit der Schulung oder ihrem Unternehmen verbinden. Dieser Begriff beginnt mit dem gleichen Buchstaben wie der Name des Teilnehmers. Zum Beispiel: „Ich heiße Frank Müller und verbindet mit dem Thema IT-Training Müller wie Microsoft Officeprogramme." Anschließend stellt sich der nächste Teilnehmer vor und wiederholt im Anschluss den Namen und die Assoziation der Teilnehmer, die vor ihm an der Reihe waren. Beispielsweise: „Mein Name ist Hannah Frisch, Müller, wie Microsoft Officeprogramme und Frisch, wie Formatvorlage." Der letzte Teilnehmer hat die schwierigste Aufgabe, er muss alle Namen und Assoziationen wiederholen. Damit die Seminarleitung

15.4 Combinatione

Tab. 15.1 Zeigt ein Beispiel für eine mögliche Beschriftung für ein Plakat.

Ich heiße…	SAP ist für mich…	Von der Schulung erwarte ich…
Maria Müller	Neuland	Im System navigieren zu können
Klaus Kopitzke	halb vertrautes Gebiet	Arbeitsabläufe zu beherrschen

Ich heiße…	Ich komme aus…	Ich mache gerne…
Rosa Schwarz	Hamburg	Reisen und Segeln
Christoph Trank	Oldenburg	Lesen, Squash und Gartenarbeit

nicht die leichteste Aufgabe hat, kann diese sowohl beginnen als auch am Ende auch noch einmal alle Namen und Assoziationen aufzählen.

15.3.2 Variante

Schwieriger wird die Übung, wenn nach der Hälfte die Reihenfolge geändert wird. Bei der Wiederholung der Namen und Assoziationen wird nicht mehr mit dem ersten Teilnehmer, sondern mit dem letzten begonnen. Für ganz Pfiffige kann die letzte Person auch versuchen, die Namen und Assoziationen mit geschlossenen Augen zu nennen.

15.4 Combinatione

Ziel:	Kennenlernen der Teilnehmer
Art:	Einstiegsübung
Form:	Einzelübung
Dauer:	Pro Teilnehmer ca. 2–4 min
Material:	Stifte, Klebeband

15.4.1 Durchführung

In einem Stuhlkreis sitzen die Teilnehmer. Alle bekommen ein Stück Klebeband. Auf dieses Klebeband schreibt jede Person den ersten Buchstaben ihres Namens und eine Zahl, die für sie eine Bedeutung hat oder mal wichtig war. Beispielsweise R 17. R steht für Rosi und 17, da Rosi in 17 Monaten in Rente geht.

Bei dem Namen sollte sich zu Beginn der Übung darauf verständigt werden, ob der Buchstabe des Vor- oder des Nachnamens aufgeschrieben wird. Bei der Zahl kann es das Geburtsdatum sein, die Glückszahl, oder die Anzahl der Tage bis zum Urlaub.

Anschließend beginnt eine Person, ihren rechten Nachbarn nach den Bedeutungen des Buchstabens und der Zahl zu befragen. Der Befragte darf nur mit Ja und Nein antworten. Nach 10 Neins wird das Rätsel aufgelöst und die nächste Person ist an der Reihe.

Ist es eine sehr große Gruppe, so kann diese auch in zwei Gruppen aufgeteilt werden.

15.5 Kreuzworträtsel Namen

Ziel:	Gegenseitiges Kennenlernen
Art:	Einstiegsübung
Form:	Gruppenübung
Dauer:	15–20 min
Material:	Papier, Stifte

15.5.1 Durchführung

Alle Teilnehmer bekommen ein Blatt Papier und einen Stift. In die Mitte des Blattes schreiben sie in großen Blockbuchstaben ihren Vornamen oder Nachnamen. Danach müssen sie versuchen, das Kreuzworträtsel zu füllen. Dazu gehen sie im Raum umher und versuchen andere Teilnehmer zu finden, deren Namen in das Kreuzworträtsel passen. Ziel dieser Übung ist es, dabei mit möglichst vielen anderen Teilnehmern ins Gespräch zu kommen.

▶ **Tipp** Bei sehr großen Gruppen von mehr als 15 Personen können auch Vorgaben gemacht werden, zum Beispiel, wie viele Namen das Kreuzworträtsel enthalten muss (zum Beispiel 8–10).

In der Abb. 15.1 ist ein Beispiel zu einem Kreuzworträtsel

15.6 Gebrauchsanleitung

Ziel:	Teilnehmer lernen sich kennen
Art:	Einstiegsübung
Form:	Einzelübung
Dauer:	Bei acht Teilnehmern ca. 40–45 min
Material:	Gebrauchsanleitungsfragen, Papier, Stifte

15.6 Gebrauchsanleitung

Abb. 15.1 Kreuzworträtsel Namen

15.6.1 Durchführung

Mit dieser Übung stellen sich die Teilnehmer anhand einer Gebrauchsanleitung zur eigenen Person vor. Die Themen der Gebrauchsanleitung können als Arbeitspapiere ausgeteilt werden oder sie stehen für alle sichtbar auf dem Flipchart. Je nach Zusammensetzung und Größe der Gruppe können auch einzelne Themen der Anleitung hinzugefügt oder weggelassen werden. Mögliche Themen sind:

- Lieferbedingungen
- Grundlegende Merkmale
- Aktuelles Einsatzgebiet
- Weitere Verwendungsmöglichkeiten
- Seit wann auf dem Markt erhältlich
- Programmhinweis und Warnhinweis
- Wartung und Pflege
- Probleme und Nebenwirkungen
- Sicherheits-Code
- Testberichte
- Kundenzufriedenheit
- Werbeslogan

Für die Vorbereitung bekommen alle 5 min Zeit. Danach stellt jeder seine Gebrauchsanleitung im Plenum vor. Zum Beispiel *„Ich bin das Produkt Pfeifer 23/45, meine Wartung und Pflege sind sehr einfach, ich laufe mit Kaffee und Schokolade"*. Die Trainer können bei dieser Vorstellungsrunde auch passen und sie nur anmoderieren. Beispielsweise: *„Sie haben sich entschieden. Herzlichen Glückwunsch! Damit Sie mit Ihrem Modell 2002 an den beiden Ausstattungsvarianten & und % lange Zeit viel Freude haben, sollten Sie die folgenden Gebrauchsanleitungen und Bedienungshinweise aufmerksam verfolgen."*

Nach der Vorstellungsrunde können die Anleitungen im Trainingsraum aufgehängt werden.

Wenn die Gruppe sehr groß (mehr als 10 Teilnehmer) ist, können die Gebrauchsanleitungen auch in mehreren Kleingruppen ausgetauscht werden.

15.6.2 Variante 1

Die Gebrauchsanleitung kann auch in Form eines Partnerinterviews durchgeführt werden.

15.6.3 Variante 2

Wenn sich die Trainingsmitglieder untereinander kennen, so können die Gebrauchsanweisungen gegenseitig verfasst werden.

15.6.4 Variante 3

Diese Übung kann auch am Ende eines Trainings als Feedback durchgeführt werden.

Zeichnung Dr. Bingels Komputer Kunde

15.7 Die Lügengeschichte

Ziel:	Die Teilnehmer lernen sich kennen
Art:	Einstiegsübung
Form:	In Zweierteams und im Plenum
Dauer:	30–40 min (pro Paar ca. 10 min)
Material:	Keins

15.7.1 Durchführung

1. Runde
Die Teilnehmer teilen sich in Tandems auf. Bei ungerader Anzahl wird eine Dreiergruppe gebildet. Auch die Seminarleitung sollte mitmachen. Beide Partner haben nun die Aufgabe, drei verschiedene Geschichten über sich selbst zu erzählen. Zum Beispiel eine aus der Kindheit, eine aus der Jugend und eine aus dem Berufsleben. Eine dieser drei Geschichten ist gelogen. Anschließend ist der Partner an der Reihe und erzählt ebenfalls drei Geschichten über sich von denen zwei wahr sind und eine gelogen ist.

2. Runde
Die Kleingruppen kommen im Plenum zusammen. Jedes Tandem stellt sich gegenseitig vor, indem jeder die Geschichten seines Partners beziehungsweise seiner Partnerin erzählt. Nachdem alle drei Geschichten erzählt sind, muss die Gruppe raten welche der Geschichte gelogen ist. Dazu fragt die Seminarleitung die einzelnen Geschichten ab: *„Wer glaubt, dass die erste Geschichte gelogen ist?"* Durch Handzeichen geben die Teilnehmer ihr Votum ab. Jede Person darf sich nur einmal melden. Die Personen, die richtig geraten haben, erhalten einen Punkt. Gewonnen hat die Person, die nachdem alle Geschichten erzählt sind am meisten Punkte erhalten hat.

Die Übung wird kürzer, wenn nur zwei Geschichten erzählt werden.

15.8 Veranstaltungsankündigung

Ziel:	Kennenlernen
Art:	Abfrage der Seminarerwartung
Form:	Einzelarbeit und Plenum
Dauer:	Bei acht Teilnehmern ca. 30–35 min
Material:	Papier, Stifte

15.8.1 Durchführung

Bei dieser Übung verfassen die Teilnehmer eine Veranstaltungsankündigung zum Seminar. Das Motto lautet *„Heute erwartet Sie bei uns..."* Für die Vorbereitung bekommen alle 10 min Zeit. Danach stellt jeder seine Ankündigung im Plenum vor.

15.9 Kennenlernen über Vier-Ecken

Ziel:	Teilnehmer machen sich miteinander bekannt
Art:	Kennenlernübung oder Einstieg ins Thema (Variante)
Form:	Kleingruppengespräche
Dauer:	15–30 min
Material:	Fragen, CD-Player

15.9.1 Durchführung

Bei dieser Übung kommen die Teilnehmer miteinander ins Gespräch. Die Übung besteht aus sieben bis zehn Runden. Zu Beginn jeder Runde liest die Seminarleitung eine Frage mit 4 Antwortmöglichkeiten vor. Jeder Antwort wird vorher eine Ecke im Raum zugeteilt, beispielsweise Antwort 1 linke vordere Ecke, Antwort 2 rechte vordere Ecke etc. Nachdem die Frage verlesen wurde, begeben sich die Teilnehmer in die Ecke, die zu ihrer Antwort auf die Frage gehört. In der Ecke können sich die Gruppen solange unterhalten, wie die Musik läuft (ca. 2–3 min). Danach wird die nächste Frage gestellt und die Teilnehmer setzen sich wieder in Bewegung. Die Fragen können sich auf das Seminarthema, die Gruppe, die Erwartungen beziehen oder allgemein gestellt sein.

15.9.2 Variante 1

Nach jeder Runde können sich die Teilnehmer in einer bestimmten vorgegebenen Zeit in den jeweiligen Ecken durch ein kurzes Gespräch zu dem jeweiligen Thema austauschen. Eine Runde dauert solange, wie die Musik läuft. Danach wird die nächste Frage gestellt und die Gruppen setzen sich neu zusammen.

15.9.3 Variante 2

Neben den vier Ecken kann auch in der Mitte die Möglichkeit gegeben werden für „Ich weiß nicht". Dies ist jedoch eine Möglichkeit, die von vielen Teilnehmern genutzt wird, um sich nicht zu entscheiden.

Auch können noch zusätzliche Antwortmöglichkeiten neben den vier Ecken angeboten werden. Insgesamt sollte es nicht mehr als sechs Antworten geben, da sich die Teilnehmer die vielen Alternativen nur schwer merken können.

15.9.4 Beispielfragen

1. Fragen zum Thema
Computer sind für mich:

1. … eine Plage
2. … ein Segen
3. … ein Abenteuer
4. … überflüssig

Von der Software-Einführung XY erwarte ich:

1. … dass die Arbeitsabläufe schneller und besser werden.
2. … dass die Arbeitsabläufe komplizierter und langsamer werden.
3. … dass sich nichts ändert.
4. … dass sich die wirklichen Folgen erst in einem Jahr zeigen werden.

2. Fragen zur Gruppe
Mit dem Computer arbeite ich:

1. … immer
2. … mehrmals am Tag
3. … ein paar Mal in der Woche
4. … fast nie

Im Unternehmen bin ich seit:

1. … mehr als 20 Jahren
2. … mehr als 10 Jahren
3. … mehr als 5 Jahren
4. … weniger als 5 Jahren

3. Allgemeine Fragen
Welche Erfindung sollte in diesem Jahrhundert unbedingt noch gemacht werden?

1. Das sich selbst reinigende Haus
2. Die Zeitmaschine

3. Das Leben im Weltall
4. Das Beamen von einem Ort zu anderen

Sie gehen auf Entdeckungsreise, wo fahren sie hin?

1. Auf den Grund des Pazifiks
2. Auf den Mond
3. In die Antarktis
4. Durch den Regenwald

15.10 Textsalat

Ziel:	Inhaltlicher Einstieg ins Thema
Art:	Einstiegsübung
Form:	Einzelarbeit und Gruppenarbeit
Dauer:	30 min bis 1 h, je nach Textlänge
Material:	Puzzle

15.10.1 Durchführung

Die Gruppe wird in Dreier- und Vierergruppen aufgeteilt. Jede Gruppe sitzt um einen Tisch herum. Jedes Gruppenmitglied bekommt einen oder mehrere Textbausteine. Aus den Einzelteilen soll die Gruppe ein vollständiges Zitat zusammensetzen. Da alle nur einige Textbausteine haben, kann die Gruppe das Rätsel nur zusammen lösen.

Folgende Regeln gelten während des Zusammensetzens:

- Es darf nicht gesprochen werden.
- Alle zeigen ihr Puzzlestück und legen es vor sich auf den Tisch.
- Jede Person darf nur ihr eigenes beziehungsweise ihre eigenen Puzzleteile legen.
- Sobald das Zitat zusammengesetzt ist, darf wieder gesprochen und das Zitat diskutiert und interpretiert werden.
- Punkte und Kommas sind nicht vorgegeben. (Das Zitat besteht aus zwei Sätzen).

In der nachfolgenden Tab. 15.2 ist eine Beispielaufgabe für einen Textsalat

15.10 Textsalat

Tab. 15.2 Beispielaufgabe Textsalat

Lösung

Es wird immer klarer, dass Gott nicht mehr unter uns weilt. Bis vor kurzem wurde der Mensch von Fragen gepeinigt, auf die es keine Antworten gab; dank des Computers werden wir jetzt mit Antworten eingedeckt, zu denen wir nicht einmal die Fragen gestellt haben.
Sir Peter Ustinov
Englischer Schauspieler, Regisseur und Autor

Die Übung kann auch als Einzel- oder Tandemarbeit durchgeführt werden. Bei Tandemgruppen erhält jeder Partner die Hälfte der Puzzle-Teile und beide erarbeiten gemeinsam die Lösung.

15.10.2 Variante 1

Die verschiedenen Kleingruppen treten im Wettbewerb gegeneinander an. Es gewinnt die Gruppe, die als erste das Zitat richtig zusammengesetzt hat.

15.10.3 Variante 2

Nachdem das Zitat zusammengesetzt ist, sucht sich jede Person ein Wort oder mehrere Wörter heraus und erzählt anhand dieser Wörter etwas über sich oder seine Arbeit oder seine Erwartungen.

Tab. 15.3 IT-Training

IT-Training

Datenverlust

15.11 Gereizt

Ziel:	Thematischer Einstieg
Art:	Einstiegsübung
Form:	Gruppenübung
Dauer:	20–30 min
Material:	Plakat, Stifte

15.11.1 Durchführung

Die Teilnehmer sitzen jeweils zu dritt oder viert um einen Tisch. In der Mitte jeder Kleingruppe liegt ein großes Plakat und Stifte. Alle sitzen so, dass sie leicht etwas auf das Plakat schreiben können.

In der Mitte des großen Blattes steht in Druckbuchstaben ein Reizwort. Die Gruppen schreiben nun alle Stichworte, Ideen und Assoziationen, die ihnen zu diesem Wort einfallen, auf das Plakat. Sie können auch malen. Während das Plakat gestaltet wird, darf in den Gruppen nicht gesprochen werden. Im Hintergrund kann eine ruhige Musik laufen.

Anschließend werden die Plakate von den Gruppen vorgestellt und im Raum aufgehängt.

Die Tab. 15.3 zeigt zwei Reizwörter für Gruppenplakate.

15.12 Programmname

Ziel:	Kennenlernübung und thematischer Einstieg
Art:	Einstiegsübung
Form:	Einzelarbeit
Dauer:	ca. 30 min, pro Person 2 min
Material:	Stifte, Blätter, Plakate und Eddings

Tab. 15.4 Programmname

„IT-Training"	
Training	**P**rogrammieren
Angst zu versagen	**E**ingabe
Nicht finden	**T**eamarbeit
Java programmieren	**E**lektronische Daten
Anfängerin	**R**eibungsloser Ablauf

15.12.1 Durchführung

Alle bekommen ein Blatt und einen Stift. Die Teilnehmer schreiben ihren eigenen Namen in Blockbuchstaben senkrecht auf das Plakat. Jetzt müssen sie zu jedem Buchstaben eine Assoziation finden, die mit dem Training, Seminarthema oder ihren Erwartungen zu tun hat. Diese Begriffe werden waagrecht zu den jeweiligen Buchstaben aufgeschrieben. Für diese Aufgabe haben die Teilnehmer 5–10 min Zeit.

Nach Ablauf der Zeit stellt sich jede Person anhand der Buchstaben und Wörter vor. Der Name und die Begriffe werden auf ein Plakat, das für alle sichtbar im Trainingsraum hängt, geschrieben. Das Plakat füllt sich langsam mit allen Namen und Assoziationen der Teilnehmer.

Tab. 15.4 zeigt ein Beispiel für einen Programmname und zwei Vornamen

15.13 Was ist Was?

Ziel:	Thematischer Einstieg
Art:	Kennenlernen von Fachbegriffen
Form:	Gesamtübung
Dauer:	20–40 min (je nach Anzahl der Begriffe)
Material:	Begriffe und Erklärungen in DIN A4

15.13.1 Durchführung

Mit der Software müssen auch jede Menge neue Fachbegriffe gelernt werden. Diese sind Thema des Seminareinstiegs. Jeder der Teilnehmer bekommt einen oder mehrere Begriffe ausgeteilt, die mit dem Seminarthema etwas zu tun haben. Danach können alle 5 min mit ihren jeweiligen Nachbarn beraten, was sich hinter diesem Begriff verbergen könnte. Danach stellt jeder seinen Begriff im Plenum vor. Die Trainer lösen die ungeklärten Begriffe entweder sofort oder am Ende der Übung auf. Zur Verdeutlichung werden die jeweiligen Begriffe und ihre Bedeutungen an einer Pinnwand aufgehängt. Dies hat den Vorteil, dass auf diese Fachausdrücke während des Trainings immer wieder Bezug genommen werden kann und die Teilnehmer sich die Begriffe leichter einprägen.

Bei dieser Übung geht es vor allem darum herauszufinden, mit welchen Ideen und Vorstellungen die Teilnehmer ins Seminar kommen. Ob die Antwort „richtig" oder „falsch" ist, ist nicht so wichtig. Damit sich die Gruppe nicht vorgeführt fühlt, sollten Sinn und Zweck der Übung in der Anmoderation deutlich gemacht werden. Zum Beispiel, indem vor Beginn der Übung darauf hingewiesen wird, dass es nicht schlimm sei, wenn die Teilnehmer den Begriff nicht erklären können. Denn diese Begriffe sollen erst nach dem Training beherrscht werden.

Die Seminarleitung kann nach der Übung den Wissensstand der Gruppe relativ gut einschätzen.

15.14 Ampelübung

Ziel:	Inhaltlicher Einstieg ins Thema
	Wissensstand der Teilnehmer abfragen
Art:	Einstiegsübung
Form:	Gruppenarbeit
Dauer:	10–15 min (je nach Gruppengröße)
Material:	Aussagen, Metaplankarten in grün, gelb und rot

15.14.1 Durchführung

Die Trainer lesen Aussagen vor. Alle Teilnehmer bekommen eine grüne, eine gelbe und eine rote Karte. Mit diesen Karten kommentieren sie die einzelnen Aussagen.

- **Grün:** Ich stimme der Aussage zu.
- **Rot:** Ich stimme der Aussage nicht zu.
- **Gelb:** Ich bin unentschlossen.

Die Thesen können sich auf das Seminarthema oder die Erwartungen beziehen.

15.14.2 Beispiel: Wissensabfrage zum Thema Lotus Notes (Seminar zur Auswertung der firmeninternen Lotus-Notes-Datenbank)

1. Die Datenbank „Firma Intern" wird am häufigsten genutzt.
2. Um ein bestimmtes Dokument in Lotus Notes zu finden, benötige ich nur wenige Sekunden.
3. Alle wichtigen Neuigkeiten zu unseren Produkten finde ich in Lotus Notes.
4. Mit der Aufteilung der verschiedenen Datenbanken komme ich nicht zurecht.
5. Besonders unübersichtlich finde ich die Datenbank XY.

15.14.3 Beispiel: Erwartungsabfrage zum Schulungskonzept

1. Ich möchte mir möglichst viele Lerninhalte selbstständig erarbeiten.
2. Ich möchte mit einem kurzen Vortrag in das Thema eingeführt werden.
3. Ich möchte die Übungen gezeigt bekommen, bevor ich sie allein durchführe.
4. Ich arbeite gerne im Team.
5. Ich lerne am besten anhand von Schaubildern.

Feedback   16

16.1 Einführung

Im Feedback wird das Training oder der bisherige Schulungsverlauf betrachtet und ausgewertet. Es werden damit Prozesse, Abläufe und Methoden des Trainings durch einzelne Personen, die Seminarleitung oder durch eine Gruppendiskussion verdeutlicht und beleuchtet. Feedbackmethoden sind die Stimmungsbarometer eines Kurses, sie verdeutlichen, ob und warum jemand zufrieden oder unzufrieden ist. Die meisten Trainer haben „so ein Gefühl", wie das Training gelaufen ist: *„Heute war irgendwie der Wurm drin", „Heute haben alle zufrieden ausgesehen", „Die Übung ist glatt durchgelaufen", „Irgendwie ist die letzte Reihe nicht mehr mitgekommen."*

Ähnlich äußern sich die Teilnehmer zu einem Trainingstag: *„Heute war es irgendwie durcheinander", „Irgendwie bin ich heute unzufrieden", „Heute war es richtig gut".*

Diese Stimmungen beeinflussen den weiteren Trainingsverlauf positiv oder negativ. Für die laufende Schulung oder zukünftige Veranstaltungen ist es deshalb wichtig herauszufinden, warum ein Training gut beziehungsweise schlecht verlaufen ist[1]. Bleiben diese Dinge unausgesprochen, kippt die Stimmung schnell. Die Teilnehmer haben keine Lust mehr, die Trainer werden von der schlechten Stimmung angesteckt und wollen das Seminar nur noch „durchziehen". Mit der sinkenden Motivation sinkt auch der Lernerfolg.

Feedbacks können unterschiedliche Funktion haben:

1. Zwischenfeedback
2. Auswertung
3. Umsetzung und Transfer

---

[1] Weitere Hinweise zum Feedback stehen auch im Kapitel Schlusssituation.

Bei einem Zwischenfeedback geht es im Wesentlichen um die Optimierung des weiteren Trainingsverlaufs. Bei einer Auswertung wird Bilanz über das gesamte Training gezogen. Bei Umsetzung und Transfer wird überlegt, wie die Erkenntnisse, die in der Schulung gewonnen wurden, im Unternehmen umgesetzt beziehungsweise übertragen werden.

Die Ergebnisse der Feedbackrunden helfen den Trainern bei der Planung und Durchführung der nächsten Schulungen.

Für die Trainer sind die Feedbacks eine gute Grundlage und Entscheidungshilfe, um die nächsten Trainings zu planen und durchzuführen. Viele der Methoden eignen sich nicht nur für das Ende einer Schulung, sondern auch für den Anfang, um die Erwartungen der Teilnehmer abzufragen.

16.2 Durchführung eines Feedbacks

Zwar hören wir gern, was unsre Meinung bestätigt, aber das Hören bestimmt die Meinung.
Johann Wolfgang von Goethe

Jeder Satz, jede Äußerung hat mehrere Funktionen. Dies verdeutlicht das Organon-Modell in der Abb. 16.1.

Ein Feedback kann sehr unterschiedlich verlaufen. Auch wenn alle denselben Satz hören, können sie diesen ganz unterschiedlich verstehen. Hört der Trainer beispielsweise ausschließlich den Appell des Anwenders: „Wenn es morgen nicht anders wird, werde ich mich beschweren", so wird der Trainer wahrscheinlich anders reagieren, als wenn er auf der Sachebene den Satz interpretiert: „Die Anzahl der Wiederholungsübungen war zu groß".

Darüber hinaus kann es natürlich auch sein, dass der Teilnehmer etwas ganz anderes sagen wollte, als der Trainer gehört hat. Wenn die verschiedenen Wahrnehmungsebenen nicht auseinandergehalten werden, kommt es leicht zu Missverständnissen. Vielleicht wollte Herr Meier mit dem Satz: „Mir waren es heute zu viele Wiederholungsübungen" ausdrücken, dass er unterfordert war und morgen gerne weniger Wiederholungsübungen im Training hätte. Stattdessen hört der Trainer, dass der Teilnehmer total genervt ist und sich beschweren wird, wenn es morgen nicht weniger Übungen gibt. Interpretiert der Trainer die Äußerung von Herrn Meier als ein starkes Stück und reagiert entsprechend genervt, so wird dies voraussichtlich Herrn Meier irritieren, da er nicht die Seminarleitung verärgern wollte, sondern gerne den Lernstoff etwas schneller vermittelt bekommen hätte.

Damit ein Feedback konstruktiv und auch hilfreich für Teilnehmer und Trainer ist, sind folgende Kommunikationsregeln zu beachten:

- Jeder gibt sein persönliches Feedback, d. h. alle sprechen in der Ich-Form – nicht in der Wir-Form.
- Die Kommunikationsebenen dürfen nicht vermischt werden: Beobachtungen sollten als Beobachtungen, Gefühle als Gefühle mitgeteilt werden.

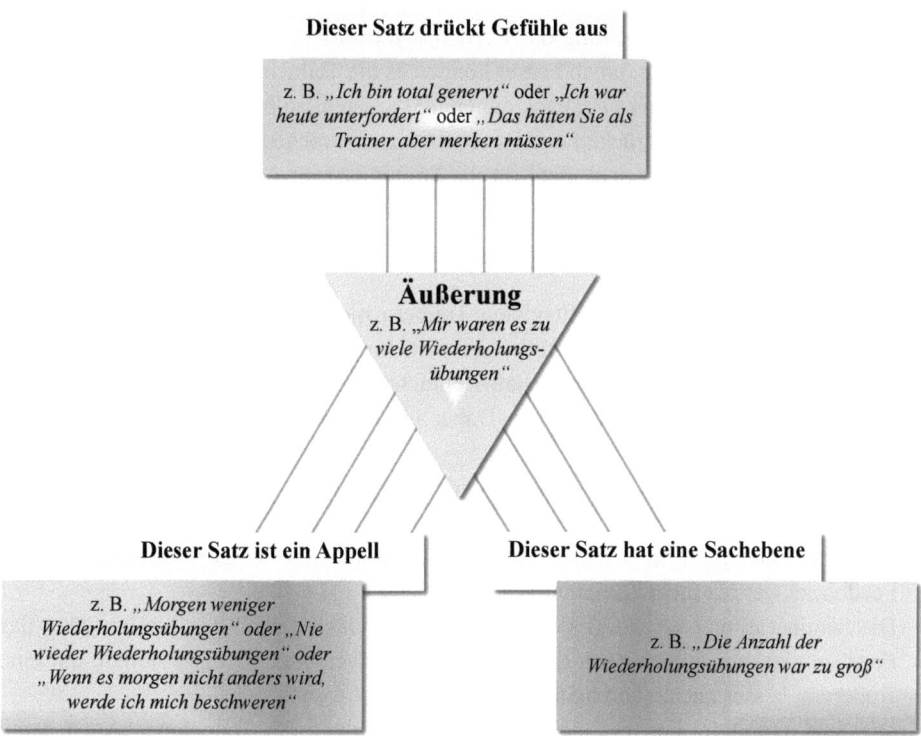

Abb. 16.1 Organon-Modell Vgl. Organon-Modell von Karl Bühler. In: Bühler, Karl (1934). Sprachtheorie. Jena, S. 28. Ungekürzte 1982. Stuttgart.

- So konkret wie möglich – nicht pauschalierend oder verallgemeinernd. Das Feedback am besten auf konkrete Beispiele beziehen.
- Ein Feedback kann immer positive und negative Eindrücke schildern.
- Ein Feedback wird unmittelbar gegeben – nicht verspätet.
- Ein Feedback wird freiwillig gegeben – nicht erzwungen.

Ein Feedback sollte immer freiwillig sein. Denn wenn sich eine Person im Verlauf eines Trainings bei keinem Zwischenfeedback oder in der Abschlussrunde äußert, ist dies vielleicht ein Indiz dafür, dass der Teilnehmer sehr unzufrieden ist oder nicht gerne in großer Runde spricht. In diesem Fall sollte der Trainer versuchen in einem Vier-Augen-Gespräch der Ursache auf den Grund zu gehen.

16.3 Trainer geben ein Feedback

Ein Feedback von Seiten des Trainers wird von den Teilnehmern sehr ernst genommen. Daher sollte die Seminarleitung darauf achten, dass es nicht verletzend oder persönlich wird, sondern konstruktiv und hilfreich für die Teilnehmer ist.

Je konkreter die Seminarleitung das Feedback formuliert und sich beispielsweise auf bestimmte Übungen bezieht, umso besser können es die Teilnehmer nachvollziehen.

Damit die Teilnehmer ein Feedback annehmen können, sollte die Seminarleitung immer von ihren eigenen Eindrücken und Beobachtungen sprechen. Sie formuliert das Feedback in der Ich-Form und spricht nicht für die Trainingsgruppe oder für andere Personen. Auch nicht für andere Trainer.

Annehmen von Feedback

Das Annehmen von Feedback fällt vielen Trainern nicht leicht, da es neben positiven Rückmeldungen auch negative Beurteilungen gibt. Aufgrund von negativen Rückmeldungen kann der Trainer viel lernen und erhält vielleicht Hinweise, um das Training zukünftig besser zu konzipieren und zu gestalten. Daher ist das Akzeptieren und Annehmen von Feedbacks sehr wichtig.

Beim Annehmen von Feedback ist Folgendes zu beachten:

- Alle Beteiligten nehmen sich Zeit zum Zuhören und lassen sich gegenseitig ausreden.
- Feedbacks werden nicht kommentiert.
- Die Seminarleitung verteidigt sich nicht und stellt auch nichts klar, sondern lässt das Feedback stehen. Jedoch kann die Seminarleitung Verständnisfragen stellen, um eine Äußerung besser nachzuvollziehen.
- Die Seminarleitung bedankt sich für die Rückmeldung der Teilnehmer. Auch dann, wenn das Feedback negativ war, denn auch ein negatives Feedback hilft dem Trainer zukünftige Schulungen zu verbessern. Außerdem wird so die Erwartungshaltung der Teilnehmer deutlich.

16.4 Fragewand

Ziel:	Feedback zum Lernfortschritt
Art:	Sammlung offener Fragen
Form:	Einzelarbeit
Dauer:	Je nach Art der Fragen. Pro Frage ca. 5 min
Material:	Metaplanwand, Metaplankarten, Stifte

16.4.1 Durchführung

Gut sichtbar wird die Fragewand im Raum aufgestellt. Alle Teilnehmer haben während des Trainings die Möglichkeit, offene Fragen auf Metaplankarten zu schreiben und an die Metaplanwand zu hängen. Die Fragen werden im Verlauf der Schulung oder am Ende eines Trainingstages beantwortet.

Falls die gestellten Fragen sehr stark von der Trainingsthematik abweichen oder sehr speziell sind, können diese Fragen auch nur einzelnen Personen in der Pause oder nach dem Training erklärt werden.

16.5 Blitzlicht

Ziel:	Zwischenfeedback und Feedback
Art:	Abschlussübung
Form:	Gruppenübung
Dauer:	ca. 1 min pro Teilnehmer
Material:	Keins

Mit dem Blitzlicht können sich die Trainer schnell ein Bild von der Stimmung der Gruppe machen.

16.5.1 Durchführung

Alle sitzen in einem Kreis. Die Seminarleitung bittet um eine kurze Auswertung des Trainingstages oder des gesamten Trainings. Darauf antworten die Teilnehmer kurz mit höchstens zwei bis drei Sätzen. Reihum kommt jede Person an die Reihe. Wer sich nicht äußern möchte, sagt einfach „weiter". Die Äußerungen werden während des Blitzlichtes nicht kommentiert und auch nicht diskutiert.

16.5.2 Variante 1

Das Blitzlicht wird in zwei Runden durchgeführt. In der ersten Runde werden alle positiven Eindrücke geschildert und in der zweiten Runde geht es um die negativen Eindrücke und konstruktive Kritik. Von den Trainern wird das Thema der Runden angekündigt.

16.5.3 Variante 2

Bei dieser Variante gibt es ein Feedback zu einem bestimmten Thema. Einer der Trainer oder Teilnehmer stellt zu Beginn jeder Runde eine Frage, beispielsweise: *„Wie gefielen Ihnen die Methoden?"*, *„Wie empfanden Sie die Gruppenarbeit?"*, *„Waren die Übungen auf Ihr Tagesgeschäft abgestimmt?"* Die Einzelnen nehmen zu den verschiedenen Fragen Stellung.

▶ **Hinweis** Ein Blitzlicht kann als Abschlussübung durchgeführt werden oder auch als Bestandsaufnahme zu einem bestimmten Thema oder Trainingsabschnitt. Es bleibt entweder so stehen oder es wird als Grundlage für das weitere Vorgehen im Training genommen. Wenn es als Grundlage für die weitere Vorgehensweise verwendet wird, so sollte in der Gruppe oder im Trainingsteam über die geäußerten Aspekte und Meinungen des Blitzes diskutiert werden.

16.6 Ballfeedback

Ziel:	Zwischenfeedback oder Feedback zum Lernfortschritt
Art:	Abschlussübung oder Wissensabfrage
Form:	Gruppenarbeit
Dauer:	1 min pro Person
Material:	Ball

16.6.1 Durchführung

Um die Feedbackrunde zu eröffnen, wirft der Trainer jemandem den Ball zu. Diese Person gibt ein kurzes Statement zum Kurs ab. Wichtig ist dabei, dass die Aussagen weder von der Seminarleitung noch von den Teilnehmern kommentiert werden. Anschließend wirft sie den Ball weiter und die nächste Person beginnt mit ihrem Feedback. Erhält eine Person aus Versehen den Ball mehrmals, so wirft sie ihn einfach weiter. Wer keine Bewertung abgeben möchte, sagt dies kurz und wirft den Ball weiter.

16.6.2 Variante 1: Positiv- und Negativrunde

In der ersten Runde berichten die Teilnehmer, was ihnen gefallen hat. In einer zweiten Runde äußern sie, was ihnen nicht gefallen hat und was sie verbessern würden. Die jeweiligen Runden werden jeweils von der Seminarleitung angekündigt.

16.6.3 Variante 2: Wissensabfrage

Bei der Wissensabfrage berichten die Einzelnen, was sie aus dem Seminar gelernt haben. Die Wissensabfrage kann in mehreren Runden durchgeführt werden. In der ersten Runde berichten Teilnehmer, was sie gelernt haben. In der zweiten Runde stellen sie noch offen gebliebene Fragen. Die Seminarleitung beantwortet diese Fragen entweder direkt im Anschluss an das Zwischenfeedback oder am folgenden Trainingstag.

16.7 Metaplanfeedback

Ziel:	Umsetzung und Transfer
Art:	Bewertung des Lernfortschritts
Form:	Still- und Gruppenarbeit
Dauer:	30–40 min
Material:	Metaplanwand, Metaplankarten, Stifte

16.7.1 Durchführung

Bei dieser Methode wird von den Teilnehmern ein anonymes Feedback zum Training oder dem Lernfortschritt abgegeben.

Runde 1
Die Seminarleitung hängt an eine Metaplanwand Fragen zur Schulung oder zu bestimmten Trainingsthemen auf. Jeder Teilnehmer bekommt ausreichend Metaplankarten. Anschließend schreiben die Teilnehmer ihre Antworten auf die Karten. Die Karten werden eingesammelt, gemischt und an die Tafel gehängt.

Runde 2
In einer zweiten Runde werden die Anmerkungen im Plenum mit der Seminarleitung sortiert, beantwortet oder in der Gruppe diskutiert.

16.8 Punktefeedback

Ziel:	Zwischenfeedback oder Feedback
Art:	Stimmung der Gruppe erfassen
Form:	Gruppendiskussion
Dauer:	15–40 min
Material:	Metaplanwand, Metaplankarten, Klebepunkte

16.8.1 Durchführung

Bei einem Punktefeedback bekommen die Teilnehmer Fragen mit mehreren Antwortalternativen gestellt. Die Fragen und die Antwortalternativen werden für alle sichtbar auf eine Metaplanwand geschrieben. Alle Teilnehmer bekommen eine bestimmte Anzahl von Klebepunkten. Mit den Punkten werden die Antworten bewertet.

Damit die Teilnehmer sich gegenseitig in ihrer Meinung nicht beeinflussen, ist es sinnvoll, dass alle möglichst gleichzeitig ihre Punkte an die Pinnwand kleben.

Funktioniert diese Vorgehensweise wegen bestimmten Konstellationen nicht, beispielsweise weil sehr viele Vorgesetzte anwesend sind und dadurch eine freie Meinungsäußerung in gewisser Weise blockiert ist, so werden die Fragen auf Blättern an alle ausgeteilt. Alle Teilnehmer beantworten die Fragen an ihrem Platz. Anschließend sammelt die Seminarleitung die Bögen ein und klebt die entsprechenden Punkte für alle sichtbar an die Pinnwand.

Von der Seminarleitung wird das Ergebnis kommentiert. Sie fragt auch nach, warum einzelne Punkte da und nicht dort angeklebt worden sind. Beispielsweise durch Fragen wie: „Welche Übung meinen Sie?", oder „Warum hängt der Punkt so weit abseits?". Abschließend kann das Ergebnis im Plenumsgespräch diskutiert werden.

Gestufte Skala
Die Teilnehmer geben eine Beurteilung zum Training ab. In den beiden unteren Kästen können sie diese kommentieren und konkretisieren.

Beispiel Punktefeedback
Erläuterung

++ = trifft vollständig zu
+ = trifft zum Teil zu
0 = weder noch
− = trifft nicht zu
−− = sehr schlecht

Training
Tabelle 16.1 zeigt ein Punktefeedback.

16.8.2 Varianten

Statt Antwortalternativen können die Teilnehmer ihr Feedback auch auf einer Skala angeben, wie in der Abb. 16.2.

Eine weitere Möglichkeiten von Ein-Punkt-Fragen ist beispielsweise: Das Gegensatzpaar. Dabei setzten die Teilnehmer Punkte auf einer horizontalen Linie und zeigen ihre Tendenz an, wie beispielsweise auf der Abb. 16.3 zu sehen ist.

Tab. 16.1 Punktefeedback

	++	+	0	-	--
Wie war die Atmosphäre?					
Wie war der Trainer fachlich?					
... methodisch?					
... didaktisch?					
Wie beurteilen Sie die Trainingsunterlagen?					
Haben Sie die Methoden angesprochen?					

Was hat Ihnen besonders gefallen?

Was würden Sie verändern?

Darüber hinaus gibt es noch zahlreiche weitere Varianten des Punktefeedbacks. So kann es auch zur Reflexion eingesetzt werden, als dreidimensionale Abfrage oder als Mehr-Punkt-Frage gestaltet werden[2].

16.9 Ampelfeedback

Ziel:	Auswertung
Art:	Stimmung der Gruppe erfassen, Zwischenfeedback
Form:	Gruppenübung
Dauer:	Ca. 30 min
Material:	Fragen und rote, gelbe und grüne Karten

---

[2] Neuland, Michèle (2003[5]). Neuland-Moderation. Künzell.

Abb. 16.2 Punktefeedback Variante Skala

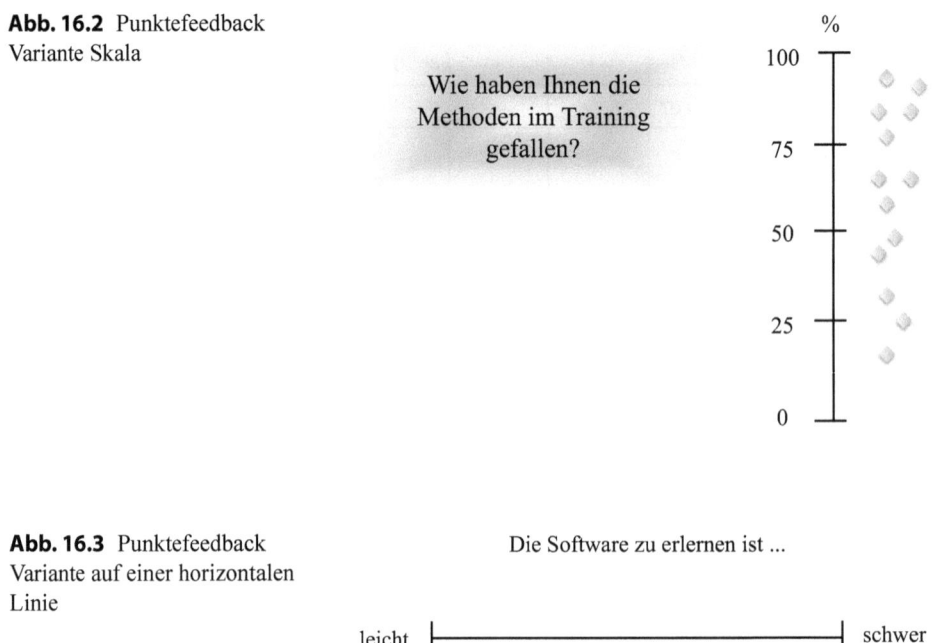

Abb. 16.3 Punktefeedback Variante auf einer horizontalen Linie

16.9.1 Durchführung

Alle Teilnehmer bekommen ein rotes, ein gelbes und ein grünes Kärtchen. Die Trainer machen Aussagen zum Seminar, zum Beispiel „*Die Stoffmenge des Seminars war angemessen*" oder „*Die Übungen und Aufgabenstellungen sind leicht verständlich*". Nach jeder Aussage stimmt die Gruppe mit den Karten über die Aussage ab.

Die Karten haben folgende Bedeutung
Grün: „Ich stimme der Aussage zu."
Rot: „Ich stimme der Aussage nicht zu."
Gelb: „Ich habe dazu keine Meinung."

Die Teilnehmer können, müssen die Abstimmungsergebnisse aber nicht kommentieren. Ob kommentiert wird oder nicht, sollte im Vorfeld festgelegt werden. Auf keinen Fall dürfen nur die Trainer kommentieren, da die Gruppe sonst das Gefühl hat, ihre Meinungen würden bewertet werden. Entscheidend ist, dass keine längeren Diskussionen über einzelne Entscheidungen und Aussagen geführt werden. Falls es zu einzelnen Punkten einen größeren Gesprächsbedarf gibt, so kann dies später im Training mit einer gesprächsorientierten Methode aufgegriffen werden.

▶ **Hinweis** Die Karten sollten möglichst gleichzeitig nach oben gehalten werden, damit sich die Teilnehmer nicht gegenseitig beeinflussen. Die Trainer können zum Beispiel bis 3 zählen; bei drei heben alle die Karte hoch.

16.10 Nachrichtenticker

Ziel:	Zwischenfeedback und Feedback
Art:	Abschlussübung
Form:	Gruppenübung
Dauer:	30 min
Material:	Keins

16.10.1 Durchführung

Alle Teilnehmer fassen ihre Seminareindrücke in einer Kurznachricht zusammen. Dazu bekommen sie 15 min Zeit. Danach werden die Meldungen eingesammelt und neu verteilt.

Anschließend beginnen die „Seminarnachrichten". Diese werden der Reihe nach vorgelesen.

16.10.2 Beispiel für eine Kurznachricht aus einem „Internet für Einsteiger" Seminar

12 Frauen aus den Tiefen des WWW gerettet.

Bonn: Die 12 Frauen, die ausgezogen waren, die Tiefen des World Wide Webs zu erkunden, konnten in letzter Minute gerettet werden. Zuvor hatten sich die Frauen beim Surfen hoffungslos im WWW verloren. Doch mit Hilfe der Suchmaschinen konnten sie wieder auf sichere Internetpfade zurückfinden.

16.11 Wetterbericht

Ziel:	Auswertung
Art:	Stimmung der Gruppe erfassen, Zwischenfeedback
Form:	Gruppenübung
Dauer:	Ca. 15 min
Material:	Keins

16.11.1 Durchführung

Dieses Feedback wird am Ende des Trainings oder eines Trainingstages von den Teilnehmern in Form eines Wetterberichts gegeben.

> **Beispiel**
> *„Am Anfang des Tages war ich noch sehr unsicher, welches Wetter es heute geben würde, da ich mir unter den einzelnen Punkten noch nichts vorstellen konnte. Im Verlaufe des Seminars klarte es deutlich auf und bei den Übungen schien in der Regel die Sonne. Für morgen erwarte ich einige Tiefausläufer beim Thema XY."*

Der Vorteil dieser Methode ist, dass die einzelnen Meinungen gut verpackt werden können.

16.12 Heißer Stuhl

Ziel:	Zwischenfeedback und Feedback
Art:	Abbau von Aggressionen
Form:	Gruppenübung
Dauer:	Ca. 5 min
Material:	Keins

16.12.1 Durchführung

Mit dieser Methode können Frustrationen und Aggressionen in kontrollierter Form geäußert und abgebaut werden. Alle sitzen in einem Halbkreis. Ein Stuhl steht vorne. Er ist räumlich etwas entfernt von den anderen Stühlen. Auf diesem Heißen Stuhl nimmt ein Teilnehmer oder auch die Seminarleitung selbst Platz. Die anderen sitzen auf den Stühlen im Halbkreis. Der Heiße Stuhl und die Person stehen synonym für die neue Software, die Umstrukturierung oder die entstandenen Probleme. Für was genau, bestimmt entweder die Seminarleitung oder die Gruppe.

Anschließend wird eine Zeit vereinbart, beispielsweise fünf Minuten. In dieser Zeit dürfen alle Teilnehmer der Person auf dem Heißen Stuhl ihre Meinung zum Thema an den Kopf werfen. Zum Beispiel, worüber sich jemand geärgert hat, was nicht funktioniert hat. Auf die Äußerungen reagiert die Person auf dem Heißen Stuhl nicht. Auch der Trainer kommentiert nicht und beteiligt sich auch nicht an den Beschimpfungen, sondern er nimmt eine neutrale und distanzierte Position ein.

Sobald die vereinbarte Zeit abgelaufen ist, beendet die Seminarleitung den Heißen Stuhl. Abschließend wird die Person vom Heißen Stuhl wieder in die Gruppe aufgenommen, indem sie sich in den Kreis zurücksetzt oder durch Umarmung von den Teilnehmern wieder aufgenommen wird.

Der Heiße Stuhl kann zu verschiedenen Themen auch mehrmals hintereinander mit verschiedenen Personen durchgeführt werden.

Anschließend können die Äußerungen zusammen mit dem Trainer analysiert und diskutiert werden. Beispielsweise um bestehende Ängste gegenüber der neuen Software ab-

16.13 Phantasiereise

Abb. 16.4 Heißer Stuhl Durchführung

zubauen oder die anstehenden Umstrukturierungen im Unternehmen besser zu verarbeiten. Die anschließende Abb. 16.4 zeigt den heißen Stuhl graphisch.

16.13 Phantasiereise

Ziel:	Umsetzung und Transfer
Art:	Entspannung oder Abbau von Ängsten
Form:	Gruppenübung
Dauer:	10–15 min
Material:	Eventuell Meditationsmusik, CD-Player oder Kassetten-recorder

16.13.1 Erläuterung

Die Phantasiereise wird eingesetzt, um zu entspannen oder um bestimmte Zukunftsvorstellungen herauszuarbeiten. Damit können auch Ängste vor dem Neuen und Ungewissen abgebaut werden.

Mit einer Phantasiereise werden eigene Bilder auf angebotene Vorstellungen projiziert. Beeinflusst werden diese Bilder und Vorstellungen von der eigenen Lebenssituation, den Erfahrungen und dem eigenen Wohlbefinden. Beispielsweise: Wie geht es einer Person zurzeit? Welche Ängste hat sie? Angeregt wird die Phantasiereise durch Anleitung und das eigene Vorstellungsvermögen.

Von der Seminarleitung werden im Verlauf einer Phantasiereise Impulse und Anregungen gegeben, die von den Teilnehmern in ihrer Phantasiereise aufgenommen und weiterentwickelt werden oder auch nicht. So werden die entstehenden Bilder und Assoziationen bei einer Phantasiereise den Teilnehmern nicht vom Trainer aufoktroyiert. Vielmehr sind die Teilnehmer frei in ihrer Entscheidung, inwieweit sie die Bilder und Impulse der Seminarleitung in ihre Vorstellungen einbauen.

Die Themenschwerpunkte einer Phantasiereise können sehr unterschiedlich sein:

- Wie wird die Zukunft im Unternehmen mit der neuen Software sein? Sehen die Teilnehmer dies optimistisch oder pessimistisch?
- Inwieweit verändern sich die technischen und organisatorischen Abläufe? Besteht davor Angst oder gibt es bei den Mitarbeiterinnen und Mitarbeitern Zuversicht?
- Welche Vision von zukünftigen Softwaretrainings ist vorhanden?

▶ **Tipp** Bevor ein Trainer die Methode Phantasiereise in einem Training einsetzt, ist es sinnvoll, dass er selbst eine angeleitete Phantasiereise erlebt hat.

16.13.2 Durchführung

Zu Beginn bittet der Trainer, dass alle eine ihnen angenehme und bequeme Haltung einnehmen. Am besten ist es, wenn sich die Teilnehmer hinlegen können. Jedoch ist dies häufig aus Platzgründen nicht möglich. Dann setzen sich die Teilnehmer bequem auf einen Stuhl und legen ihren Kopf vor sich in die verschränkten Arme auf dem Tisch. Im Hintergrund kann eine meditative Musik laufen.

In der Anfangsphase einer Phantasiereise, wenn die Methode noch sehr unbekannt ist, ist es häufig noch sehr unruhig und es wird gelacht. Der Trainer wartet dies ab, bis Stille eingekehrt ist. Die Teilnehmer brauchen unterschiedlich lange, bis sie entspannt und bereit für eine Phantasiereise sind.

Anschließend beginnt die Phantasiereise, indem der Trainer den Text langsam und deutlich, mit häufigen Pausen spricht.

Wenn der Text zu Ende ist, legt der Trainer eine kurze Pause ein und führt die Gruppe in die Realität des Raumes zurück.

Dies geschieht beispielsweise durch folgende Aufforderungen des Trainers:

1. Die Phantasiereise ist beendet.
2. Bewegen Sie langsam ihre Hände und Füße.

3. Öffnen Sie die Augen.
4. Strecken und rekeln Sie sich und kommen Sie wieder in unserem Trainingsraum an.

Beispieltext „Nehmen Sie eine bequeme und angenehme Haltung ein.

Schließen Sie die Augen. Korrigieren Sie, falls notwendig nochmals Ihre Haltung. Atmen Sie langsam durch die Nase ein und ruhig durch den Mund aus.

In Ihrer Phantasie sind Sie in einer schönen Stadt. Diese Stadt schauen Sie sich an. Sie bummeln durch die Straßen, über die Plätze und die Cafés. Immer weiter lassen Sie sich durch die Stadt treiben. Plötzlich sehen Sie in der Ferne ein Tor. Sie gehen an dieses Tor heran. (Pause)

Nach einiger Zeit stehen Sie vor dem Tor. Was ist das für ein Tor? Wie ist es beschaffen? Aus welchem Material besteht es? Wie wirkt es auf Sie? Können Sie es öffnen? (Pause)

Sie öffnen das Tor langsam und gelangen in eine neue Welt hinter dem Tor. (Pause)

In dieser neuen Umgebung gehen Sie auf Entdeckungsreise. Vielleicht sind Sie in einem Betrieb oder in einem Wald, auf dem Land oder in einer anderen Stadt. Vielleicht sind dort Menschen oder Fahrzeuge, Maschinen oder auch nicht. Sie können etwas hören und riechen. (Pause und Stille ca. 1–2 min)

Langsam wollen wir wieder zurück. Daher gehen wir gemütlich zum Tor zurück und schauen uns noch einmal die neue Umgebung an. Die Eindrücke dieser neuen Welt versuchen wir uns zu merken. (Pause)

Schließlich schreiten Sie durch das Tor und verschließen es fest hinter sich. Wenn die neu entdeckte Welt schön war, können Sie das Tor jederzeit wieder öffnen. War diese Welt für Sie unangenehm, so bleibt das Tor verschlossen. (Pause)

Wieder in der schönen Stadt gehen Sie den gleichen Weg zurück, den Sie gekommen sind. Schließlich sind Sie wieder an ihrem Ausgangspunkt angekommen. Die Reise ist zu Ende. (Pause)

Bewegen Sie langsam ihre Hände und Füße. Öffnen Sie die Augen. Strecken Sie sich und rekeln Sie sich und kehren Sie langsam wieder in die Realität zurück, in unseren Trainingsraum."

16.13.3 Variante

Direkt im Anschluss an eine Phantasiereise können die Teilnehmer ihre persönlichen Eindrücke auf einen Zettel schreiben oder ein Bild malen. Diese Erlebnisse können dann im Plenum erzählt und besprochen werden. Von dem Trainer können die vielleicht vorhandenen Ängste und Befürchtungen aufgegriffen und herausgearbeitet werden.

16.14 Skulpturen bilden

Ziel:	Auswertung
Art:	Stimmung der Gruppe erfassen
Form:	Gruppenarbeit
Dauer:	Ca. 30–50 min
Material:	Evtl. ein Beobachtungsbogen

Aus den Eindrücken, die die Teilnehmer in Laufe der Schulung gesammelt haben, wird eine Skulptur aus lebenden Personen gebildet.

16.14.1 Durchführung

Zur Durchführung wird Platz benötigt. Die Aufgabe der Teilnehmer besteht darin, durch die Skulpturen beziehungsweise mit dem Standbild das Training zu visualisieren. Welche Gesamtskulptur dargestellt wird, bleibt der Gruppe überlassen. Die Gruppe bestimmt einen Regisseur.

Die Skulptur wird Schritt für Schritt aufgebaut. Bis auf den Regisseur sind alle passiv. Der Regisseur bestimmt die Körperhaltungen, Gesichtsausdrücke oder den Standort der einzelnen Personen.

Im Verlauf des Aufbaus wird nicht gesprochen. Sobald die Komposition fertig ist, erstarren alle für ca. 30 s.

Anschließend erklärt der Regisseur seine Eindrücke und sein Arrangement. Danach berichten die Teilnehmer von ihren Erfahrungen und die Beobachter beschreiben, was sie gesehen, was ihnen aufgefallen ist.

Variante 1

Statt eines Regisseurs bestimmen die Teilnehmer, welche Position und welchen Gesichtsausdruck sie innerhalb der Skulptur oder des Bildes einnehmen möchten.

Variante 2

Es können verschiedene Skulpturen oder auch eine Bildfolge von der Gruppe dargestellt werden. Falls dies mit Hilfe eines Regisseurs durchgeführt wird, kann bei jeder neuen Komposition ein neuer Baumeister bestimmt werden.

16.15 Assoziationen mit einem Foto oder einem Bild

Ziel:	Auswertung
Art:	Stimmung der Gruppe erfassen
Form:	Gruppenarbeit
Dauer:	Ca. 30 min oder pro Person ca. 2–3 min
Material:	Fotos oder Bilder

16.15 Assoziationen mit einem Foto oder einem Bild

16.15.1 Durchführung

Bei dieser Methode werden die Seminareindrücke anhand von Fotos und Bildern thematisiert. Die Fotos drücken unterschiedliche Gefühle und Stimmungen aus. Die Teilnehmer und die Trainer suchen sich ein Motiv heraus, das am ehesten die eigenen Eindrücke des Trainings wiedergibt. Anschließend erläutern alle, warum sie sich für dieses Motiv entschieden haben, welche Eindrücke sie mit dem Training und der Darstellung verbinden. Es können sich auch mehrere Gruppenmitglieder für ein Bild oder Foto entscheiden.

▸ **Hinweis** Vielen Teilnehmern fällt es leichter, mit Hilfe von Bildern ihre Eindrücke und Aspekte wiederzugeben, als mit ausschließlich sprachlichen Auswertungsmethoden.

Variante 1
Die Gruppe bildet einen Stuhlkreis und in die Mitte legt der Trainer ein großes Bild oder Foto. Es ist eine Darstellung, die als Metapher für das Training steht und eher ungewöhnlich und unerwartet für die Teilnehmer ist. An die Gruppe werden Blätter und Stifte ausgeteilt. Jeder Teilnehmer schreibt seine Ideen, Assoziationen zu dem Bild auf. Anschließend wird im Plenum über die Assoziationen gesprochen.

Variante 2
Bei dieser Variante sammelt die Seminarleitung die Blätter ein und hängt sie an eine Pinnwand. Anschließend diskutiert die Gruppe in Form eines Seminargesprächs die gesammelten Aussagen.

17 Anmoderation von Warm-ups und Events

Spiele sind keine Unterbrechung, sondern ein wichtiger Teil des Lernprozesses. Die meisten Erwachsenen haben vergessen, wie sie spielend lernen können und stehen Events oder Warm-ups im Seminar zu Anfang eher skeptisch gegenüber. Mit dem Begriff „Spiel" verbinden viele Menschen einen angenehmen Zeitvertreib nach Feierabend. Spielen ist quasi das Gegenteil von Arbeit: „Erst die Arbeit, dann das Vergnügen". In einer ernst zu nehmenden IT-Schulung gibt es keine Spiele. Kündigen Sie ein Lernspiel an und Sie riskieren, dass die Übung von den Teilnehmern als Kinderkram abgetan und blockiert wird. Meistens beteiligen sich alle eifrig, wenn man angefangen hat zu spielen. Bei der Anmoderation von Events und Warm-ups sollte Folgendes beachtet werden:

Einen inhaltlichen Zusammenhang herstellen Die Teilnehmer sind leichter zu motivieren, wenn sie einen Zusammenhang zwischen dem Event oder Warm-up und dem eigenen Lernerfolg sehen. Daher ist die Anmoderation sehr wichtig.

Beispielsweise: *„Genauso wie wir uns vor dem Sport aufwärmen, braucht auch unser Gehirn eine gewisse Vorlaufzeit, deshalb machen wir jetzt ein Warm-up."* „*Wir kommen nun zum großen Finale und werden mit dem „Großen Preis" die wichtigsten Lerninhalte wiederholen."*

Nicht fragen, sondern anfangen[1] Beginnen Sie diese Übungsteile genauso selbstverständlich wie alle anderen. Sie werden die Teilnehmer in der Regel mitziehen.

Natürlich ist es immer wichtig, die Gruppe in die Gestaltung des Seminars mit einzubeziehen. Wenn Sie allerdings eine übungsungewohnte Gruppe fragen, ob Sie Lust auf ein Warm-up oder einen Event hätten, riskieren Sie in der Regel ein „Nein". Trotzdem haben

---

[1] Vgl. Funcke et al. (2010⁵). Rezeptbuch für lebendiges Training. Bonn.

die meisten Gruppen sehr viel Spaß an den Warm-ups und Events, wenn Sie einmal damit begonnen haben.

Auf die Verpackung kommt es ebenfalls an. Nennen Sie die Spiele nicht Spiele, sondern lieber Übungen oder Methoden, so ersparen Sie sich unnötige Diskussionen.

Trainer machen mit Nehmen Sie selber an dem Warm-up oder dem Event teil. Keine Gruppe übt gerne, wenn der Trainer zuschaut. Wenn in einem Trainertandem gearbeitet wird, kann sich das Team auch aufteilen: Einer ist der Moderator und Leiter des Warm-ups, der andere ist ein Gruppenmitglied. Bei einem Event kann die zweite Person auch die Funktion eines Schiedsrichters oder Punktestandverwalters einnehmen. Die Haltung und Einstellung des Trainers überträgt sich auf die Gruppe. Wenn Sie Spaß am Spielen haben, überträgt sich die Spielfreude auch auf die Gruppe. Sind Sie als Trainer dagegen unsicher, wird auch die Gruppe unsicher werden und nur zögernd oder gar nicht mitmachen.

17.1 Tipps für die Anmoderation

- Kündigen Sie die Warm-ups beziehungsweise ein Event niemals als „Spiel" an.
- Sinn und Zweck des Spiels erklären.
- Übungsziel, Aktionsanfang und -ende klar benennen.
- Klare Spielregeln festlegen.
- Einfache und kurze Sätze bilden.
- Vergewissern Sie sich, ob alle das Spiel verstanden haben. Führen Sie eventuell eine Proberunde durch.

17.1.1 Stolperfallen bei der Moderation von Warm-ups und Events

Folgende „Moderationsunarten" sollten vermieden werden:

- Das Event oder Warm-up läuft genau so ab, wie es sich der Trainer vorher überlegt hat.
- Alle Anregungen der Teilnehmer werden abgeblockt. Dabei besteht die Gefahr, dass nicht mehr das Warm-up oder das Event im Mittelpunkt steht, sondern die Auseinandersetzung, ob der Trainer oder die Teilnehmer sich durchsetzen.
- Spielen ohne Rücksicht auf Verluste.

Bei einer solchen Moderation verlieren die Teilnehmer die Lust und machen nicht mehr mit.

(Quelle: Shutterstock 151723301)

17.2 Anfang und Ende

Viele Warm-ups und Events haben eine festgesetzte Übungszeit und enden, wenn diese abgelaufen ist. Andere Warm-ups und Events sind zu Ende, wenn eine bestimmte Aufgabe erfüllt ist. Einige Übungen haben dagegen keinen vorab festgelegten Schlusspunkt. Diese Warm-ups beziehungsweise Events müssen explizit durch die Seminarleitung beendet werden, zum Beispiel, wenn alle mit Spaß aktiv an der Übung teilnehmen und so die Aufnahmebereitschaft für neuen Lernstoff wiederhergestellt ist. Das Ende der Übung ist in diesem Falle eine Sache des Gefühls der Seminarleitung. Grundsätzlich gilt aber: Nicht zu lange ein Warm-up beziehungsweise Event durchführen, sondern aufhören, wenn es am schönsten ist.

Warm-ups

18.1 Einführung

Eine typische Trainingssituation nach der Mittagspause sieht folgendermaßen aus: Die Trainer kommen abgehetzt in den Raum, nachdem sie auf dem Gang noch technische Fragen geklärt haben. Die Teilnehmer trudeln nach und nach ein. Frau Bommer ist noch nicht da und wird wohl wie immer zu spät kommen. Trotzdem fangen die Trainer mit dem Nachmittagsprogramm an. Herr Baumann hat das zwar bemerkt, holt sich aber trotzdem noch schnell die Milch vom Kaffeetisch. Die letzte Reihe dämmert nach dem Essen noch vor sich hin und hat noch nicht mitbekommen, dass das Training bereits wieder angefangen hat.

Nach der Mittagspause oder langen Lernphasen befinden sich Teilnehmer und Trainer in einem Konzentrations- und Motivationstief. Die Aufnahmebereitschaft und die Lernfähigkeit müssen erst wieder hergestellt werden. Dazu eignen sich sogenannte Warm-ups – kleine Aufwärmübungen.

Warm-ups sind Bewegungsübungen oder Denkübungen. Thematisch hat das Warm-up in den meisten Fällen nichts mit dem Trainingsinhalt zu tun. Mit Hilfe des Warm-ups kann die Gruppe inhaltlich kurz abschalten. Durch diese kurze Ablenkung wird die Gruppe aktiviert und für den neuen Lerninhalt motiviert. Die Einstiegsphase, in der die Gruppe meistens noch unkonzentriert ist, kann so positiv genutzt werden. Auch nach langen Lerneinheiten können Warm-ups eingesetzt werden. Bleiben die Teilnehmer nach einer Lernphase in der Pause passiv, sinken sie häufig in sich zusammen und stellen fest, wie müde sie bereits sind. Bei einem Warm-up kommt die Gruppe wieder in Schwung.

Nicht jedes Warm-up passt zu jeder Gruppe. Einige Gruppen bevorzugen die eher aktionsreichen Warm-ups, andere Gruppen mögen lieber die etwas „ruhigeren" Warm-ups, wie beispielsweise die Denksportübungen.

Beim Einsatz eines Warm-ups ist zu überlegen, ob es sich für den ersten Seminartag eignet oder erst am zweiten oder dritten Trainingstag eingesetzt wird, wenn sich die Gruppe schon näher kennt. Warm-ups, bei denen sich die einzelnen Teilnehmer die Hand geben oder sich gegenseitig berühren, sollten erst später eingesetzt werden. Die Methode kann mehrmals an einem Trainingstag eingesetzt werden. Warm-ups lockern und entspannen die Atmosphäre im Training.

18.2 Warm-ups mit Bewegung

18.2.1 Alltag im Unternehmen

Ziel:	Aufwärmen nach Pausen
Art:	Bewegungsübung
Form:	Gesamtgruppe
Dauer:	15 min
Material:	2 verschiedene Bälle, 1 Flasche

Durchführung Die Teilnehmer stellen sich im Kreis auf.

1. Runde In der ersten Runde wird der Ball von einem Teilnehmer zum nächsten weitergeworfen. Dieser Ball stellt den Alltag des Unternehmens dar. Alle merken sich, von wem sie den Ball bekommen und an wen sie den Ball weitergeworfen haben. Wer bereits an der Reihe war, verschränkt die Arme, so dass er nicht ein zweites Mal den Ball erhält. Sobald alle Teilnehmer den Ball einmal gefangen haben, wirft der letzte den Ball an den Trainer zurück.

2. Runde Die Teilnehmer werfen sich den Ball zu und behalten dabei die Reihenfolge der ersten Runde bei. Der Ball stellt den Alltag des Unternehmens mit dem immer gleichen Trott dar. Nach einigen Runden kommt der Dienstweg hinzu. Der Dienstweg ist eine Flasche, die im Kreis links herum weitergereicht wird. Wie im Leben bewegt sich ein Fall auf dem Dienstweg mühsam von einem Zuständigen zum nächsten. Gleichzeitig läuft der Alltag des Unternehmens weiter. Nach einigen Runden werden allseits beliebte Sonderaufgaben vergeben. Dazu wird ein weiterer größerer Ball eingeführt. Sonderaufgaben können einen zu jeder Zeit treffen und werden nicht in einer festgelegten Reihenfolge geworfen. Dieser Ball wird in beliebiger Reihenfolge von einem Teilnehmer zum anderen weiter geworfen. Nach ein paar weiteren Runden ist das Warm-up zu Ende. Der Trainer nimmt dazu die Gegenstände, die bei ihm ankommen, aus dem Warm-up.

Erweiterung Als Erweiterung kann die Abteilungsumstrukturierung eingeführt werden. Bei einer Umstrukturierung müssen die Teilnehmer die Plätze wechseln. Die Umstrukturierung kann von allen angeordnet werden. Wenn einer der Teilnehmer einmal in die Hände klatscht, wird die Abteilung umstrukturiert. Alle Braunhaarigen (oder alle Brillenträger, Männer) wechseln die Plätze.

Die Schwierigkeit besteht darin, die Wurfreihenfolge des Alltages beizubehalten. Klatscht einer der Teilnehmer zweimal in die Hände, wechseln alle, die keine braunen Haare haben (oder alle Frauen), die Plätze.

18.2.2 Strom

Ziel:	Aufwärmen nach Pausen
Art:	Bewegungsübung
Form:	Gesamtgruppe
Dauer:	15 min
Material:	keins

Durchführung Die Teilnehmer stehen im Kreis und geben sich den „Strom" gegenseitig weiter. Dazu klatschen sie in die Hände und geben so den Strom von einem zum anderen weiter. Klatscht eine Person 2-mal in die Hände, ändert der Strom die Richtung, das heißt, wenn der Strom vorher linksherum weitergegeben wurde, läuft er nun rechtsherum. Mit überkreuzten Armen kann der Strom abgeblockt werden. Die Person, die den Strom weitergeben wollte, muss ihn zurücknehmen und ihn in eine andere Richtung weitergeben. Durch Werfen kann der Strom auch an einen beliebigen Teilnehmer weitergegeben werden.

Nach einer Proberunde scheidet derjenige aus, der einen Fehler macht.

18.2.3 Schatzsuche

Ziel:	Kooperation, Kennenlernen
Art:	Warm-up
Form:	Bewegungsspiel
Dauer:	10–15 min
Material:	Augenbinde, Schatz, Stuhl

Alle Teilnehmer sind Mitglieder einer Piratencrew und haben die letzte Nacht trinkend in einer übel, beleumundeten Spelunke verbracht. Allerdings müssen die Piraten heute noch den Schatz finden, den die Trainer im Raum versteckt haben. Die Nachwirkungen des

Gelages sind so verehrend, dass diese Schatzsuche nur unter erschwerten Bedingungen stattfinden kann:

Die Matrosen haben alle Gleichgewichtsstörungen und können keinen Ton mehr sagen. Sie müssen am Strand bleiben, sind stumm und können nur noch gestikulieren. Der Strand ist ein Teil des Raumes.

Der Admiral war nicht beim Gelage. Er ist deswegen fit und kann sprechen. Allerdings kann er nicht mehr laufen und sitzt direkt vor der Crew auf einem Stuhl am Strand. Jedoch sitzt er mit dem Gesicht zur Crew. Aufgrund einer Nackenversteifung, kann und darf er nur geradeaus schauen.

So bleibt es dem jungen Kapitän überlassen, den Schatz zu finden. Er hat wenig getrunken und sowohl sich bewegen als auch sprechen. Allerdings hat er sich im letzen Gefecht eine Augenverletzung zugezogen, so dass er nichts mehr sieht kann (bitte eine Augenbinde dem Kapitän anlegen). Jedoch kann er den Schatz suchen, ertasten.

Hilfe kommt dazu von der Crew mit Gesten. Sie deutet an, wo der Schatz versteckt ist. Der Admiral muss versuchen, diese Gesten in Worte zu übersetzen und der Kapitän schließlich versucht diese Aufträge ausführen.

18.2.4 Programmierer

Ziel:	Kooperation, Koordination
Art:	Warm-up
Form:	Bewegungsspiel
Dauer:	10–15 min
Material:	keins

Unterteilt wird die Gruppe in jeweils 3 Personen. Drei Teilnehmer arbeiten zusammen. Einer der drei Teilnehmer steuert als Programmierer die beiden anderen, die Roboter sind. Die beiden Roboter stehen Rücken an Rücken. Wenn sie keine anderen Befehle bekommen, gehen sie stur geradeaus, sie stoppen nur, wenn sie an ein Hindernis stoßen.

Der Programmierer kann durch klopfen auf die Schultern der beiden Roboter deren Laufrichtung um 90° ändern. Er muss die Roboter so programmieren, dass sie sich in die Arme laufen. Bei einem Zusammenstoß mit einem anderen Roboter bleibt der Roboter stehen.

Wenn sich die richtigen Roboter gefunden haben, können die Rollen getauscht werden.

18.2.5 Hände klopfen

Ziel:	Aufwärmen nach Pausen
Art:	Bewegungsübung
Form:	Gesamtgruppe
Dauer:	15 min
Material:	Tisch und Stühle

Durchführung Die Teilnehmer sitzen an einem Tisch. Zuerst werden die Hände so auf den Tisch gelegt, dass alle die Hände mit ihrem linken beziehungsweise rechten Nachbarn kreuzen, so dass zwischen ihren eigenen Händen jeweils eine Hand des Nachbarn liegt. Eine Person beginnt mit einer Hand auf den Tisch zu klopfen. Als nächstes ist die Person an der Reihe, deren Hand daneben auf dem Tisch liegt. Anschließend klopft die nächste Hand usw. Eine Änderung der Richtung erfolgt durch zweimaliges Klopfen.

Nach einer Proberunde beginnt das Warm-up. Sobald jemand falsch klopft oder vergisst zu klopfen, scheidet die entsprechende Hand aus.

Die Person, die am Ende noch eine oder zwei Hände auf dem Tisch hat, gewinnt.

18.2.6 Ballongefecht

Ziel:	Motivation nach Pausen
Art:	Bewegungsübung
Form:	Gesamtgruppe (mindestens 8 Teilnehmer)
Dauer:	10 min
Material:	Luftballons

Durchführung Zwei Teilnehmer bilden ein Team. Jeder Teilnehmer bekommt einen Luftballon. Die Teams haken sich unter. Danach treten die Teams gegeneinander an. Ziel der Teams ist es, möglichst viele Luftballons der Gegner zum Platzen zu bringen. Dabei darf sich das Team nicht trennen. Weitere Hilfsgegenstände dürfen nicht verwendet werden und die Teams dürfen sich nicht weiter als einen Meter voneinander entfernen.

Variante Jeweils zwei Teams treten gegeneinander an. Es wird so lange gespielt, bis nur noch ein Team als Sieger übrig ist.

18.2.7 Bleistiftstafette

Ziel:	Aufwärmen nach Pausen, Teambildung
Art:	Bewegungsübung
Form:	Gesamtgruppe (mindestens 8 Teilnehmer)
Dauer:	10 min
Material:	Drei gleichlange Bleistifte

Durchführung Am Anfang stellen sich die Teilnehmer im Kreis auf. Eine Person hält jeweils einen Bleistift in jeder Hand. Über diese beiden Stifte wird der dritte Stift gelegt. Die Bleistifte müssen nun von einem zu anderen weitergegeben werden, ohne dass sie zu Boden fallen.

Wer einen Stift fallen lässt, scheidet aus. Gewonnen hat die Person, die am Ende übrig bleibt.

Variante Zwei Teams treten gegeneinander an. Für beide Teams wird eine Start- und Ziellinie markiert. Gewonnen hat das Team, das seine Bleistifte als erstes über diese Distanz transportiert hat. Auf der Strecke müssen alle Teammitglieder die Bleistifte in der Hand gehabt haben. Fällt der Bleistift, muss das Team wieder am Ausgangspunkt anfangen.

(Quelle: Shutterstock 6485770).

18.2.8 Schlangenbändiger

Ziel:	Aktivierung nach der Pause
Art:	Bewegungsübung/Konzentrationsübung
Form:	Gesamtgruppe
Dauer:	1 min
Material:	eine Stoppuhr, pro Teilnehmer eine Papierserviette oder ein DIN-A4-Blatt

Durchführung Die Teilnehmer stellen sich im Kreis auf. Alle bekommen eine Papierserviette oder ein DIN-A4-Blatt. Jeder hat eine Minute Zeit, daraus eine möglichst lange Schlange zu reißen. Wer die längste Schlange reißt, hat gewonnen.

18.2.9 Mille Piede (Der Tausendfüßler)

Ziel:	Teambildung, Auflockerung des Trainings
Art:	Bewegungsübung
Form:	Gesamtgruppe (mindestens 8 Teilnehmer)
Dauer:	10 min
Material:	Keines

Durchführung Die Teilnehmer stellen sich wie bei einer Polonäse im Kreis auf und legen die Hände auf die Schultern ihres Vordermannes. Damit die Übung gelingt, muss der Kreis möglichst eng sein, alle müssen ganz dicht an ihrem vorderen und hinteren Partner stehen. Auf ein Kommando setzen sich alle gleichzeitig auf die Knie des hinteren Partners. Sitzen alle im Kreis, so heben sie auf ein Kommando erst das rechte und dann das linke Bein usw. „Der Tausendfüßler" setzt sich in Bewegung. Falls der Gruppe dieses Experiment nicht gleich beim ersten Mal gelingt, kann die Übung noch beliebig oft wiederholt werden.

In der Regel fallen die meisten Tausendfüßler bereits bei dem Kommando, sich auf die Knie des hinteren Partners zu setzen, um.

Dieses Warm-up sollte erst eingesetzt werden, wenn sich die Gruppe schon kennt und die Atmosphäre im Training entspannt ist.

18.2.10 Steinchen, Steinchen du musst wandern

Ziel:	Auflockerung
Art:	Bewegungsübung/Konzentrationsübung
Form:	Gesamtgruppe
Dauer:	15 min
Material:	ein Steinchen

Durchführung Die Teilnehmer stehen in einem Kreis, zwischen ihnen bleibt eine Armlänge Abstand. Alle halten die Hände hinter den Rücken. In der Mitte des Kreises steht eine weitere Person. Die Gruppe muss nun versuchen einen Stein weiterzugeben, ohne dass die Person in der Mitte merkt, bei wem sich der Stein gerade befindet. Hat diese einen Verdacht, wer den Stein haben könnte, darf sie diese Person auffordern die Hände vorzuzeigen. Hat diese Person tatsächlich den Stein, muss sie in die Mitte.

Variante Einfacher ist es, wenn ein weiterer Stein in Umlauf gebracht wird. Es kann vereinbart werden, dass nach drei Fehlversuchen die Person als nächstes in die Mitte geht, die den Stein zu diesem Zeitpunkt tatsächlich hat.

18.2.11 Koordinationsübungen

Ziel:	Auflockerung, Gehirntraining
Art:	Bewegungsübung/Konzentrationsübung
Form:	Gesamtgruppe
Dauer:	5–15 min
Material:	Buchstabenkarten in DIN-A4-Format

Durchführung Es werden Zweierteams gebildet. Alle Paare stehen sich gegenüber. Einer der Partner bekommt die Buchstabentafel und muss sie so halten, dass der andere sie gut lesen kann. Die Karte besteht aus zwei Reihen. Die obere Buchstabenreihe muss laut vorgelesen werden. In der unteren Reihe stehen die Buchstaben stehen jeweils für eine bestimmte Bewegung. Der eine Partner muss nun den Buchstaben in der oberen Reihe vorlesen und dazu gleichzeitig die Bewegung machen, die der Buchstabe der unteren Reihe vorgibt. Wenn einer der beiden Partner fertig ist, wird gewechselt.

Die Bedeutung der Buchstaben in der unteren Reihe:

- L = linken Arm heben
- R = rechten Arm heben
- B = beide Arme heben

18.3 Denksport-Warm-ups

Tab. 18.1 Kapitel Durchführung Koordinatenübung

T	N	L	A	E
L	R	B	R	B
G	Z	H	R	K
L	L	R	B	R
K	L	M	B	K
L	R	B	L	R
Ö	R	R	S	U
B	R	L	R	B
A	F	R	X	Y
B	R	L	R	R
N	P	Q	R	S
B	L	B	L	B

In der Tab. 18.1 gibt es ein Beispiel für eine Koordinatenübung.

18.3 Denksport-Warm-ups

18.3.1 Bis zehn zählen

Ziel:	Motivation nach dem Essen
Art:	Konzentrationsübung/Bewegungsübung
Form:	Gesamtgruppe (mindestens 5 Teilnehmer)
Dauer:	5 min
Material:	keines

Durchführung Alle Teilnehmer stellen sich im Kreis auf. Aufgabe der Gruppe ist es, nacheinander von 1–10 zu zählen. Es gelten folgende Regeln:

1. Es darf immer nur eine Person reden. Sobald zwei oder mehr Personen gleichzeitig sprechen, ist der Versuch ungültig und es muss wieder von vorne begonnen werden.
2. Es darf kein festes Muster beim Sprechen geben (zum Beispiel der Reihe nach).
3. Die Teilnehmer dürfen sich nicht absprechen, weder verbal noch nonverbal.

Einige Gruppen schaffen die Übung innerhalb sehr kurzer Zeit, andere benötigen bis zu fünf Anläufe, bis es funktioniert.

Variante Die Gruppe buchstabiert bestimmte Wörter.

18.3.2 Booz – Peng

Ziel:	Aufwärmen nach Pausen
Art:	Denksportübung
Form:	Gesamtgruppe
Dauer:	15 min
Material:	keins

Durchführung Alle stehen im Kreis und einer nach dem anderen zählt laut, eins, zwei, drei usw. Besondere Regeln gelten für die Zahlen 5 und 7 sowie deren Multiplikatoren. Alle Zahlen, in denen die Zahl 5 enthalten ist oder die durch 5 teilbar sind, werden nicht genannt, sondern durch „Booz" ersetzt. Zum Beispiel: 1, 2, 3, 4, „Booz", 6 usw. Das Gleiche gilt für alle Zahlen, in denen die 7 enthalten ist oder die durch 7 teilbar sind. Diese werden durch „Peng" ersetzt. Zum Beispiel: 1, 2, 3, 4, „Booz", 6 „Peng", 8, 9, „Booz", 11 etc.

Enthalten Zahlen sowohl die Zahl 5 als auch die Zahl 7 beziehungsweise sind durch beide Zahlen teilbar, werden diese durch „Booz-Peng" ersetzt. Beispielsweise: 32, 33, 34, Booz-Peng, 36 usw.

Nach einer Proberunde beginnt die Übung. Sobald eine Person einen Fehler macht, scheidet sie aus.

Gewonnen haben die beiden Personen oder die Person, die am Ende übrig bleibt.

Variante Anstatt immer weiter zu zählen, kann auch nach einem Fehler wieder von vorne gezählt und mit 1, 2, 3 begonnen werden.

18.3.3 Löffel lesen

Ziel:	Aufwärmen nach Pausen
Art:	Denksportübung
Form:	Gesamtgruppe
Dauer:	15 min
Material:	10 Löffel

Durchführung Eine Person oder ein Trainer legt verschiedene Löffel auf den Tisch und behauptet den Namen eines Teilnehmers schreiben zu können. Die Gruppe muss erraten, wessen Name geschrieben wurde beziehungsweise wie das Löffelschreiben funktioniert.

Lösung Der Name kann nicht an der Anordnung der Löffel abgelesen werden, die Löffel werden völlig willkürlich auf dem Tisch verteilt. Vielmehr liegt die Lösung in der Körperhaltung des Teilnehmers beziehungsweise des Trainers. Dieser imitiert die Gestik beziehungsweise Haltung der Person, deren Name geschrieben wird. Hat diese Person die Arme verschränkt, verschränkt der Löffelschreiber seine Arme ebenfalls. Anhand dieser Gestik lässt sich der Name erkennen.

Variante Der Löffelschreiber weiht eine Person ein. Diese kann den anderen Tipps geben. Leichter erkannt wird das System, wenn die Namen häufig gewechselt werden. Jedoch werden die jeweiligen neuen Schreibversuche vorher angekündigt.

18.3.4 Der Spion

Ziel:	Neue Motivation im Training
Art:	Konzentrationsübung
Form:	Die Teilnehmer arbeiten alleine oder als Tandem
Dauer:	10–15 min
Material:	Aufgabenblatt

Durchführung Das folgende Rätsel wird entweder laut vorgelesen oder auf einem Blatt ausgeteilt. Alleine oder in der Gruppe versuchen die Teilnehmer, das Rätsel zu lösen. Es wird eine bestimmte Zeit zur Lösung vereinbart. Wenn die Zeit um ist, wird die Lösung im Plenum vorgestellt.

Das Rätsel Ein Spion will sich in die Stadt einschmuggeln, muss dazu aber erst an den Wächtern am Stadttor vorbei. Doch niemand kommt ohne das richtige Losungswort in die Stadt. Um an das Losungswort zu kommen, versteckt sich der Spion hinter einer Ulme und beobachtet das Treiben vor dem Tor. Als erstes kommt ein dicker Mönch. Einer der Wächter sagt: „16", worauf der Mönch schlicht erwidert: „8". Dann kommt ein Bauer. Ein Wächter sagt: „28" und der Bauer antwortet: „14". Als ein Händler kommt, ist die Frage „8" und bekommt als Antwort: „4". Alle dürfen passieren. „Ach so ist das also", denkt der Spion und antwortet auf des Torwächters Frage: „22" lässig „11" und wird umgehend verhaftet und eingekerkert. Was hätte er sagen müssen?

Lösung Er hätte „14" sagen müssen! Die Anzahl der Buchstaben bildet das Losungswort. Die ausgeschriebene Zahl „Sechzehn" besteht aus 8 Buchstaben (Mönch), die „Achtundzwanzig" aus 14 Buchstaben (Bauer), die „Acht" aus 4 Buchstaben (Händler) und die „Zweiundzwanzig" aus 14 (Spion).

18.3.5 Ritter oder Schurke?

Ziel:	Aufwärmen nach Pausen
Art:	Denksportübung
Form:	Kleingruppen oder Einzelübung
Dauer:	5–15 min
Material:	evtl. Flipchart

Durchführung Das folgende Rätsel wird laut vorgelesen. Die Teilnehmer versuchen alleine oder in Gruppen das Rätsel zu lösen. Wenn die Zeit um ist, wird die Lösung im Plenum vorgestellt.

Das Rätsel Während einer Geschäftsreise kommen Sie auf eine einsame Insel. Diese Insel wird von Rittern und Schurken bewohnt. Die Eigenschaft der Ritter ist es, immer die Wahrheit zu sagen, während die Schurken immer lügen. Auf der Insel begegnen Sie drei Personen. Sie fragen die erste Person: „Was bist du, Ritter oder Schurke?" Leider geht ein starker Wind, so dass Sie die Antwort der ersten Person nicht verstehen können. Sie wenden sich an den zweiten: „Was hat der eben gesagt?" Die zweite Person antwortet „Er hat gesagt, er sei ein Schurke!" Daraufhin mischt sich die dritte Person mit der Bemerkung ein: „Glaub' ihm nicht, er lügt." Ihre Aufgabe ist es herauszufinden, ob es sich bei der dritten und der zweiten Person um einen Ritter oder um einen Schurken handelt.

Lösung Bei der dritten Person handelt es sich um einen Ritter, bei der zweiten um einen Schurken. Diese Lösung ergibt sich aus der Antwort der ersten Person, die nicht genau zu verstehen war. Handelt es sich bei dieser Person um einen Ritter, beantwortet sie die erste Frage „Bist Du Ritter oder Schurke" wahrheitsgemäß mit „Ich bin ein Ritter". Ist die erste Person ein Schurke, wird sie bei der Antwort auf die erste Frage lügen und damit ebenfalls antworten „Ich bin ein Ritter". Die erste Antwort ist also in beiden Fälle „Ritter", daraus kann man das Wesen der beiden übrigen Personen ableiten. Die zweite Person hat in ihrer Antwort gelogen und ist folglich ein Schurke, während die dritte Person die Wahrheit sagte und damit ein Ritter ist.

18.3.6 An der Wegkreuzung

Ziel:	Aufwärmen nach Pausen
Art:	Denksportübung
Form:	Kleingruppen oder Einzelübung
Dauer:	15 min
Material:	Keins

Durchführung Das folgende Rätsel wird laut vorgelesen. Die Teilnehmer versuchen alleine oder in Gruppen das Rätsel zu lösen. Wenn die Zeit um ist, wird die Lösung im Plenum vorgestellt.

Das Rätsel Sie sind mit dem Fahrrad unterwegs um sich um 15 Uhr mit Ihrer neuesten Eroberung im Ausflugslokal „Zur Laube" zu treffen. Es ist schon 14.45 Uhr und plötzlich stoßen Sie auf eine Weggabelung. Welcher Weg ist der richtige? An der Gabelung stehen zwei Personen. Die eine Person lügt immer, die andere Person sagt immer die Wahrheit. Sie dürfen nur eine einzige Frage an eine der beiden Personen stellen um den richtigen Weg herauszufinden. Wie lautet die Frage?

Lösung Die Frage lautet: „Welchen Weg würde der andere mir nicht empfehlen?". Um die Lösung zu erläutern nehmen Sie an, dass der linke Weg der richtige sei. In diesem Falle lautet die Antwort des Lügners auf die Frage „Welchen Weg würde der andere mir nicht empfehlen?", „links". Der Lügner macht eine Aussage über die Antwort desjenigen, der die Wahrheit sagt. Derjenige, der die Wahrheit sagt, würde den rechten Weg nicht empfehlen, da dieser in die Irre führt. Da aber der Lügner die Aussage des Wahrsagenden nicht richtig wiedergeben kann, sondern lügen muss, antwortet er mit dem Gegenteil und sagt also links.

Auch der Wahrsagende antwortet mit: „links". Er macht eine Aussage über die Antwort des Lügners. Der Lügner würde nicht den richtigen Weg empfehlen also nicht links sagen. Der Wahrsagende macht eine richtige Aussage über die Antwort des Lügners, sagt also ebenfalls „links". Lügner und Wahrsager geben auf die Frage „Welchen Weg würde der andere mir nicht empfehlen?" dieselbe Antwort.

18.3.7 Das Bonbonrätsel

Ziel:	Aufwärmen nach Pausen
Art:	Konzentrationsübung
Form:	Die Teilnehmer arbeiten alleine oder als Tandem an ihrem Platz
Dauer:	10–15 min
Material:	Aufgabenblatt

Durchführung Das folgende Rätsel wird laut vorgelesen. In Gruppen oder alleine versuchen die Teilnehmer das Rätsel zu lösen. Wenn die Zeit um ist, wird die Lösung im Plenum vorgestellt.

Das Rätsel Drei rote und drei grüne Bonbons sind auf drei Schachteln verteilt. Jede Schachtel enthält zwei Bonbons.

Tab. 18.2 Bonbonrätsel

Aufschrift	Inhalt Möglichkeit 1	Inhalt Möglichkeit 2
GG	RR	RG
GR	GG	RR
RR	RG	GG

Die Schachteln sind mit der Aufschrift GG (Grün + Grün), GR (Grün + Rot) und RR (Rot + Rot) gekennzeichnet. Die Aufschrift stimmt jedoch in keinem Fall mit dem Inhalt der Schachtel überein, das heißt, in einer Schachtel ist niemals das drin, was draufsteht.

Sie dürfen eine Schachtel auswählen. Mit verbundenen Augen dürfen Sie dieser Schachtel ein Bonbon entnehmen. Nach dem Schließen der Schachtel dürfen sie die Augenbinde abnehmen. Aus welcher Schachtel müssen sie ein Bonbon entnehmen, um danach den Inhalt aller Schachteln angeben zu können?

Lösung Die Schachteln können die folgenden Kombinationen, wie in der Tab. 18.2 enthalten:

Sie wählen die Schachtel GR aus. In dieser Schachtel sind entweder zwei grüne oder nur rote Bonbons. Sicher können Sie also aus der ersten Schachtel ein Bonbon nehmen und auch das zweite und damit auf die weiteren Schachteln schließen.

1. Möglichkeit Sie ziehen aus der Schachtel ein grünes Bonbon. Da es insgesamt nur 3 grüne Bonbons gibt müssen in der Schachtel, die mit RR beschriftet ist ein rotes und ein grünes Bonbon sein. Für die letzte Schachtel (GG) bleiben damit nur noch zwei rote Leckereien übrig.

2. Möglichkeit Wenn sie aus dieser Schachtel ein rotes Bonbon ziehen, ist ein weiteres rotes drin. Das es insgesamt nur 3 rote Bonbons gibt, müssen in der Schachtel, die mit GG beschriftet ist ein rotes und ein grünes Bonbon sein. Für die letzte Dose (RR) bleiben dann nur noch grüne Bonbons übrig.

18.3.8 Auf der Flucht vor den Velociraptoren

Ziel:	Aufwärmen nach Pausen
Art:	Denksportübung
Form:	Kleingruppen oder Einzelübung
Dauer:	15 min
Material:	Aufgabenblatt

Durchführung Das folgende Rätsel wird entweder laut vorgelesen oder auf einem Blatt ausgeteilt. Die Teilnehmer versuchen alleine oder in Gruppen das Rätsel zu lösen. Es wird eine bestimmte Zeit zur Lösung vereinbart. Wenn die Zeit um ist, wird die Lösung im Plenum vorgestellt.

Das Rätsel

Zu den wildesten Räubern der späten Kreidezeit vor 84–80 Mio. Jahren gehörte der Velociraptor (Velociraptor mongoliensis). Sein deutscher Name ist „der schnelle Plünderer". Er ist ungefähr zwei Meter lang und einen Meter hoch. Besonders gefährlich ist er durch seine beiden 30 cm langen Krallen an den Hinterläufen, mit denen er auch wesentlich größere Saurier im Rudel erlegen konnte. Durch seine langen Hinterläufe und sein geringes Gewicht von ungefähr 100 kg ist er einer der schnellsten Dinosaurier. Sieht man sein Gewicht im Verhältnis zu seinem Gehirnumfang, so ist der Velociraptor der intelligenteste Dinosaurier überhaupt.

Auf der Flucht vor einem Rudel Velociraptoren muss eine Familie eine Brücke überqueren, um in Sicherheit zu gelangen. Das Problem besteht darin, dass es dunkel ist, man nur eine Taschenlampe hat und die Velociraptoren in 61 min das Ufer erreichen werden. Außerdem können immer nur zwei Personen gleichzeitig die Brücke überqueren. Wie gelangen alle Familienmitglieder auf die andere Brückenseite und sind somit in Sicherheit, wenn die Mutter 25 min, der Vater 20 min, die Tochter 10 min und der Sohn 5 min über die Brücke brauchen?

Denken Sie daran: Die Taschenlampe muss zurückgebracht werden, was Zeit kostet!
Man kann die Velociraptoren schon hören. Also los!

Lösung
1. Der Sohn überquert mit der Tochter die Brücke (10 min).
2. Der Sohn geht zurück (15 min).
3. Dann überqueren die Eltern die Brücke (40 min).
4. Die Eltern schicken die Tochter zurück (50 min).
5. Die Tochter überquert mit ihrem Bruder die Brücke (60 min).
6. Die Velociraptoren kommen zu spät und müssen woanders essen gehen!

18.3.9 Einsteins Rätsel

> Zwei Dinge sind unendlich: Das Universum und die menschliche Dummheit. Aber beim ersten bin ich mir noch nicht ganz sicher
> (Das Zitat wird *Albert Einstein* zugeschrieben)

Ziel:	Aufwärmen nach Pausen
Art:	Denksportübung
Form:	Einzelarbeit oder in Kleingruppen
Dauer:	10–20 min
Material:	Aufgabe

Durchführung Das folgende Rätsel wird entweder laut vorgelesen oder auf einem Blatt ausgeteilt. Gelöst wird das Rätsel alleine oder in Gruppen. Es wird eine bestimmte Zeit zur Lösung vereinbart. Wenn die Zeit um ist, wird die Lösung im Plenum vorgestellt.

Das Rätsel Einstein verfasste dieses Rätsel vor vielen Jahren. Mit diesem Rätsel können Sie feststellen, ob Sie zu den 2 % der intelligentesten Personen auf der Welt gehören? Er behauptete, 98 % der Weltbevölkerung seien nicht in der Lage, es zu lösen. Bei der Lösung des Rätsels gibt es keinen Trick, es ist auch keine Scherzaufgabe, sondern pure Logik. Beachten Sie bitte auch die angegebenen Hinweise bei der Lösung des Rätsels.

Die Aufgabe
1. Es gibt fünf Häuser mit je einer Farbe.
2. In jedem Haus wohnt eine Person einer anderen Nationalität.
3. Jeder Hausbewohner bevorzugt ein bestimmtes Getränk, raucht eine bestimmte Zigarettenmarke und hält ein bestimmtes Haustier.
4. KEINE der 5 Personen trinkt das gleiche Getränk, raucht die gleichen Zigaretten oder hält das gleiche Tier wie einer seiner Nachbarn.
5. Frage: Wem gehört der Fisch?

Die Hinweise
1. Der Brite lebt im roten Haus.
2. Der Schwede hält einen Hund.
3. Der Däne trinkt gerne Tee.
4. Das grüne Haus steht direkt links vom weißen Haus.
5. Der Besitzer des grünen Hauses trinkt gerne Kaffee.
6. Die Person, die Pall Mall raucht, hält einen Vogel.
7. Der Mann, der im mittleren Haus wohnt, trinkt gerne Milch.
8. Der Besitzer des gelben Hauses raucht Dunhill.
9. Der Norweger wohnt im ersten Haus.
10. Der Marlboro-Raucher wohnt neben dem, der eine Katze hält.
11. Der Mann, der ein Pferd hält, wohnt neben dem, der Dunhill raucht.
12. Der Winfield-Raucher trinkt gerne Bier.
13. Neben dem blauen Haus wohnt der Norweger.
14. Der Deutsche raucht Rothmanns.
15. Derjenige, der Marlboro raucht, hat einen Nachbarn, der Wasser trinkt.

Lösungstabelle Einsteins Rätsel (Tab. 18.3) Dem Deutschen gehört der Fisch!

Tab. 18.3 Einsteins Rätsel

Nr.	Hausfarbe	Nationalität	Haustier	Getränk	Zigarettenmarke
1	Gelb	Norweger	Katze	Wasser	Dunhill
2	Blau	Däne	Pferd	Tee	Marlboro
3	Rot	Brite	Vogel	Milch	Pall Mall
4	Grün	Deutscher	Fisch	Kaffee	Rothmanns
5	Weiß	Schwede	Hunde	Bier	Winfield

18.4 Sprachliche Warm-ups

18.4.1 Wortstafette

Ziel:	Neue Motivation im Training
Art:	Konzentrationsübung
Form:	Gruppe
Dauer:	5 min
Material:	Ball

Durchführung Die Gruppe stellt sich im Kreis auf. Derjenige, der den Ball hat, beginnt, indem er das erste Wort eines Satzes nennt, zum Beispiel „*Als*" oder „*Die*". Danach wirft er den Ball weiter. Der nächste muss den Satz weiter vervollständigen, also das zweite Wort sagen und dabei den bisher gebildeten Satz wiederholen, zum Beispiel „*Als wir*" oder „*Die Computer*".

Variiert werden können die Regeln für das Warm-up-Ende. Am Ende des Warm-ups muss der Letzte einen kompletten Satz vervollständigen.

Das Warm-up ist zu Ende, wenn:

- alle einmal dran waren;
- der Satz mehr als xy Wörter hat.

Relativ schwierig ist die zweite Variante, da der Satz mit einer bestimmten Wortanzahl vollständig sein muss.

Tab. 18.4 Das Wortquadrat

V	N	B	F	I	F	E	V	U	F
N	I	N	G	N	O	I	S	I	V
V	N	F	L	P	E	N	E	E	Q
V	G	L	U	U	E	Z	R	L	F
Z	V	R	E	V	E	T	F	O	B
B	F	A	T	I	R	E	O	F	A
V	V	B	Z	A	Z	G	L	R	I
N	F	M	U	A	R	T	G	E	E
V	V	E	M	V	I	G	I	T	R
B	N	F	U	B	E	F	E	E	F

18.4.2 Das Wortsuchquadrat

Ziel:	Die Konzentration auf eine andere Sache lenken
Art:	Konzentrationsübung
Form:	Die Teilnehmer arbeiten alleine oder als Tandem
Dauer:	10–15 min
Material:	Aufgabenblatt

Durchführung Bei dieser Konzentrationsübung bitten wir Sie, folgende Wörter so schnell wie möglich zu finden: TRAUM, VISION, ZIEL, ERFOLG, VERTRAUEN.

Die Regeln

- Jedes Wort kommt nur einmal vor.
- Die Buchstaben des jeweiligen Wortes können horizontal, vertikal oder diagonal angeordnet sein.
- Es sind immer beide Richtungen möglich! (Beispiel: TRAUM und MUART)

Die Zeit läuft!
In der Tab. 18.4 ist ein Beispiel für ein Wortsuchquadrat abgebildet

18.4 Sprachliche Warm-ups

Tab. 18.5 Wortquadrat Lösung

V	N	B	F	I	F	E	V	U	F
N	I	N	G	N	O	I	S	I	V
V	N	F	L	P	E	N	E	E	Q
V	G	L	U	U	E	Z	R	L	F
Z	V	R	E	V	E	T	F	O	B
B	F	A	T	I	R	E	O	F	A
V	V	B	Z	A	Z	G	L	R	I
N	F	M	U	A	R	T	G	E	E
V	V	E	M	V	I	G	I	T	R
B	N	F	U	B	E	F	E	E	F

Lösungstabelle (Tab. 18.5) zum Wortsuchquadrat Die Lösungswörter sind in der Tabelle markiert:

TRAUM, VISION, ZIEL, ERFOLG, VERTRAUEN

18.4.3 Die Donaudampfschifffahrtsgesellschaft

Ziel:	Aufwärmen nach Pausen
Art:	Denksportübung
Form:	Einzelübung oder Zweierteams
Dauer:	15 min
Material:	Keins

Durchführung An die Flipchart wird DONAUDAMPFSCHIFFFAHRTSGESELL-SCHAFT geschrieben. Jedes Team muss in zwei Minuten aus diesem Wort so viele neue Wörter wie möglich bilden. Beispielsweise „Tasche", Traum".

Es dürfen nur die Buchstaben verwendet werden, die in dem Ausgangswort vorhanden sind. Teile des Ausgangswortes gelten nicht, wie zum Beispiel „Gesellschaft", „Schiff". Zulässig sind nur Wörter mit mindestens vier Buchstaben. Gewonnen hat das Team, welches nach Ablauf der Zeit die meisten Wörter gefunden hat.

Variante Das Ausgangswort bezieht sich auf das Seminarthema, beispielsweise: Softwareprodukte.

18.4.4 Stadt, Land, Fluss

Ziel:	Aufwärmen nach Pausen
Art:	Denksportübung
Form:	Einzelübung
Dauer:	15 min
Material:	Aufgabenblatt

Durchführung Jeder bekommt einen Übungszettel, auf dem verschiedene Rubriken stehen. Für jede Rubrik muss ein Wort gefunden werden. Alle Wörter müssen mit demselben Anfangsbuchstaben beginnen.

Welcher Buchstabe das ist, wird so ermittelt: einer aus der Gruppe sagt im Kopf das Alphabet auf. Eine weitere Person aus der Gruppe ruft irgendwann: „Stopp". Es wird mit dem Buchstaben begonnen, bei dem die erste Person gerade angekommen ist. (Falls nötig, sagt die Person das Alphabet auch mehrmals hintereinander auf). Alle versuchen so schnell wie möglich die Rubriken mit den passenden Begriffen zu füllen. Wer als erster fertig ist, ruft „Stopp." Alle Teilnehmer hören sofort auf zu schreiben.

Für jeden gefundenen und aufgeschriebenen Begriff gibt es Punkte:
5 Punkte: Wenn mehrere denselben Begriff aufgeschrieben haben.
10 Punkte: Wenn alle unterschiedliche Begriffe in der Rubrik gefunden haben.
20 Punkte: Wenn jemand als einziger einen Begriff für eine Rubrik aufgeschrieben hat.

Das Warm-up ist zu Ende, wenn

- jemand eine bestimmte Punktzahl erreicht hat;
- eine bestimmte Anzahl von Runden durchgeführt worden ist.

Für die Benennung der Rubriken gibt es auch verschiedene Möglichkeiten:
Variante 1 klassisch zeigt die Tab. 18.6
Variante 2 thematisch zeigt die Tab. 18.7
Variante 3 allgemein zeigt die Tab. 18.8

Tab. 18.6 Füllen sie die leeren Fehler entsprechend der Anleitung

Stadt	Land	Fluss	Name	Tier	Punkte
Regensburg	Rumänien	Rhein	Rüdiger	Ratte	

18.4 Sprachliche Warm-ups

Tab. 18.7 Füllen sie die leeren Fehler entsprechend der Anleitung

Computer	Word	Excel	PowerPoint	Acrobat Reader	Punkte
Festplatte	Formatvorlage	Funktion	Folienlayout	Fortlaufend	

Tab. 18.8 Füllen sie die leeren Fehler entsprechend der Anleitung

Berühmte Personen	Filme	Musik	Sportart	Speisen	Punkte
Bach	Bambi	Beethoven's 9. Sinfonie	Badminton	Brathering	

Events 19

> *„Das Spiel ist das einzige, was Menschen wirklich ernst nehmen, deshalb sind Spielregeln älter als alle Gesetze."*
> Nach Edmund Burke

19.1 Einführung

Menschen lernen spielend. Das ist bei Kindern und Erwachsenen so. Events sind Wiederholungsübungen. Bekannte Lerninhalte werden durch wettbewerbsorientiertes Lernen abgefragt. Bekannte Fernsehshows wie „Der große Preis" oder „Wer wird Millionär?" sind das Vorbild der Events. Viele Teilnehmer kennen die Sendungen und sind dadurch besonders motiviert. Ein weiterer Anreiz sind die Preise, die der Siegergruppe winken, wie zum Beispiel Tassen oder Mousepads.

Das Lernen mit Events hat folgende Vorteile:

1. Es wird aktiv gelernt.
2. Übungserfolge sind Lernerfolge und werden als solche unmittelbar sichtbar.
3. Durch die Wettbewerbssituation wird die Lerngruppe aktiviert und motiviert.
4. Der Lernstoff wird durch die Wiederholung gesichert und gefestigt.
5. „Trockene" IT-Inhalte werden locker verpackt.
6. Durch die Fernsehvorbilder haben sie einen hohen Wiedererkennungswert.

Bei Events wird sozusagen „durch die Hintertür gelernt". Die Gruppe, die mit einer richtigen Antwort in Führung geht, wird damit ein positives Erlebnis verbinden und sich die Antwort entsprechend gut merken können. Das Gleiche gilt im umgekehrten Fall. Treten die Gruppen in Form eines Wettbewerbs an, motiviert dies zusätzlich und dynamisiert die Lernsituation. Durch die Events entsteht eine gute Gruppendynamik, denn es gewinnt oder verliert immer die ganze Gruppe und nicht eine einzelne Person. Schwächere Lerner werden dadurch nicht bloßgestellt und schnellere Lerner werden von der Gruppe nicht als Streber, sondern als Möglich-Macher betrachtet.

Ein wichtiger Unterschied zu den Fernsehvorbildern besteht darin, dass die Lernevents nicht den Schwerpunkt auf einzelne Fakten legen, sondern vor allem auf Zusammenhänge der Software. Neben Wiederholungsfragen können auch Transferfragen eingebaut werden, bei denen bereits Gelerntes auf neue Zusammenhänge übertragen wird.

Events eignen sich besonders gut für den Seminarabschluss, um relevante Lerninhalte noch einmal zu wiederholen.

19.2 Tipps zur Durchführung von Events[1]

Die Events werden von den Teilnehmern sehr ernst genommen. Häufig kommt es während der Durchführung zu nicht ganz klaren Situationen, in denen die Seminarleitung entscheiden muss:

- ob die Antwort richtig oder falsch ist,
- ob sie Hilfestellungen gibt oder nicht

Um diese Probleme zu meistern ist eine Regel besonders wichtig, die vor Beginn des Events aufgestellt wird:

Die Seminarleitung hat immer Recht Mit dieser Regel können Sie im Verlauf des Events alle Konflikte und Unregelmäßigkeiten lösen. Die Erfahrung hat auch gezeigt, dass die Teilnehmer diese Regel akzeptieren, wenn sie vor Beginn von der Seminarleitung aufgestellt wurde. Damit es nicht zu Diskussionen über die Regeln kommt, müssen diese vor Beginn ausführlich erklärt werden. Die Spielleitung wacht über die Einhaltung der Regeln und sorgt dafür, dass niemand blamiert oder bloßgestellt wird.

19.3 Der Große Preis

Ziel:	Sicherung der Lernziele
Art:	Event, Abschlussquiz, bei dem verschiedene Trainingsinhalte wiederholt werden
Form:	Quiz, bei dem verschiedene Gruppen gegeneinander antreten
Dauer:	Pro Spielspalte ca. 15–20 min
Material:	Quizwand mit Rubriken, Frage- und Antwortkarten, Preise

---

[1] Vgl. Kapitel Anfangssituationen.

19.3.1 Durchführung

Beim Großen Preis treten zwei bis vier Teams gegeneinander an. Alle Teams beantworten Fragen, die von der Seminarleitung gestellt werden. Gewonnen hat das Team, das am Ende des Wettbewerbs die meisten Punkte hat.

Grundlage ist eine Quizwand mit mehreren Rubriken. Innerhalb der Rubriken gibt es je fünf Fragen (20, 40, 60, 80, 100), deren Schwierigkeitsgrad mit der Höhe der Punkte ansteigt. Alle Fragen beziehen sich auf den im Kurs behandelten Stoff. Zusätzlich kann es auch eine so genannte A-Z-Spalte geben, die keine IT-Inhalte enthält, sondern Allgemeines, Scherzfragen oder spezielle Fragen zum Unternehmen.

19.3.1.1 Quizwand
In der Tab. 19.1 ist ein Quizwandbeispiel aus dem Bereich Word for Windows.

Tab. 19.1 Der große Preis Quizwandbeispiel

Start	Einfügen	Seitenlayout	Überprüfen	Ansicht
20	20	20	20	20
40	40	40	40	40
60	60	60	60	60
80	80	80	80	80
100	100	100	100	100

Der Große Preis mit fünf Spalten (Rubriken) dauert insgesamt ca. 70–80 min. Die Quizwand mit fünf mal fünf Frage- und Antwortfeldern kann beliebig um weitere Rubriken und Fragen ergänzt oder auch gekürzt werden. Als Faustregel gilt, dass die Spielzeit pro Spalte rund 15 bis 20 min beträgt.

Vor dem Beginn des Großen Preises werden mehrere Teams gebildet. Jedes Team besteht aus 2–3 Mitgliedern. Die Teams geben sich einen Gruppennamen, zum Beispiel: „Die Champignons", „Die vier Helden", „Dr. Pingels Selbsterfahrungsgruppe". Im Verlauf des Events werden die Gruppen mit ihren jeweiligen Namen angesprochen. Die Namen der Gruppen werden für alle sichtbar neben das Quizraster geschrieben und jede Gruppe bekommt vorab 500 Punkte auf ihrem Startkonto gutgeschrieben. In der Tab. 19.2 ist ein Beispiel für die Aufzeichnung der Gruppenpunkte „Der große Preis".

Tab. 19.2 Der große Preis Quizwand Gruppenpunkte

Die Champignons	Die vier Helden	Dr. Pingels Selbsterfahrungsgruppe	Paris
500 Punkte	500 Punkte	500 Punkte	500 Punkte
Gesamtpunkte	Gesamtpunkte	Gesamtpunkte	Gesamtpunkte

19.3.2 Regeln

Die Gruppe, die beginnt, wird per Los bestimmt. Sie wählt ein beliebiges Feld aus der Quizwand aus, zum Beispiel „Formatierung 40". Anschließend liest der Trainer die Frage laut vor. Jetzt hat die Gruppe ca. eine Minute Zeit, sich zu beraten und die richtige Antwort zu finden.

Wichtig: Beantwortet eine Person aus der Gruppe die Frage, so gilt dies als Antwort! Daher sollte sich die Gruppe zuerst besprechen und zu einem gemeinsamen Ergebnis kommen.

Beantwortet die Gruppe die Frage richtig, so bekommt die Gruppe 40 Punkte gutgeschrieben. Damit steigt ihr Punktekonto nach der ersten Frage auf 540 Punkte. Bei einer falschen Antwort sinkt ihr Punktestand auf 460 Punkte ab. Eine Gruppe kann mit ihrem Punktekonto nicht tiefer als auf 0 Punkte sinken. Einen Minuskontostand gibt es nicht.

Wenn eine Frage von einer Gruppe falsch beantwortet wurde, kann sich die nächste Gruppe überlegen, ob sie diese Frage annehmen möchte. Sobald die Gruppe die Frage annimmt, gelten die gleichen Regeln. Sie kann die Punkte mit einer richtigen Antwort gewinnen und bei einer falschen Antwort verlieren. Die Gruppe ist nicht verpflichtet, die Frage anzunehmen. Lehnt die Gruppe ab, wird die nachfolgende Gruppe gefragt, ob sie die Frage beantworten möchte und so weiter. Eine Frage wird auch dann weitergegeben, wenn die zweite Gruppe die Frage falsch beantwortet hat. Wird die Frage von allen Gruppen, die sie angenommen haben, falsch beantwortet, so bekommen alle Teams die Punkte abgezogen und der Trainer löst die Frage auf. Nimmt keine Gruppe die Frage an, so verfallen die Punkte und der Event wird mit derjenigen Gruppe fortgesetzt, die ursprünglich an der Reihe war. Zum Beispiel: Die Frage wird zuerst an Gruppe 2 gestellt. Diese beantwortet die Frage falsch. Danach wird Gruppe 3 gefragt, sie lehnt die Frage ab. Gruppe 4 nimmt die Frage an und beantwortet sie richtig. Sie bekommt die Punkte gutgeschrieben. Als nächstes ist die Gruppe an der Reihe, die entsprechend der Ausgangsreihenfolge dran gewesen wäre. In unserem Beispielfall ist dies die Gruppe 3. Durch die Übernahme von falsch beantworteten Fragen kann eine Gruppe häufiger zum Zuge kommen als andere Gruppen. Sie hat jedoch ein höheres Risiko, Punkte zu verlieren.

Im Unterschied zur Fernsehshow kommt nach jeder richtig beantworteten Frage die nächste Gruppe an die Reihe. Dies ist notwendig, damit alle Teams möglichst oft an die Reihe kommen.

Alle Felder können nur einmal ausgewählt werden, die bereits gewählten Felder werden von der Seminarleitung auf der Quizwand durchgestrichen.

Neben den normalen Fragen gibt es auch Sonderfelder, für die besondere Bedingungen gelten. Welches der Felder ein Sonderfeld ist, weiß aber nur die Seminarleitung, die Gruppen können diese Sonderfelder auf der Quizwand nicht erkennen.

Sonderfelder Joker (☺), Glücksfrage (✿) und Risiko (💣)

Die Sonderfelder heben die ursprüngliche Punktzahl der Felder auf.

Joker (☺) Bei einem Joker bekommt die Gruppe 100 Punkte, ohne dafür eine Frage beantworten zu müssen. Wählt die Gruppe zum Beispiel das Feld *Makros 40*, hinter dem sich ein Joker verbirgt, gewinnt sie 100 Punkte, obwohl es ein 40 – Punkte-Feld ist.

Wichtig Joker können nicht weitergegeben werden.

Glücksfrage (✿) Bei einer Glücksfrage kann die Gruppe keine Punkte verlieren, auch nicht, wenn sie die Frage falsch beantwortet. Eine falsch beantwortete Glückfrage kann an die nachfolgenden Gruppen weitergegeben werden. Auch die Gruppe, welche die Frage übernimmt, verliert keine Punkte, wenn sie die Frage falsch beantwortet.

Risiko (💣) Bei Risiko entscheidet die Gruppe, wie viele Punkte sie bei der Frage setzen möchte. Diese Entscheidung fällt das Team, bevor es die Frage gehört hat. Dabei darf sie höchstens so viele Punkte setzen, wie sie auf ihrem Konto hat. Sollte eine Gruppe 0 Punkte auf ihrem Konto haben, kann ihr ein Betrag von 50 Punkten gewährt werden. (Ob diese Regel angewendet wird oder nicht, muss allerdings die Seminarleitung vor Beginn festgelegen.). Risikofragen sind schwerer als normale Fragen und bestehen aus zwei Teilfragen. Zur Wertung müssen beide Fragen richtig beantwortet werden. Sonst ist der gesetzte Betrag verloren.

Wichtig Risikofragen können nicht weitergegeben werden!

Damit der Trainer weiß, hinter welchem Feld sich die Sonderfragen verstecken, gibt es eine besondere Matrix. Hier eine Beispieltabelle 19.3 einer Matrix mit Fragen und Antworten für den Trainer.

Tab. 19.3 Sonderfelder Matrix für Trainer

Start	Einfügen	Seitenlayout	Überprüfen	Ansicht
20	20	20 Risiko	20	20
40	40	40	40 Joker	40
60	60	60	60	60 Risiko
80	80 Glücksfrage	80	80 Risiko	80 Risiko
100 Risiko	100 Risiko	100	100	100

19.3.3 Ende und Masterfrage

Das Eventende kann unterschiedlich definiert werden:

- Wenn alle Fragen beantwortet sind;
- wenn eine bestimmte Anzahl von Feldern aufgerufen sind.

Jede Runde wird zu Ende gespielt. Wenn die ersten drei Gruppen bereits drei Mal an der Reihe waren, dann bekommt auch die vierte Gruppe noch eine Chance, eine Frage richtig zu beantworten. Geht der Event nicht auf, das heißt, es gibt nicht gleich viele Fragefelder für alle Teams, endet der Event nach der letzten Runde, die vollständig gespielt werden kann. Dabei können auch ein bis zwei Felder der Quizwand aus Gleichheitsgründen offen bleiben.

Die letzte Frage ist die Masterfrage. Allen Teams wird die Masterfrage gestellt. Bevor die Frage laut vorgelesen wird, müssen alle Gruppen auf einen Zettel schreiben, wie viele Punkte sie bei dieser Frage setzen. Jede Gruppe kann maximal die Höhe ihres eigenen Punktestands setzen. Alle Gruppen setzen verdeckt, das heißt, sie schreiben ihren Gruppennamen und die Punkte auf einen Zettel und geben diesen bei der Quizleitung ab. Danach wird die Masterfrage gestellt. Die Gruppen beraten sich und schreiben ihre Antwort auf einen weiteren Zettel, die Zettel werden von der Quizleitung eingesammelt. Welches Team als erstes oder letztes abgegeben hat, ist unwichtig. Wie viel jede Gruppe setzt, bleibt geheim. Damit das Event bis zum Schluss spannend bleibt, kann folgende Sonderregel vereinbart werden: Die beiden schlechtesten Gruppen dürfen die Differenz zwischen ihrem Punktestand und dem aktuellen Punktestand der besten Gruppe setzen. Beim diesem Punktestand dürfen „Die vier Helden" 500 Punkte und „Dr. Pingels Selbsterfahrungsgruppe" 440 Punkte setzen.

19.3 Der Große Preis

In der Tab. 19.4 ist ein Beispiel, wie die Gruppe „Die vier Helden" 500 Punkte setzen können.

Tab. 19.4 Ende und Masterfrage Gruppenpunkte

Die Champignons	Die vier Helden	Dr. Pingels Selbsterfahrungsgruppe	Paris
500 Punkte	500 Punkte	500 Punkte	500 Punkte
540 Punkte	480 Punkte	300 Punkte	600 Punkte
480 Punkte	420 Punkte	380 Punkte	680 Punkte
580 Punkte	460 Punkte	460 Punkte	720 Punkte
600 Punkte	300 Punkte	360 Punkte	800 Punkte
Gesamtpunkte	Gesamtpunkte	Gesamtpunkte	Gesamtpunkte

Sobald alle Gruppen ihre Antworten eingereicht haben, gibt der Quizmaster die Lösung bekannt. Alle Gruppen erhalten die gesetzten Punkte auf ihr Konto, wenn sie die Masterfrage richtig beantwortet haben. Ist die Frage falsch beantwortet, so werden die Punkte abgezogen. Gewonnen hat die Gruppe mit den meisten Punkten. Jetzt ist es Zeit für die Siegerehrung.

19.3.4 Konzeption und Erstellung des Großen Preises

Aus dem Themenbereich des Trainings werden fünf Rubriken definiert. Anschließend werden auf die Bereiche die verschiedenen Sonderfelder verteilt. Ungefähr 40 % der Felder können Sonderfelder sein.

Das ergibt bei einer Matrix von 5×5 Feldern:

- Zwei Joker
- Zwei Glücksfragen
- Sechs Risiko

In die Quizwand werden die Themen der einzelnen Rubriken eingetragen. Zu den einzelnen Rubriken werden jeweils fünf Fragen mit den dazu gehörigen Antworten formuliert. Die 20er Fragen sind einfache Fragen. Je höher die Feldwerte, desto schwerer werden die Fragen. Inhaltlich werden sowohl Wiederholungsfragen zum behandelten Stoff als auch Transferfragen gestellt.

Tabelle 19.5 zeigt Beispiele für Fragen und Antworten Fragen fur die Rubrik 1 start.

Tab. 19.5 Fragen und Antworten

Rubrik 1 Start 20

Frage: Erläutern Sie die notwendigen Schritte, um eine Schriftart in Word zu ändern.

Antwort: Text markieren, der geändert werden soll. In der Symbolleiste das Register START auswählen. Im Feld Schriftart die gewünschte Schriftart auswählen.

Rubrik 1 Start 40

Frage: Beschreiben Sie, wie im Programm die Textfarbe verändert werden kann.

Antwort: Markieren des zu ändernden Textes. Anschließend auf den Pfeil neben der Schaltfläche Schriftfarbe klicken und die gewünschte Farbe aussuchen.

Rubrik 1 Start 60

Wie verändern Sie in einem Teil des Dokuments den Zeilenabstand?

Antwort: Markieren Sie den Textabschnitt. Wählen Sie in der Menüleiste das Icon „Zeilenabstand" aus und wählen Sie den passenden Abstand.

Rubrik 1 Start 80

Frage: Beschreiben Sie, wie eine andere folgende Absatzformatvorlage festgelegt werden kann.

Antwort: Anklicken des Icons „Formalvorlagen ändern". Dort wählen Sie die Absatz-Formatvorlage, für die eine nachfolgende Formatvorlage festgelegt wird. Anschließend wählen Sie Bearbeiten und klicken im Feld Formatvorlage für nächsten Absatz auf die Formatvorlage, die dem nachfolgenden Absatz zugewiesen werden soll.

Tab. 19.5 (Fortsetzung)

Rubrik 1 Start Risiko 💣

Frage 1: Erklären Sie den Begriff Ziehpunkt.

Frage 2: Erläutern Sie die einzelnen Schritte, um eine Textfeldverknüpfung aufzuheben.

Antwort 1: Ein Ziehpunkt ist ein quadratischer Punkt, mit dem die Größe eines markierten Objektes verändert werden kann. Dieser Punkt wird mit der Maus angeklickt und so lange gezogen, bis die gewünschte Größe auf dem Bildschirm angezeigt wird.

Antwort 2: Um eine Textfeldverknüpfung aufzuheben ist es notwendig in die Seitenlayout-Ansicht zu wechseln. Anschließend wird das Textfeld markiert, in dem der Text nicht fortgeführt wird. Dazu wird die Maus über dem Rahmen so bewegt, bis der Bildschirm einen Vierfachpfeil zeigt. Daraufhin wird der Rahmen des Textfeldes angeklickt. Anschließend wird in der Symbolleiste auf das Menü Bearbeiten und dort auf das Untermenü Verknüpfungen geklickt. Im Untermenü wird das Feld Textfeldverknüpfung aufheben ausgewählt.

Rubrik 2 Einfügen 20

Frage: Welche Elemente können Sie von der Menüleiste des Registers „Einfügen" einfügen?

Antwort: Tabellen, Grafiken, Cliparts, Formen, Smart Art, Diagramme.

Rubrik 2 Einfügen 40

Frage: Wie legen Sie eine Tabelle an.

Antwort: Gehen Sie auf das Icon „Tabelle". Wählen Sie in dem angezeigten Feld die Spalten und Zeilenzahl aus.

Rubrik 2 Einfügen 60 Joker ☺

Frage: Keine.

Antwort: Die Gruppe erhält 100 Punkte.

Tab. 19.5 (Fortsetzung)

Rubrik 2 Einfügen 80 Risiko 💣

Wie könnte folgendes Problem zu erklären sein: Sie haben eine alte Datei unter einem neuen Namen abgespeichert und den alten Inhalt gelöscht. Als Sie in Bild einfügen wollen, erscheint dieses nur zur Hälfte.

Ursache: In dem ursprünglichen Dokument war ein zweispaltiger Text vorgegeben. Das Bild ist aber breiter als eine Spalte und wird deshalb nur halb angezeigt.

Lösung: Text markieren und im Register „Seitenlayout" in der Menüzeile „einspaltig" auswählen.

Rubrik 2 Einfügen 100

Wie wollen ein einem Dokument unterschiedliche Kopfzeilen erstellen. Wie gehen Sie vor?

Einfügen von Kopfzeilen: Gehen Sie auf das entsprechende Icon in der Menüleiste und wählen Sie das passende Kopfzeilenlayout aus.

Verknüpfung zwischen den Kopfzeilen lösen. Gehen Sie in dem bestehenden Dokument in die entsprechende Kopfzeile. Ist das Icon „mit vorheriger Kopfzeile verknüpfen" grau und inaktiv, sind die Kopfzeilen bereits voneinander getrennt. Wenn es aktiv ist, klicken Sie es an, um die Verbindung zu lösen.

19.4 Jeopardy

Ziel:	Sicherung der Lernziele
Art:	Event; Abschlussquiz, bei dem verschiedene Trainingsinhalte wiederholt werden
Form:	Quiz, bei dem drei bis vier Gruppen gegeneinander antreten
Dauer:	60 min, ca. 15–20 min pro Spalte
Material:	Quizwand, Frage- und Antwortkarten, Preise

19.4.1 Durchführung

Jeopardy ist ein Quiz, bei dem keine Fragen beantwortet werden, sondern die passende Frage zu einer vorgegebenen Antwort gesucht werden muss. Ein Beispiel aus dem Bereich Internet: Die Antwort des Quizmasters lautet *„Das sind Briefe, die elektronisch verschickt*

19.4 Jeopardy

werden." Die richtige Frage dazu ist „*Was ist eine E-Mail?*" Die Frage muss vollständig und richtig formuliert werden. Unzureichend und damit falsch wäre beispielsweise die zu kurze Antwort: „*E-Mail.*"

Die Quizwand besteht aus mehreren Rubriken. Innerhalb der Rubriken gibt es Antworten mit unterschiedlichen Nummern. Sortiert sind die Rubriken nach Schwierigkeitsgraden (200, 400, 600, 800, 1000). 200er-Antworten sind leichter als die 1000er-Antworten. Zur Auflockerung kann eine Scherzrubrik eingebaut werden. Bei diesen Antworten geht es nicht um die Schulungsinhalte, sondern um andere Themen.

Tabelle 19.6 **zeigt eine Quizwand Jeopardy (Beispiel aus dem Bereich Internet).**

Tab. 19.6 Jeopardy Beispiel Quizwand

Hardware	WWW	Such-maschinen	Newsgroups	E-Mail
200	200	200	200	200
400	400	400	400	400
600	600	600	600	600
800	800	800	800	800
1000	1000	1000	1000	1000

19.4.2 Regeln

Zu Beginn des Events werden drei bis fünf Gruppen gebildet, die sich jeweils einen Namen geben, zum Beispiel „Frankfurter" oder „Systeme". Die Gruppen werden immer mit ihren jeweiligen Namen angesprochen.

Für alle sichtbar werden die Namen der Gruppen neben das Quizraster geschrieben. Jede Gruppe bekommt 5000 Punkte auf ihr Startkonto, damit die Gruppen nicht gleich bei der ersten falschen Frage auf 0 Punkte sinken können.

Nachfolgend in der Tab. 19.7 ein Beispiel für die Mannschaften und ihren Punktestand.

Tab. 19.7 Regeln Übersicht Mannschaften und Punktestand

Mannschaft A Frankfurter	Mannschaft B Systeme	Mannschaft C Gute Daten	Mannschaft D Netzwerk o3
5000 Punkte	5000 Punkte	5000 Punkte	5000 Punkte
Gesamtpunkte	Gesamtpunkte	Gesamtpunkte	Gesamtpunkte

Die Gruppe, die anfängt, wird ausgelost. Die Gruppe darf sich ein beliebiges Feld auf der Quizwand aussuchen, zum Beispiel „Newsgroups 2000". Der Quizmaster liest die entsprechende Antwort vor. Alle Gruppen dürfen antworten.

Welche Gruppe die richtige Frage weiß, meldet sich mit dem Ausruf „Jeopardy" zu Wort. Ist die Frage richtig gestellt, erhält die Gruppe die entsprechenden Punkte. Formuliert die Gruppe eine falsche Frage, werden der Gruppe die Punkte von ihrem Punktekonto abgezogen und die anderen Teams haben erneut die Chance, sich zu Wort zu melden.

Nach einer richtig gestellten Frage wird das betreffende Feld von der Seminarleitung durchgestrichen. Das Team, das richtig geantwortet hat, sucht das nächste Feld aus.

▶ **Tipp** In jeder Gruppe sollte ein Teilnehmer zum Sprecher bestimmt werden – das steigert die Übersichtlichkeit und das Gruppengefühl. Sonst ist häufig nicht mehr feststellbar, welche Gruppe sich zuerst gemeldet hat.

Solofelder Versteckt sich hinter einem Feld ein „Solo", darf nur die Gruppe die Frage formulieren, die das Feld gewählt hat. Bei den Solofeldern wird nicht um den Betrag der Feldanzahl gespielt, sondern um einen beliebigen Betrag. Dieser Betrag wird von der Gruppe gesetzt, und zwar bevor sie die Antwort vorgelesen bekommt. Der bis dahin erreichte Kontostand der Gruppe ist der maximale Betrag, der von ihr gesetzt werden kann. Solos können bei einer falschen Antwort nicht an die anderen Gruppen weitergegeben werden.

19.4.3 Eventende und Masterfrage

Sind alle Felder durchgestrichen oder ist die Zeit abgelaufen, kann eine „Masterantwort" gestellt werden. Bevor die Masterantwort gestellt wird, setzt jedes Team Punkte. Der Einsatz der Gruppen ist geheim. Jede Gruppe schreibt ihren Einsatz auf einen Zettel und gibt diesen beim Quizmaster ab. Es dürfen so viele Punkte gesetzt werden, wie das Team Punkte auf seinem Konto hat. Die gesetzte Zahl muss durch 100 teilbar sein.

Anschließend liest der Quizmaster die „Masterantwort" vor. Die Gruppen notieren ihre Frage und ihre Gruppenbezeichnung auf einem weiteren Zettel, den sie ebenfalls beim Quizmaster abgeben. Sobald alle Gruppen ihre Antworten eingereicht haben, gibt der Quizmaster die richtige Frage bekannt. Je nachdem, ob die „Masterfrage" richtig gestellt wurde oder nicht, wird den Gruppen die gesetzte Summe hinzugerechnet oder abgezogen. Gewonnen hat am Ende die Mannschaft, die am meisten Punkte auf ihrem Konto hat.

Zur Siegerehrung werden Preise an die Mannschaften verteilt.

19.4.4 Konzeption und Entwicklung von Jeopardy

Jeopardy wird ähnlich konzipiert wie „Der Große Preis". Zuerst werden verschiedene Bereiche aus dem Training als Rubriken definiert und in das Quizraster eingetragen. Danach werden auf der Quizwand die Solofelder verteilt. Bei fünf Rubriken etwa sechs Solofelder.

Die Anzahl der Solofelder kann variieren. Als Regel gilt, dass jedes dritte bis vierte Feld auf der Quizwand ein Solofeld sein sollte. So bleibt das Event für alle Mannschaften spannend und jede Mannschaft wählt wahrscheinlich auch mal ein Solofeld.

In der Tab. 19.8 wird ein Beispiel für eine Quizwand gezeigt.

Tab. 19.8 Jeopardy Konzeption und Entwicklung Beispiel Quizwand

Thema einfügen	Thema einfügen	Thema einfügen	Thema einfügen	Thema einfügen
200	200	**200 Solo**	200	**200 Solo**
400 Solo	400	400	400	400
600	**600 Solo**	600	600	600
800	**800 Solo**	800	**800 Solo**	800
1000	1000	**1000 Solo**	1000	1000

In das Quizraster werden die Themen der einzelnen Rubriken aus dem Training eingetragen. Zu jeder Rubrik werden fünf Antworten formuliert. Diese Antworten sollten so präzise wie möglich sein, so dass von den Gruppen nicht mehrere mögliche richtige Fragen gegeben werden können.

Mit der Anzahl der Punkte erhöht sich der Schwierigkeitsgrad der gesuchten Frage, die pro Feld gewonnen werden können. Bei den gesuchten Fragen kann sich der Lernstoff auf bereits im Training behandelte Lerninhalte oder auf das Transferwissen der Teilnehmer beziehen. Bei Solofeldern sollte die richtige Fragestellung nicht zu einfach sein, damit die Gruppe, die alleine antworten darf, keinen Vorteil hat. Die Masterantwort sollte relativ schwierig sein.

19.5 Wer wird Millionär?

Ziel:	Sicherung der Lernziele
Art:	Event; Abschlussquiz, bei dem verschiedene Trainingsinhalte wiederholt werden
Form:	Quiz, bei dem verschiedene Gruppen gegeneinander antreten
Dauer:	Pro Gruppe und Frage ca. 2 min
Material:	Quizwand, Overhead und Folien oder Beamer, Antwortkarten, Preise

19.5.1 Durchführung

Die Teilnehmer werden in gleich große Teams eingeteilt. Alle Gruppen geben sich einen Gruppennamen, der für alle sichtbar neben die Quizwand geschrieben wird. Im Verlauf des Events werden die Teams mit diesen Namen angesprochen.
Tabelle 19.9 zeigt ein Beispiel für eine Quizwand „Wer wird Millionär".

Tab. 19.9 „Wer wird Millionär" Beispiel Quizwand

Runde	Schlaumeier	Sparer	Die User
100			
500			
1000			
4000			
16.000			
32.000			
125.000			
500.000			
1.000.000			
Joker			
50:50			
Telefon/60 Sek.			
Publikum			

Nacheinander bekommen die Gruppen Fragen zu den Trainingsinhalten gestellt. Zu jeder Frage gibt es vier Antwortmöglichkeiten. Von diesen Antworten ist nur eine richtig. Die Frage und die möglichen Antworten werden mit dem Overheadprojektor oder per Beamer eingeblendet. Mit steigender Punktzahl werden die Fragen schwieriger. Durchgeführt werden die Fragen in Runden und pro Runde bekommt jedes Team eine eigene Frage gestellt.

19.5 Wer wird Millionär?

Bei dem Event dürfen nicht wie bei anderen Events die Fragen der anderen Gruppen beantwortet werden.

Quizfolie In der Tab. 19.10 ist ein Beispiel für eine Quizfolie aus dem Bereich SAP ERP SAP for Utilities (Abrechnungssoftware für Energieversorgungsunternehmen)

Tab. 19.10 „Wer wird Millionär" Quizfolie

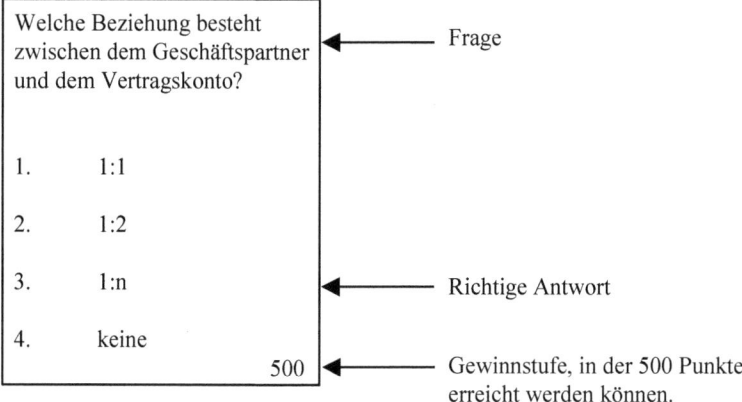

Die Gewinnstufen liegen für alle Gruppen bei 1000 und 32.000 Punkten. Sobald eine Gruppe eine Gewinnstufe erreicht und die Frage richtig beantwortet hat, sind ihr diese Punkte sicher. Beantwortet sie im weiteren Verlauf des Events eine Frage falsch, fällt sie auf diese Gewinnstufe zurück und scheidet aus. Beantwortet beispielsweise ein Team die 4000-Punkte-Frage falsch, dann fällt es auf 1000 Punkte zurück und darf keine weiteren Fragen beantworten. Das Gleiche gilt für die zweite Gewinnstufe mit 32.000 Punkten. Beantwortet eine Gruppe diese Frage richtig, kann sie in den nächsten Runden, auch wenn sie eine Frage falsch beantwortet, nicht mehr unter 32.000 Punkte fallen.

Wenn eine Gruppe an der Reihe ist und die Frage gehört hat, muss sie sich entscheiden, ob sie die Frage annehmen oder ablehnen möchte. Nimmt sie die Frage an, hat die Gruppe eine Minute Zeit, die Frage zu beantworten. Ist die Antwort richtig, bekommt sie die Punkte gutgeschrieben und ist eine Runde weiter. Beantwortet die Gruppe die Frage falsch, scheidet sie aus und verliert alle Punkte beziehungsweise fällt auf eine tiefere Gewinnstufe zurück. Nimmt das Team die Frage nicht an, scheidet die Gruppe aus. Sie fällt aber nicht auf eine Gewinnstufe zurück, sondern behält ihre Punkte.

Alle Gruppen beginnen mit einer 100-Punkte-Frage.

Joker Jeder Gruppe stehen insgesamt drei Joker zur Verfügung. Diese Joker können zu jeder Zeit und auch hintereinander eingesetzt werden. Auch dann, wenn die Joker bereits eingesetzt wurden, ist die Gruppe nicht gezwungen die Frage zu beantworten.

Es gibt folgende Joker:

50:50 Joker	Zwei falsche Antworten werden entfernt
Telefonjoker	Die Gruppe kann den Joker anrufen, dieser hat dann 1 min Zeit die Frage der Gruppe zu beantworten. Der Telefonjoker kann ein anderer Trainer oder ein Kollege der Teilnehmer sein, der bereits trainiert wurde. Dieser Joker kann alternativ zum Handbuchjoker eingesetzt werden
60 Sekunden Handbuch Joker	Die Gruppe bekommt 1 min Zeit die richtige Antwort aus den Schulungsunterlagen herauszusuchen. Dieser Joker kann alternativ zum Telefonjoker eingesetzt werden
Publikumsjoker	Die Gruppe kann das Publikum befragen. Das Publikum wird durch die Gruppen gebildet, die ausgeschieden sind

19.5.2 Eventende

Gewonnen hat die Gruppe, die am Ende die meisten Punkte hat. Dies ist auch der Fall, wenn keine der Gruppen eine Millionen Punkte erreicht hat. Anschließend kann eine Siegerehrung mit Preisen stattfinden.

19.5.3 Konzeption und Erstellung von „Wer wird Millionär?"

Aus dem Lernstoff werden Fragen gesammelt. Zu jeder Frage werden die richtige Antwort und drei falsche Antworten zusammengestellt. Die Fragen werden nach Schwierigkeitsgraden sortiert, indem unten rechts auf der Karte der zu erreichende Punktestand der jeweiligen Runde aufgeführt wird.

Einfache Fragen sind für die ersten Runden und knifflige Fragen für die späteren Eventrunden. Eine Frage mit einer wahrscheinlichen und drei sehr unwahrscheinlichen Antwortmöglichkeiten ist relativ einfach zu lösen, da die falschen Antworten leicht ausgeschlossen werden können. Schwieriger wird es, wenn dieselbe Frage mit vier ähnlichen Antwortmöglichkeiten gestellt wird. Wichtig ist, dass die Fragen in den jeweiligen Runden ungefähr gleich schwer sind, damit sich keine Mannschaft benachteiligt fühlt. Neben Wiederholungsfragen zum Training können in den späteren Runden ab 32.000 Punkten mehr Transferfragen gestellt werden. Schließlich sollen sich die Gruppen die 1.000.000 Punkte verdienen.

Bei neun Runden und drei Mannschaften werden pro Runde drei Fragen benötigt. Insgesamt also 27 Fragen. Zur Sicherheit sollte pro Runde mindestens noch eine Ersatzfrage konzipiert werden. Das heißt, es müssen mindestens 36 Fragen entwickelt werden. Der Trainer kann dadurch die Fragen auswählen und auf die jeweilige Gruppe abstimmen. Die Antworten werden auf Folie oder Power Point übertragen, damit die Gruppen auch die vier Antwortmöglichkeiten lesen können.

> **Tipp** Bei der Verteilung der richtigen Antworten sollte die erste Antwort nicht immer die richtige Antwort sein. Für die Trainer können auch Antwortkarten angefertigt werden. So kann sich die Seminarleitung im Verlauf des Events voll

19.6 Teilnehmerquiz

auf die Gruppen konzentrieren. Dazu werden die Fragen und Antworten einfach kopiert und die richtige Lösung umrandet. Bei Folien kann die Antwortkarte für die Seminarleitung einfach hinter die Karte der Teilnehmer gesteckt werden. In der Tab. 19.11 wird ein Beispiel für eine Antwortkarte gezeigt.

Tab. 19.11 Konzeption und Erstellung Beispiel Antwortkarte

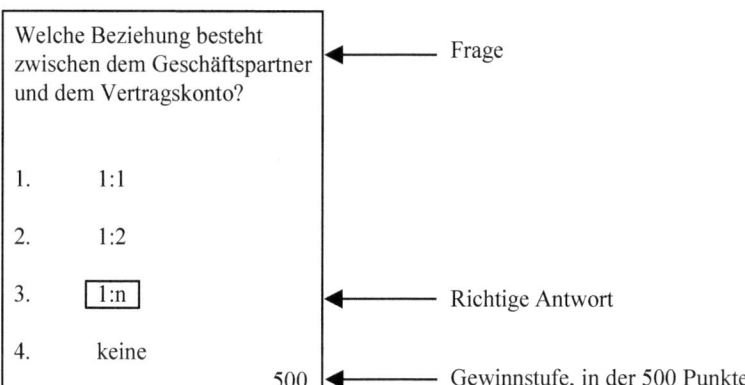

19.6 Teilnehmerquiz

Ziel:	Sicherung der Lernziele
Art:	Event; Abschlussquiz, bei dem verschiedene Trainingsinhalte wiederholt werden
Form:	Quiz, bei dem verschiedene Gruppen gegeneinander antreten
Dauer:	Ca. 40–50 min
Material:	Frage- und Antwortkarten, Preise

19.6.1 Vorbereitung

Beim Teilnehmerquiz werden die Fragen nicht von der Quizleitung vorgegeben, sondern kommen aus der Gruppe. Als erstes werden Teams mit 3–4 Personen gebildet.

Jede Gruppe gibt sich einen Namen, der an der Tafel festgehalten wird. Anschließend haben die Teams 15 min Zeit, sich 10 Fragen zum Thema des Seminars auszudenken. Sowohl die Frage als auch die richtige Antwort werden gut lesbar auf Metaplankarten geschrieben. Danach werden die Fragen von der Seminarleitung eingesammelt und doppelte Fragen aussortiert. Die verschiedenen Karten werden durchnummeriert und an eine Pinnwand gehängt.

Mit dieser Methode wiederholen die Gruppen den Lernstoff zweimal: einmal beim Konzipieren der Fragen und einmal beim Quiz selber. Die Trainer bekommen so einen guten Einblick in den Lernfortschritt. Wenn zu einem bestimmten Thema keine einzige Frage von den Teams gestellt wird, ist das Thema von den Teilnehmern noch nicht ausreichend verstanden worden.

19.6.2 Durchführung

Jedes Team bekommt 100 Punkte auf sein Punktekonto. Per Los wird das Team bestimmt, das anfängt. Das Team bestimmt, um wie viele Punkte es spielen möchte. Danach wählt es eine Karte aus, zum Beispiel „Nr. 4". Kann die Gruppe die Frage richtig beantworten, bekommt sie die Punkte gutgeschrieben, ansonsten werden diese abgezogen.

Gewonnen hat das Team mit den meisten Punkten. Alle Teams beantworten gleich viele Fragen.

19.7 Tabu

Ziel:	Wichtige Begriffe verstehen und erklären
Art:	Event, Wiederholungsübung
Form:	Gruppen treten gegeneinander an
Dauer:	15–20 min. Pro Begriff 20–40 Sekunden
Material:	Tabukarten, Sanduhr, Hupe, Preise

19.7.1 Einführung in die Methode

Die Einführung einer neuen Software ist mit dem Erlernen einer neuen Sprache verbunden. Bei Tabu werden Fachbegriffe wiederholt und gefestigt. Häufig beherrschen die Teilnehmer Softwarebegriffe in Form eines bestimmten Kontextes, zum Beispiel, indem sie eine Definition wiedergeben. Außerhalb dieses Kontextes fällt ihnen zu diesem Begriff nichts ein. Dies ist ein Indiz dafür, dass die Begriffe nicht wirklich verstanden worden sind.

Bei Tabu wird das Erklären von Begriffen mit eigenen Worten gefördert. Die Gruppe kann einen Begriff nur erraten oder erklären, wenn sie die genaue Bedeutung des Begriffs kennt; wenn jemand einen Begriff bei Tabu erklären kann, hat er ihn auch verstanden. Außerdem werden die Begriffe noch einmal in einem neuen Kontext wiederholt und so besser von den Teilnehmern behalten.

Für die Trainer wird bei dieser Übung deutlich, welche Begriffe eventuell noch einmal im Training behandelt werden müssen.

19.7.2 Durchführung

Erklärt werden bei Tabu Begriffe. Die Schwierigkeit besteht darin, dass für die Erklärung bestimmte Begriffe tabu sind und nicht verwendet werden dürfen. Zum Beispiel: Der Begriff „Buchungskreis" muss erklärt werden. Tabu sind die Begriffe „bilanzieren", „Einheit", „Rechnungswesen" und „Sparte".

Tabelle 19.12 ist eine Tabu Beispielkarte (SAP).

Tab. 19.12 Tabu Beispielkarte

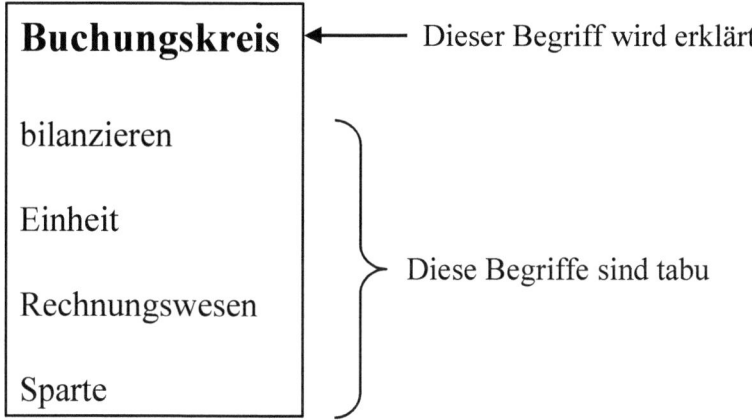

Unzulässig sind bei der Erklärung Teile, Abkürzungen und Ableitungen des Wortes, das erraten werden soll, zum Beispiel: „Kreis", „BK", „buchen". Übersetzungen aus einer anderen Sprache sind ebenfalls verboten.

Zu Beginn wird die Lerngruppe in Teams aufgeteilt. Jedes Team sollte nicht größer als 5 Personen sein. Jedes Team gibt sich einen Namen. In jeder Runde kommen zwei Personen nach vorne. Diese Personen stammen nicht aus der gleichen Gruppe. Eine Person bekommt die Tabukarten. Ihre Aufgabe ist es, der eigenen Gruppe innerhalb einer Minute so viele Wörter wie möglich zu erklären. Bei mehreren Gruppen dürfen alle Gruppen mit raten, bis auf die Gruppe, die den Kontrolleur stellt.

Die zweite Person (der Kontrolleur) passt auf, dass keine Wörter verwendet werden, die tabu sind. Sobald ein Tabuwort verwendet wird, pfeift oder quietscht der Kontrolleur. In diesem Fall bekommt die Kontrollgruppe einen Punkt. Erlaubt ist alles, was nicht durch den Kontrolleur ausgehupt oder abgepfiffen wird. Kann derjenige, der erklärt, mit einem Begriff gar nichts anfangen, darf er diesen übergehen. Dafür bekommen aber alle gegnerischen Mannschaften einen Punkt.

Punkteverteilung Pro erratenen Begriff: 1 Punkt für die erklärende Mannschaft
Nicht erklärter Begriff: 1 Punkt für die gegnerischen Mannschaften

Abgepfiffener Begriff: 1 Punkt für die gegnerischen Mannschaften

Die Runde wird nach dem Erraten eines Tabuwortes nicht unterbrochen, sondern so lange fortgesetzt, bis die Ratezeit um ist. Ist die Sanduhr von einer Minute abgelaufen, wird von dem Kontrolleur abgepfiffen und die beiden Personen tauschen ihre Rollen. Jetzt kontrolliert der, der vorher erklärt hat, und umgekehrt. Danach kommen die nächsten beiden Personen an die Reihe.

Tabu ist zu Ende, wenn alle Gruppen einmal an der Reihe waren oder wenn alle Begriffe erklärt wurden. Gewonnen hat die Gruppe, die die meisten Punkte hat.

19.7.3 Konzeption und Erstellung

Aus dem Themenbereich des Trainings werden wichtige Schlüsselwörter und Begriffe gesammelt. Anschließend werden zu jedem Wort drei bis vier weitere Tabuwörter gesucht, die bei einer Erklärung des gesuchten Wortes hilfreich wären. Das gesuchte Wort ist zum Beispiel „formatieren". Folgende Wörter sind tabu: Symbolleiste, Text, ändern, Funktion.

Je abstrakter ein Wort ist, umso schwieriger ist es zu erklären. Die Begriffe und Tabuwörter werden auf eine DIN-A4-Karte geschrieben.

▶ **Tipp** Laminierte Karten sind stabiler und können mehrfach verwendet werden.

19.8 Tic-Tac-Toe

Ziel:	Sicherung der Lernziele, Wissensstand der Gruppe ermitteln
Art:	Event; Quiz, bei dem verschiedene Trainingsinhalte wieder holt oder Vorkenntnisse abgefragt werden
Form:	Quiz, bei dem zwei Gruppen gegeneinander antreten
Dauer:	10–15 min
Material:	Matrix, Frage- und Antwortkarten, Stifte, Preise

19.8.1 Durchführung

Die Gruppe wird in zwei gleich große Teams aufgeteilt. Jede Gruppe gibt sich einen Namen und bekommt ein Symbol, zum Beispiel Kreuz und Kreis. Das Los bestimmt die Gruppe, die anfängt.

Die Seminarleitung stellt dem ersten Team eine Frage zum Seminarstoff. Beantwortet die Gruppe die Frage richtig, so darf sie irgendwo an der Tic-Tac-Toe-Matrix ein Kreuzchen beziehungsweise einen Kreis zeichnen. Beantwortet sie die Frage falsch, so darf sie kein Symbol auf der Matrix zeichnen und die zweite Gruppe ist an der Reihe, die Frage zu beantworten.

Immer abwechselnd sind die Gruppen an der Reihe. Dies gilt auch, wenn eine Gruppe die richtige Antwort hat, denn es kommt keine Gruppe zwei Mal hintereinander an die Reihe.

Gewonnen hat die Gruppe, die als erste drei Symbole in einer Reihe auf der Matrix gezeichnet hat. Diese Reihe kann entweder waagrecht, senkrecht oder diagonal sein.

Tabelle 19.13 **zeigt eine Matrix Tic-Tac-Toe.**

Tab. 19.13 Tic-Tac-Toe Beispiel einer Matrix

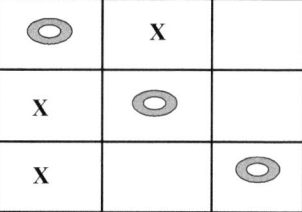

Variante 1

Alle Fragen können vorher von den Teilnehmern für die jeweils andere Gruppe vorbereitet werden. Der Trainer sammelt diese danach ein, sortiert sie und stellt sie jeweils der gegnerischen Mannschaft.

Variante 2

Mit „Tic-Tac-Toe" können auch die Vorkenntnisse zu einem neuen Thema abgefragt werden. Anhand der Antworten kann die Seminarleitung den Wissensstand der Gruppe sehr gut einschätzen.

Bei dieser Vorgehensweise ist es wichtig, dass die Seminarleitung vor Beginn der Methode darauf hinweist, dass falsche Antworten einer Mannschaft nicht schlimm sind.

19.9 Vier gewinnt

Ziel:	Sicherung der Lernziele, Wissensstand der Gruppe ermitteln
Art:	Event; Quiz, bei dem verschiedene Trainingsinhalte wieder holt oder Vorkenntnisse abgefragt werden
Form:	Quiz, bei dem zwei Gruppen gegeneinander antreten
Dauer:	10–15 min
Material:	Matrix, Frage- und Antwortkarten, Stifte, Preise

19.9.1 Durchführung

Die Gruppe wird in zwei Teams aufgeteilt. Beide Teams geben sich einen Namen und bekommen ein Symbol, zum Beispiel ein Kreuz oder einen Kreis. Per Los wird bestimmt, welche Gruppe beginnt. Diese Gruppe bekommt von der Seminarleitung eine Frage gestellt. Beantwortet die Gruppe die Frage richtig, so darf sie irgendwo in der Vier-gewinnt-Matrix ein Kreuzchen beziehungsweise einen Kreis zeichnen. Beantwortet sie die Frage falsch, so darf sie nichts zeichnen und die zweite Gruppe ist an der Reihe, die Frage zu beantworten.

Die Symbole dürfen aber nicht überall auf der Matrix gezeichnet werden, sondern es wird in der unteren Reihe begonnen. Erst wenn ein Symbol in der untersten Reihe liegt, kann ein weiteres Symbol aufgesattelt werden.

Gewonnen hat die Gruppe, die als erstes vier Symbole in einer Reihe auf der Matrix gezeichnet hat. Diese Reihe kann entweder waagrecht, senkrecht oder diagonal sein.

Tabelle 19.14 zeigt ein Beispiel für eine Matrix für Vier gewinnt.

Tab. 19.14 Vier gewinnt Durchführung Beispiel Matrix

	X	X	X	X	
	O	X	O	O	
	O	X	O	X	O
	X	O	O	O	X

Variante 1
Alle Fragen können vor dem Event von den Teilnehmern für die jeweils andere Gruppe vorbereitet werden. Der Trainer sammelt diese anschließend ein, sortiert sie und stellt sie jeweils der gegnerischen Mannschaft.

Variante 2
Mit „Vier gewinnt" können auch die Vorkenntnisse zu einem neuen Thema abgefragt werden. Anhand der Antworten kann die Seminarleitung den Wissensstand der Gruppe sehr gut einschätzen.

Am Anfang sollte erklärt werden, dass es nicht schlimm ist, wenn eine Mannschaft eine falsche Antwort gibt.

Lernzirkel 20

20.1 Einführung

Im Lernzirkel durchlaufen die Teilnehmer in Tandems oder Kleingruppen mehrere Übungsstationen. An den Stationen erarbeiten sie sich den Lernstoff selbstständig mit Hilfe der Schulungsunterlagen und der Trainer.

Die Stationen haben Übungen mit unterschiedlichen Schwierigkeitsgraden, dadurch können die unterschiedlichen Lerntempi und Lernniveaus berücksichtigt werden.

Die Berücksichtigung der unterschiedlichen Lernniveaus im Lernzirkel[1] hat eine Reihe von Vorteilen:

- Die unterschiedliche Arbeitsgeschwindigkeit der Teilnehmer kann ausgeglichen werden. Langsame Lerner können ein oder zwei Aufgaben bearbeiten, schnelle Lerner können vier bis fünf Aufgaben durcharbeiten.
- Durch die unterschiedlichen Schwierigkeitsgrade der Aufgaben profitieren alle von der Schulung.
- Das bereits vorhandene und erlernte Wissen kann in Form von Transferaufgaben angewendet werden.
- Das aktive Lernen wird gefördert.

Aus verschiedenen Stationen besteht der Lernzirkel besteht. An jeder Station gibt es Pflicht- und Küraufgaben. Die Pflichtaufgaben werden von allen Gruppen gelöst. Gruppen, die nach den Pflichtaufgaben noch Zeit haben, können die Küraufgaben lösen. Wenn eine Gruppe alle Pflichtaufgaben einer Station gelöst hat, wechselt sie zur nächsten Station. Die Lösung dieser Aufgaben erarbeitet sich die Gruppe eigenständig mit Hilfe von Be-

---

[1] Vgl. Gerbig, Christoph; Gerbig-Calcagni, Irene (2005[2]): IT Trainings erfolgreich durchführen, Weinheim, Basel, S. 77.

nutzerhandbüchern beziehungsweise den Trainingsunterlagen. Bekommen einige Gruppen die Lösung nicht heraus, so hat der Trainer ausreichend Zeit, sich intensiv um diese Gruppen zu kümmern.

Nachdem die Pflichtstationen von allen Gruppen durchlaufen wurden, wird der Lernzirkel aufgelöst. Aufgelöst werden alle Stationen, die die Teilnehmer noch einmal sehen möchten.

Entscheidend für die Lösung ist nicht so sehr, ob diese richtig oder falsch war, sondern wie der Lösungsweg ausgesehen hat, und warum die Gruppen diesen Weg gewählt haben.

20.2 Konzeption und Erstellung eines Lernzirkels

Wie wird ein Lernzirkel aufgebaut?

- Der Lernzirkel besteht aus einer bestimmten Anzahl von Stationen, die von allen Teilnehmern bearbeitet werden. Eine Station wiederum besteht aus mehreren Übungen mit unterschiedlichen Schwierigkeitsgraden. Die Stationen werden in Pflicht- und Kürübungen unterteilt. Alternativ kann es auch Pflicht- und Kürstationen geben. Pflichtstationen oder Pflichtübungen vermitteln die Grundlagen und das Basiswissen. Sie werden von allen Gruppen bearbeitet. Dieses Wissen soll am Ende des Trainings von allen Teilnehmern beherrscht werden. Im Unterschied dazu werden die Kürstationen von den schnelleren Gruppen zusätzlich zu den Pflichtstationen gelöst. Dabei gehen die Aufgaben über die Grundlagen hinaus: der bisher gelernte Stoff muss auf neue Zusammenhänge übertragen werden. Durch die Kürstationen werden auch die Besseren im Training gefordert.
- Bei der Konzeption eines Lernzirkels ist darauf zu achten, dass die Teilnehmer die Lust am selbstständigen Erarbeiten nicht verlieren. Deshalb sollten sie regelmäßig Erfolgserlebnisse haben. Jede dritte bis vierte Station sollte deshalb relativ einfach sein. Innerhalb der Stationen sollte die erste Aufgabe immer die leichteste sein.
- Zu überlegen ist beim Aufbau eines Lernzirkels, ob die Stationen von den Teilnehmern in einer bestimmten Reihenfolge bearbeitet werden sollen. Die Reihenfolge kann über einen Laufzettel gesteuert werden. Auf diesem Laufzettel wird beispielsweise vermerkt, dass die Station sieben erst gelöst werden kann, wenn von der Gruppe die Station vier bearbeitet wurde. Insgesamt kann die genaue Reihenfolge der Bearbeitung der einzelnen Stationen fest vorgegeben werden. Jedoch ist es sowohl für die Teilnehmer als auch für die Seminarleitung einfacher, wenn die Stationen frei gewählt werden können und nicht thematisch aufeinander aufbauen.

Aus welchen Aufgabentypen besteht der Lernzirkel?
Um einen Lernzirkel möglichst abwechslungsreich zu gestalten, können im IT-Bereich folgende Aufgabentypen gestellt werden:

20.2 Konzeption und Erstellung eines Lernzirkels

- Anwendungs- beziehungsweise prozessorientierte Aufgaben: Bei diesen Aufgaben erarbeiten sich die Teilnehmer bestimmte Prozesse am System.
- Transferaufgaben: Dies sind Aufgaben, bei denen bereits bekanntes Wissen auf neue Sachverhalte übertragen wird.
- Wiederholungsaufgaben: Diese Aufgaben wiederholen bekanntes Wissen und den bereits behandelten Stoff auf unterschiedliche Art und Weise[2].
- Sortier-, Zuordnungs- und Hierarchisierungsaufgaben. Bei diesen Trockenaufgaben müssen Zusammenhänge zwischen bestimmten Begriffen hergestellt werden.
- Strukturaufgaben: Dabei werden der genaue Aufbau und die Struktur der Software abgefragt, um die Zusammenhänge im System zu verdeutlichen.

Wie viele verschiedene Stationen gibt es insgesamt?

- Ein Lernzirkel sollte aus vier bis sechs Stationen mit mehreren Übungen bestehen. Danach sollten die bearbeiteten Stationen aufgelöst werden, denn eine gute Auswertung ist nicht mehr möglich, wenn die Gruppen zu viele Stationen durchlaufen haben. Die meisten Teilnehmer können sich dann nicht mehr genau daran erinnern, an welchen Stationen sie Probleme hatten.
- Pro Trainingstag können ca. acht bis zehn Stationen von den Teilnehmern bearbeitet werden. Bei mehr als sechs Stationen sollte der Lernzirkel in zwei Teile aufgeteilt werden.
- Ein Lernzirkel hat immer mehr Stationen als Lerngruppen. Als Faustregel gilt: Ein Lernzirkel hat 1/3 mehr Stationen als Gruppen.
- Gibt es zu wenig Stoff für die Stationen, können einzelne Stationen gedoppelt werden. Jede Gruppe durchläuft diese Station natürlich nur einmal. Durch dieses Verfahren gibt es keine „Staus" an einzelnen Stationen, denn einzelne Stationen können deutlich länger dauern als andere. Gibt es die Stationen mehrfach, gerät keine Gruppe unter Zeitdruck.

Wie werden die einzelnen Übungen formuliert?

- Die Lernzirkelaufgaben bestehen aus möglichst vielen Praxisfällen beziehungsweise Prozessen aus dem Tagesgeschäft, so dass die Teilnehmer den Sinn der Übungen erkennen.
- Die Aufgaben werden von Gruppen selbstständig mit Hilfe der Trainingsunterlagen gelöst. Achtung: dies funktioniert nur, wenn die Übungsunterlagen entsprechend ausführlich sind.
- Für jede Übung gibt es mehr Testfälle als Gruppen. Diese Mehrarbeit lohnt sich für die Seminarleitung, um auf unvorhersehbare Schwierigkeiten reagieren zu können. Beispielsweise, wenn eine Gruppe aus Versehen zwei Testfälle bearbeitet hat. Ein Testfall wird immer für die Auflösung gebraucht.
- Bei der Aufgabenstellung sollte auf Fachausdrücke und softwarespezifische Arbeitsanweisungen verzichtet werden. Die Teilnehmer müssen Aufgaben aus dem Tages-

---

[2] Vgl. Kapitel Wiederholungsübungen

geschäft in die Sprache der Software übertragen können. Eine Aufgabe aus dem Bereich SAP könnte lauten: *Ein Kunde ruft an und möchte wissen, welches der günstigste Stromtarif für ihn ist, wenn er ein drittes Kind bekommt.* Die Gruppen müssen sich überlegen, wie diese Informationen im System abgebildet werden. Wo stehen die Tarife und wie können diese geändert werden? Der Lerneffekt bei solchen Aufgaben ist höher als bei Aufgaben, bei denen man die Lösung schon aus der Fragestellung entnehmen kann (Gehen Sie in das Menü xy und ändern Sie den Tarif…).

Wie wird ein Lernzirkel durchgeführt?

- Die Seminarleitung stellt die Methode vor (Ziele, Übungsformen, Zeitrahmen, Materialien und Laufzettel) und erläutert die Stationen und Aufgaben.
- Auf den Tischen liegen die einzelnen Stationen und die PCs sind deutlich mit einer Stationsnummer gekennzeichnet. Die Übungsblätter liegen an den Stationen aus. Falls die Übungsblätter noch für andere Trainings verwendet werden sollen, so können sie durch Folien geschützt werden.
- Eine andere Variante ist, dass die Gruppen an ihren Plätzen bleiben. Sobald sie eine Station gelöst haben, erhalten sie von der Seminarleitung eine neue Station.
- Zur Durchführung des Lernzirkels werden Lerngruppen mit 2–3 Personen gebildet.
- Jede Lerngruppe erhält einen Laufzettel und bekommt eine Station zugewiesen, mit der sie den Lernzirkel beginnt. So beginnt die eine Gruppe an der Station zwei, die nächste Gruppe an der Station vier etc. Auf den Laufzetteln kann die Gruppe die bearbeiteten Stationen abhaken und sich Notizen machen.
- Bevor es losgeht, müssen die Übungskonstrukte auf die Gruppen verteilt werden. Jede Gruppe bekommt eine Nummer. Die Übungskonstrukte auf dem Arbeitsblatt sind ebenfalls durchnummeriert. Die Gruppe 3 bearbeitet dann an allen Stationen die Übungen mit der Ziffer 3. Die genaue Aufteilung ist wichtig, damit sich die Gruppen nicht gegenseitig blockieren oder sich die Testfälle wegnehmen.

In der Tab. 20.1 ist ein Auszug aus einem Datenblatt:

- Schließlich gibt die Seminarleitung eine bestimmte Zeit vor und kündigt an, dass nach dieser Zeit die verschiedenen Gruppen ihre Lösungswege im Plenum vorstellen werden. Damit eine gute Auswertung möglich ist, sollte nach eineinhalb bis spätestens zwei Stunden eine Auswertungsrunde stattfinden.

Tab. 20.1 Auszug aus einem Datenblatt

Gruppe	Geschäftspartnerin	Neue Rechnungsadresse
1	Alma Montag/Sedanstr. 1/Wuppertal	Bromberger Str. 18, Wuppertal
2	Alma Eder/Sedanstr. 2/Wuppertal	Bromberger Str. 18, Wuppertal
3	Alma Faust/Sedanstr. 3/Wuppertal	Bromberger Str. 18, Wuppertal

20.2 Konzeption und Erstellung eines Lernzirkels

Wie durchlaufen die Teilnehmer den Lernzirkel?

- Im Idealfall entscheiden die Lernenden selbst, ob sie die Stationen des Lernzirkels zu dritt, im Tandem oder allein bearbeiten. Erfahrungsgemäß ist das Arbeiten in Zweier- und Dreiergruppen am intensivsten und gewinnbringendsten für die Teilnehmer. Denn sie können sich in dieser Zusammensetzung recht gut beraten und auch gegenseitig helfen. Festzustellen ist, wenn sich die Lerngruppen selbst finden, dass sich sehr schnell die „Schwachen" und die „Starken" zu Gruppen zusammenfinden.
- Um auf die Zusammensetzung der Gruppen einen größeren Einfluss zu nehmen, kann auch die Seminarleitung eine Einteilung festlegen.

Welche Rolle übernehmen die Trainer?

- Die Trainer unterstützen und helfen den Teilnehmern bei der eigenständigen Erarbeitung des Lernstoffes.
- In IT-Trainings können von einer einzelnen Person ca. fünf bis sieben Teilnehmer optimal betreut werden. Sobald eine Trainingsgruppe acht bis zwölf Leute umfasst, ist für eine gute Betreuung der Übungsaufgaben ein zweiter Trainer erforderlich.

Wie wird ein Lernzirkel aufgelöst?

- Nachdem alle Gruppen die Pflichtübungen bearbeitet haben, ist die Erarbeitungsphase zu Ende.
- In der Auflösungsphase entscheiden die Gruppen, welche Aufgaben noch einmal im Plenum besprochen werden. Haben alle Gruppen zum Beispiel Station 1 erfolgreich gelöst, muss diese nicht noch einmal im Plenum besprochen werden. Durch dieses Verfahren bleibt mehr Zeit für die Besprechung der Stationen, bei denen es Probleme gab.
- Die Trainer können auch Stationen vorschlagen, wenn sie bei der Gruppenbetreuung gesehen haben, dass es bei einigen Stationen viele Fragen gab.
- In der Auswertungsphase werden die Lösungen im Gruppengespräch zusammengetragen. Bei der Auflösung geht es nicht nur um die richtige Lösung, sondern um den Lösungsweg beziehungsweise die aufgetretenen Probleme.
- Die Auflösung dauert ca. noch einmal halb so lang wie die Übungszeit.
- Als Faustregel gilt, ein Lernzirkel sollte nach spätestens sechs Stationen mit zwei bis vier Übungen ausgewertet werden.

20.2.1 Beispiel: Lernzirkel für MS-Word

Die Tab. 20.2 zeigt einen möglichen Laufzettel für einen Lernzirkel Laufzettel.

Tab. 20.2 Beispiel Laufzettel Lernzirkel

Laufzettel

Art	Stationen	Anmerkungen	Bearbeitet √
	Station 1: Speichern		
Pflicht	1.1 Speichern eines Dokumentes		
Pflicht	1.2 Speichern einer Datei als codierter Text		
Kür	1.3 Deaktivierung der Schnellspeicherung		
Pflicht	**Station 2: Benutzerwörterbuch**		
Pflicht	1.1 Erstellen eines neuen Benutzerwörterbuches		
Pflicht	1.2 Aktivieren und Verwenden eines Benutzerwörterbuches		
	Station 3: Formatvorlagen		
Pflicht	1. Erstellen einer neuen Formatvorlage		
Pflicht	2. Anwenden einer anderen Formatvorlage		
Pflicht	2.1 Entfernen einer Formatvorlage		
Kür	3. Ändern der Formatvorlage Hyperlinks in Word-Dokumenten		
	Station 4: Tabellen		
Pflicht	1. Erstellen einer Tabelle		
Pflicht	2. Anwenden einer anderen Tabellenformatvorlage		
Kür	3. Arbeiten mit langen Tabellen		
Kür	4. Daten aus einer Datenquelle als Tabelle einfügen		
Kür	**Station 5: Seriendruck**		
Kür	1.1 Verwenden der Seriendruckfunktion zum Erstellen von Serienbriefen		
Kür	1.2 Drucken von Seriendruckdokumenten		
Kür	2. Auswählen einer anderen Datenquelle als Hauptdokument		

20.2 Konzeption und Erstellung eines Lernzirkels

Tab. 20.2 (Fortsetzung)

Pflicht	Station 6: Symbolleisten
Pflicht	1. Änderung der Größe einer Symbolleiste
Kür	**Station 7: Makros**
Kür	1. Erstellen eines Makros
Kür	2. Ausführen eines Makros
Kür	3. Verwenden von Makros zum Automatisieren von Aufgaben
Pflicht	**Station 8: Grafiken**
Pflicht	1. Einfügen einer Grafik
Pflicht	2. Nachbearbeiten von Grafiken
	Station 9: Autotext
Pflicht	1. Einfügen eines AutoText-Eintrages
Kür	2. Speichern und Einfügen von häufig verwendetem Text
	Station 10: Inhaltsverzeichnis
Pflicht	1. Erstellen eines Inhaltsverzeichnisses
Pflicht	2. Löschen eines Inhaltsverzeichnisses
Kür	3. Erstellen eines Inhaltsverzeichnisses in einem bildlauffähigen Frame

Anschließend in der Tab. 20.3 ist ein Beispiel für Lernzirkelstationen.

Tab. 20.3 Beispiel Lernzirkelstationen

Station 1 Speichern:

> Einer Ihrer Kunden ruft an und möchte eine Auftragsbestätigung haben.
> Der Kunde wohnt / Am Industriehof 7a / D-60487 Frankfurt-Bockenheim.
>
> 1.1 (Pflicht) Schreiben Sie einekurze Auftragsbestätigung und speichern diese ab.
>
> 1.2 (Pflicht) Ihr Vorgesetzter hört von der Auftragsbestätigung und möchte, dass Sie diese codieren.
>
> 1.3 (Kür) Ständig speichert Ihr Computer; diese Schnellspeicherung möchten Sie abstellen.

Tab. 20.3 (Fortsetzung)

Beispiel: Station 2 Benutzerwörterbuch

Endlich ist das Angebot für einen Ihrer Kunden erstellt. Um sicherzugehen, dass Sie keinen Fehler in Ihrem Angebot haben, möchten Sie dieses mit Hilfe des Wörterbuches überprüfen. 1. (Pflicht) Erstellen Sie ein Benutzerwörterbuch. 2. (Pflicht) Überprüfen Sie mit dem Benutzerwörterbuch Ihr Angebot.

Beispiel: Station 3 Formatvorlagen

Für Ihre Abteilung haben Sie ein Konzept zur Einarbeitung von Azubis erstellt. Inhaltlich sind Sie mit dem Papier zufrieden, jedoch möchten Sie das Layout verändern. 1. (Pflicht) Verändern Sie die Formate für Absätze und die Zeichenformate. 2. (Pflicht) Von Ihrer Kollegin erfahren Sie, dass in Ihrem Unternehmen Formatvorlagen für interne Papiere verwendet werden sollen. 2.1 (Pflicht) Beim Aufrufen der verschiedenen Formatvorlagen sehen Sie, dass Sie eine neue Formatvorlage erstellt haben, die Sie wieder löschen möchten. 3. (Kür) Zur Bestellung von neuen Waren rufen Sie die Liste auf. In der Liste sind auch verschiedene Links angegeben. Dabei stellen Sie fest, dass einige Links in der Bestellliste nicht mehr stimmen. Ändern Sie diese entsprechend ab.

Modellübungen 21

> ***Kommunikationsstörungen***
> *Wenn man ihnen etwas erklärt*
> *versteht er nichts*
> *sagt aber dauernd*
> *is doch logisch*
> *wenn man dann fragt*
> *wieso logisch? antwortet er*
> *ja wieso*
> *weiß ich auch nich*
> *wenn man dann sagt*
> *warum sagst du denn dauernd*
> *is doch logisch*
> *sagt er*
> *man wird doch mal was in Frage stellen dürfen.*
> Hans Dieter Hüsch

Die von Hans Dieter Hüsch beschriebenen Missverständnisse gibt es auch in IT-Trainings. Besonders anfällig dafür sind Lerneinheiten, in denen es um abstrakte Modelle der Software geht.

Diese Modelle werden benutzt, um die Grundlagen und Funktionsprinzipien der Software klar zu machen. In der Regel werden diese Modelle durch ein Impulsreferat mit Folien oder Schaubildern erklärt. Meistens ist die Erklärung der Trainer einleuchtend und die Teilnehmer scheinen alles verstanden zu haben. Auch ihnen selbst erscheint alles logisch. Im Verlaufe des Seminars stellt sich dann aber oft heraus, dass die Teilnehmer sich das Modell doch ganz anders vorstellen als die Trainer.

Je abstrakter das Modell, je unbekannter die Fachbegriffe sind, desto mehr Missverständnisse gibt es. Diese Missverständnisse entstehen dadurch, dass Begriffe und Symbole ihre Bedeutung erst in einem bestimmten Kontext bekommen. Das bekannte Spiel

„Teekesselchen" funktioniert genauso. Bei dieser Übung wird ein Begriff beschrieben, der mehrere Bedeutungen haben kann. Was kommt Ihnen als erstes in den Sinn, wenn Sie das Wort „Bank" hören? Die Bank, auf der Sie sitzen können, oder die Bank, bei der Sie Geld einzahlen? Was mit einem Begriff gemeint ist ergibt sich immer erst aus dem Kontext. Erzählt jemand gerade davon, dass er vor dem Einkaufen noch schnell zur Bank muss, wird kaum jemand annehmen, dass er die nächste Parkbank ansteuern wolle.

In den Trainings fehlt den Teilnehmern häufig der entsprechende Kontext. Wenn die Trainer ein Modell erklären, versuchen die Teilnehmer, die Begriffe in einen bekannten Kontext einzuordnen. Beziehen sich Trainer und Teilnehmer auf unterschiedliche Kontexte, reden sie zwangsläufig aneinander vorbei. Im Gegensatz zu den Trainern haben sich viele Teilnehmer noch nie mit softwaretechnischen Zusammenhängen beschäftigt.

Die meisten abstrakten Modelle sind schwer zugänglich, da sie in der Regel kaum etwas mit dem Arbeitsalltag der Teilnehmer gemeinsam haben. Das „Fachchinesisch" erschwert die Verständigung zusätzlich. Der Kontext, in den sie die Erklärungen der Referenten einordnen, ist ein völlig anderer als der Kontext, von dem die Seminarleitung ausgeht. Missverständnisse sind damit vorprogrammiert.

Bei den Modellübungen geht es darum, den Kontext zu klären. Im Mittelpunkt stehen die Vorstellungen und Begriffsdefinitionen der Teilnehmer. Unklare Begriffe oder falsche Zusammenhänge werden bei der Modellübung sofort deutlich und können geklärt werden.

Bei den Modellübungen bekommen die Teilnehmer nicht das fertige Modell, sondern dessen Einzelteile. Aus diesen Einzelteilen müssen sie dann das Modell rekonstruieren. Das Modell wurde im Vorfeld nicht vorgestellt. Um diese Aufgabe zu lösen, müssen sie sich die folgenden Fragen stellen:

- Was bedeuten die einzelnen Begriffe?
- Welche Funktion haben die einzelnen Modellteile?
- Wie hängen die einzelnen Modellteile zusammen?

Durch dieses Verfahren werden die entscheidenden Begriffe bereits in den Gruppen und bei der Auflösung im Plenum diskutiert: „Der Begriff XY ist aber irreführend". Unterschiedliche Definitionen werden transparent. Die Teilnehmer setzen sich intensiver mit den Modellen auseinander als bei einem Vortrag, dem sie nur passiv zuhören können.

Die Methode „Modellübung" hat folgende Ziele
1. Vermittlung von abstrakten Softwaremodellen und Schaubildern.
2. Klärung und Definition von wichtigen Fachbegriffen.
3. Eigenständiges Erarbeiten der Software- und Systemzusammenhänge.
4. Herstellung eines Bezugs zwischen der Software und der Berufspraxis.
5. Aktives Lernen in der Gruppe.
6. Förderung der Lernkompetenz.

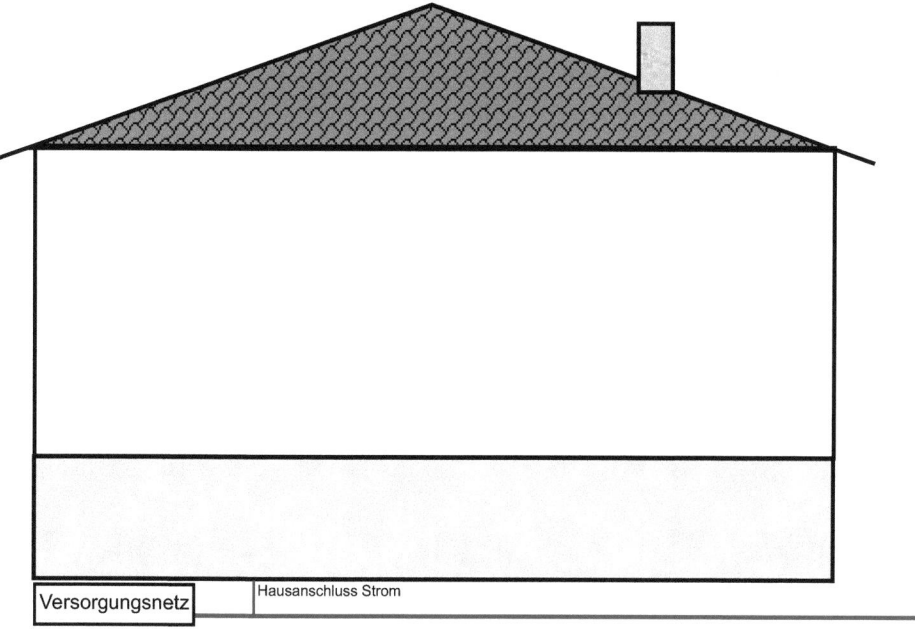

Abb. 21.1 IS-U Haus leer

21.1 Durchführung

Zu Beginn der Übung werden Kleingruppen von zwei bis drei Personen gebildet. Jede Gruppe bekommt die einzelnen Bestandteile des jeweiligen Modells.

Anschließend erhalten die Gruppen den Auftrag, aus den Einzelteilen ein zusammenhängendes und in sich logisches Modell der Software zu rekonstruieren. Die Teilnehmer sollen sich in die Software hineindenken.

Beispiel aus dem Bereich SAP (Modul SAP for Utilities) Mit dem Modul SAP for Utilities (IS-U/CCS) rechnen Energieversorgungsunternehmen ab. Die Teilnehmer bekommen das leere Haus und die Einzelteile ausgeteilt.

Abbildung 21.1 zeigt „Das leere IS-U-Haus" für Strom Netzseite[1]:

In der Abb. 21.2 werden die Einzelteile gezeigt, um das IS-U-Haus für Netzseite zu füllen:

---

[1] Aufgrund der Liberalisierung des Energiemarktes fand eine Regulierung statt. Es wurde getrennt zwischen Netz und Lieferant. Vgl. Nill-Theobald, C.; Theobald, C., 2013[3]: Grundzüge des Energiewirtschaftsrechts, München.

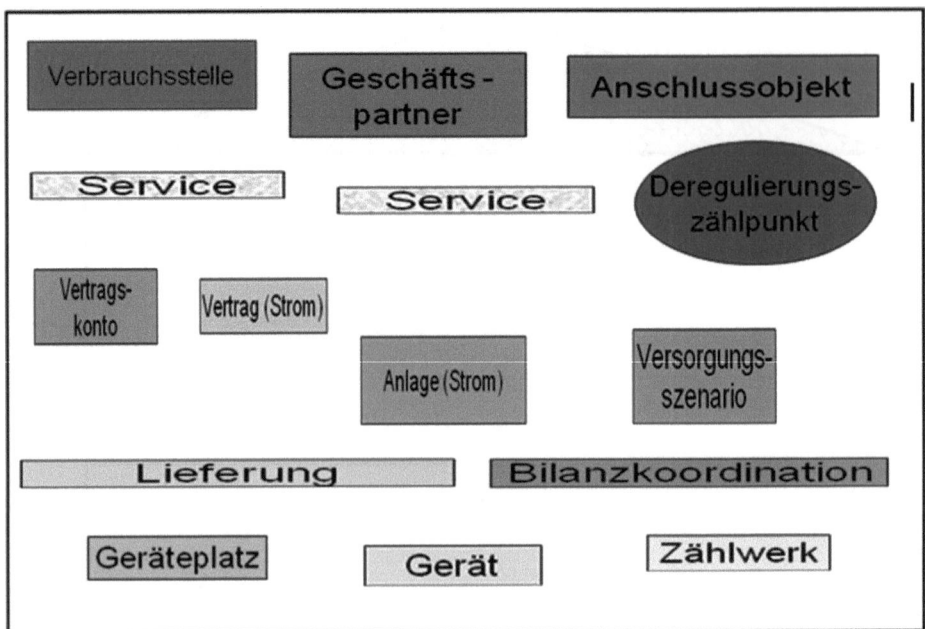

Abb. 21.2 Einzelteile IS-U Haus

21.2 Auflösung

Nachdem alle Gruppen eine Lösung entwickelt haben, stellt jede Gruppe ihre Lösung im Plenum vor. Zur Demonstration der Lösung zeigt die Gruppe ihren Lösungsweg an einem großen DIN-A0-Plakat mit entsprechend großen Puzzleteilen. Alternativ dazu können sich auch die anderen Gruppen um den Tisch der vorstellenden Gruppe aufstellen, so dass alle Teilnehmer die Anordnung der Einzelteile und Verbindungen der Einzelteile sehen können. Auf dem nachfolgenden Foto ein Beispiel für eine Auflösung der Modellübung IS-U Haus für die Netzseite zu sehen.

21.2 Auflösung

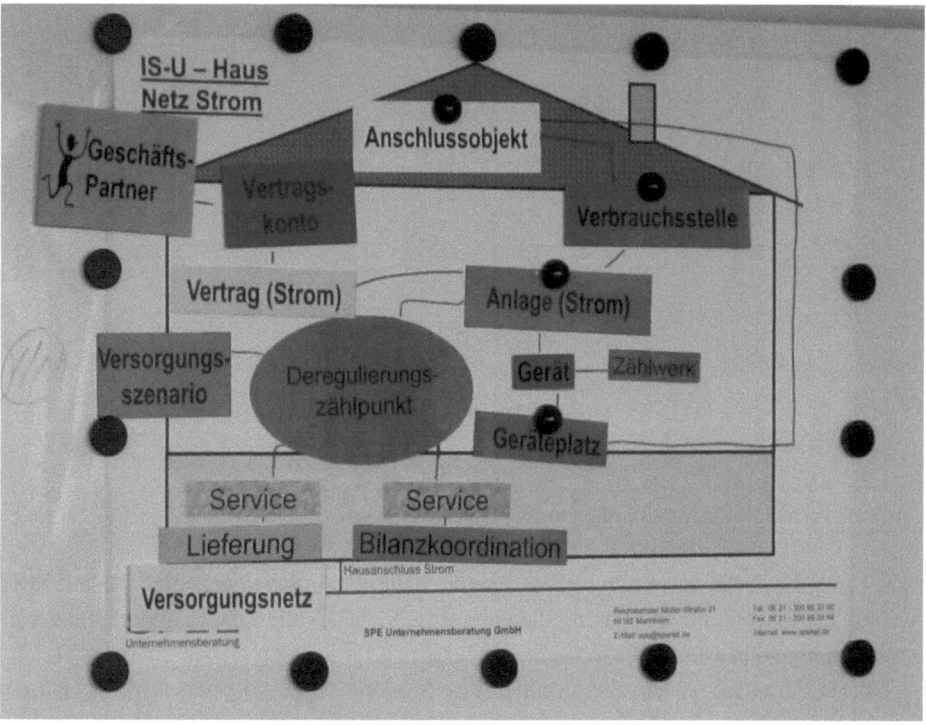

Foto Auflösung Modellübung IS-U Haus Netzseite

Die vorstellende Gruppe erklärt, wie die Software ihrer Meinung nach funktioniert. Dazu definiert sie die einzelnen Begriffe, die auf den Puzzleteilen stehen und erklärt, welche Aufgabe diese innerhalb des Modells haben. Zum Beispiel welche Daten wo eingetragen werden: „Im Objekt Geschäftspartner stehen der Name und die Adresse des Kunden". Außerdem erklären sie, wie die einzelnen Teile zusammenhängen. Zum Beispiel: „Für die Rechnung zieht sich das System den Namen aus dem Geschäftspartner. Wie viel Strom der Kunde verbraucht hat, steht im Gerät."

Während der Vorstellung dürfen die Teilnehmer der anderen Gruppen Verständnisfragen stellen. Wenn die Teilnehmer keine weiteren Fragen an die vorstellende Gruppe haben, beginnt der Trainer die Gruppe zu befragen. Durch die Nachfragen versucht die Seminarleitung in den Kopf der Teilnehmer zu schauen, d. h. Begriffe noch präziser zu definieren oder Widersprüche aufzudecken und „Knackpunkte" des Lösungsvorschlags zu verdeutlichen, zum Beispiel: „Sie wollen also den Namen des Kunden in die Datenobjekte „Geschäftspartner" und „Vertragskonto" eintragen. Ist das nicht doppelte Arbeit?".

Bei der Auflösung nehmen die Trainer die Rolle des „dummen August" ein. Dieser stellt scheinbar naive oder auch provozierende Fragen, um die entwickelte Lösung der Teilnehmer zu hinterfragen. Auf dem anschießenden Foto erarbeiten sich zwei Trainees der SPE Unternehmensberatung GmbH eine Lösung für das IS-U Haus.

Foto Beispiel Modellübungen Auflösung mit zwei Trainees

Damit sich die Teilnehmer durch diese Fragen nicht persönlich angegriffen fühlen, ist es wichtig, dass zu Beginn der Übung die unterschiedlichen Rollen der Seminarleitung vorgestellt und geklärt werden.

Zum Beispiel so: „Wenn die Gruppen ihre Modelle vorgestellt haben, werde ich ein paar naive oder provokative Fragen stellen. Natürlich nicht, um Sie zu ärgern, sondern um herauszufinden, wie das Modell, das Sie gebaut haben, funktioniert. Durch diese Fragen sollen auch die Schwierigkeiten und Probleme der jeweiligen Modelle deutlich werden."

Bei der Befragung wird immer die gesamte Übungsgruppe angesprochen, damit sich die Einzelnen nicht bloßgestellt fühlen.

Sie beginnt in der Regel mit einer offenen Frage, d. h. einer Frage, die keine bestimmte Antwort intendiert. Zum Beispiel: „Wie funktioniert die Software Ihrer Meinung nach?", „Was hat sich wohl der Entwickler bei der Konstruktion der Software gedacht?"

In einem zweiten Schritt geht es darum, die besonderen Einzelheiten der verschiedenen Lösungsvorschläge herauszuarbeiten.

Meistens werden in dieser Phase eher geschlossene Fragen gestellt.

- **W-Fragen: Wer? Was? Womit? Warum? Wieso?**
  Diese dienen in der Regel der Präzisierung oder Vertiefung einzelner Aspekte des Teilnehmervortrags. Zum Beispiel: *Welche Daten werden in diesen Dateien gespeichert? Welches Puzzleteil dient ausschließlich der Abrechnung des Programms? Warum wollen Sie die Adresse des Geschäftspartners zweimal ein pflegen?*

- **Entweder-oder-Fragen**
  Ziel dieser Fragen ist es, die einzelnen Zusammenhänge der Software zu verdeutlichen, indem die Gegensätze bzw. Widersprüche des entworfenen Modells aufgezeigt werden. Zum Beispiel: *Sind Dateien und Programme dasselbe oder sind es unterschiedliche Dinge?*

- **Provokative Fragen**
  Durch diese Fragen werden Erläuterungen der Teilnehmer aufgegriffen und sofort in Frage gestellt. Damit werden der Gruppe die kritischen Punkte ihrer Lösung noch einmal vor Augen geführt. Zum Beispiel: *Wenn Sie die Adresse Ihres Kunden in den Geschäftspartner einpflegen, warum wollen Sie diese dann noch einmal im Kundenkonto eintragen? Ist das nicht doppelt gemoppelt?*

Anhand der Begründungen und Erklärungen der Teilnehmer erkennt die Seminarleitung, welches Bild sich die Teilnehmer von der Software gemacht haben und welche Systemzusammenhänge der Software noch unklar sind. Auf diese Unklarheiten kann der Trainer im Verlauf des Trainings verstärkt eingehen.

Nachdem eine Gruppe ihren Lösungsweg vorgestellt hat, fasst der Trainer die wichtigsten Ergebnisse noch einmal zusammen. Zum Beispiel: „*Die Kundendaten stehen also nach Meinung dieser Gruppe im Geschäftspartner*" oder „*Unklar ist der Unterschied zwischen „tif"-Dateien und „gif"-Dateien?" „Die zentrale Schnittstelle zwischen kaufmännischen und technischen Stammdaten ist nach Meinung dieser Gruppe die Anlage.*"

Danach ist die nächste Gruppe dran. Es ist wichtig, dass alle Gruppen ihre jeweiligen Lösungen vorstellen, damit sich keine der Gruppen übergangen fühlt.

Die Schlussphase beginnt, wenn alle Gruppen ihre Lösung im Plenum dargestellt haben. Zu Beginn würdigt die Seminarleitung die Vorschläge der einzelnen Gruppen. Bei einer Modellübung gibt es eigentlich keine „richtigen" und „falschen" Lösungen. Erreicht ist das Übungsziel, wenn das Modell in den Gruppen und im Plenum diskutiert wurde. Durch diese Diskussion entsteht ein gemeinsamer Kontext. Es können keine Missverständnisse mehr entstehen, da die Auflösung der Trainer auch in diesen gemeinsamen Kontext eingeordnet wird. Die einzelnen Lösungsvorschläge werden deshalb auf keinen Fall abgewertet oder ins Lächerliche gezogen: „Wir kommen jetzt zur Auflösung der Modellübung, die wichtigsten Punkte der Modelle haben Sie alle schon genannt."

Bei der Auflösung wechselt auch die Trainerrolle vom „dummen August" zum Experten, der das Modell erklärt.

Beispiel IS-U-Haus Richtige Anordnung der Softwarebestandteile und ihrer Systemzusammenhänge der Abrechnungssoftware für Energieversorgungsunternehmen SAP for Utilities.

Abbildung 21.3 zeigt das zusammengesetzte IS-U-Haus für Strom auf der Netzseite:

In dieser Phase ist die Aufmerksamkeit der Teilnehmer sehr hoch, da alle gespannt sind, wie die Software funktioniert. Von dem Trainer werden in dieser Schlussphase alle wichtigen Begriffe definiert, die Funktionen und Systemzusammenhänge der Software erklärt.

Es kann verdeutlicht werden, welche Abteilung im Unternehmen im Wesentlichen mit welchen Bestandteilen der Software arbeitet. Aufgrund der Auswertungsphase wissen die

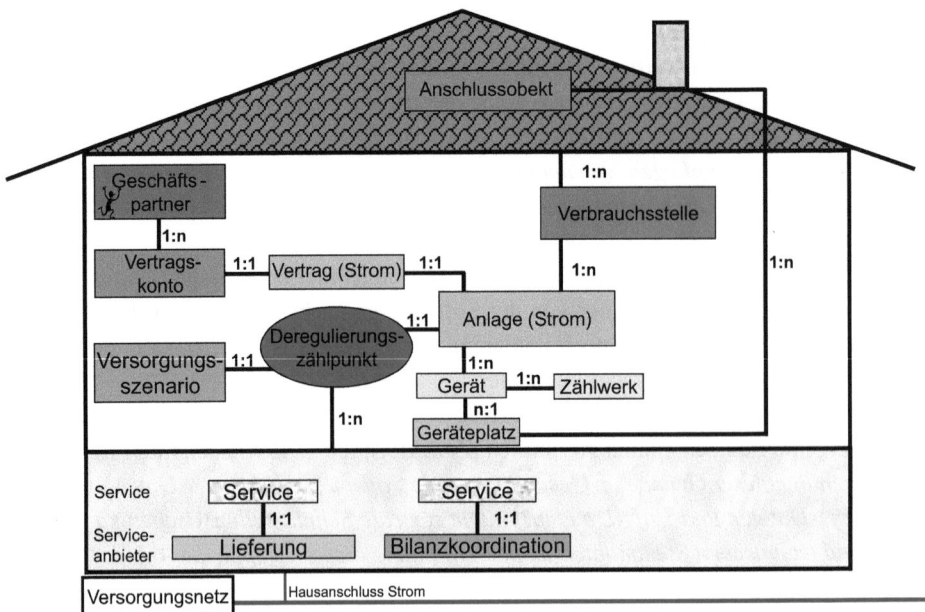

Abb. 21.3 Beispiel zusammengesetztes IS-U Haus Netzseite

Trainer genau, mit welchen Begriffen oder Zusammenhängen die einzelnen Gruppen Probleme hatten. Auf diese kann verstärkt Bezug genommen werden.

Die richtige Lösung der Übung kann für den Verlauf des weiteren Trainings in Großformat im Raum aufgehängt werden. So kann während der Übungen immer wieder auf das Modell Bezug genommen werden.

Wiederholungsübungen 22

22.1 Einführung

Mit den Wiederholungsübungen wird der bereits vermittelte Lernstoff verarbeitet und vertieft. Dies hat folgenden Hintergrund: beim Lernen werden die Lerninhalte mit bereits bekanntem Wissen verknüpft.

Je besser die Inhalte miteinander vernetzt sind, desto leichter können sie abgerufen werden. Die Verknüpfungen entstehen, wenn die Lerninhalte häufig und vielfältig wiederholt werden. Einfaches Wiederholen des Lernstoffs, bei dem die ursprüngliche Übung kopiert wird, hat einen geringeren Lernerfolg, da keine zusätzlichen Anknüpfungspunkte im Gedächtnis entstehen.

Die Teilnehmer können mit den Übungen ihren Lernerfolg selber überprüfen. Mit Hilfe der Übungen sehen die Trainer, welche Inhalte gut verstanden worden sind und welche Inhalte verstärkt geübt werden sollten.

Fehler bei den Übungen sind Lernchancen, denn es ist weniger wichtig, ob eine Lösung richtig oder falsch ist, sondern wie und warum die Teilnehmer auf den Lösungsweg gekommen sind.

Die folgenden Übungen sind „Trockenübungen", die Lerninhalte werden nicht an den PCs wiederholt. So werden zusätzliche Verankerungen im Gedächtnis der Teilnehmer geschaffen, denn:

- die Lerninhalte werden in einem anderen Lernkontext dargestellt,
- die Lerninhalte werden über andere Sinneskanäle aufgenommen,
- die Lerninhalte werden in anderer Form, zum Beispiel über Wettbewerbe oder Übungen, wiederholt.

Mit den Übungen können sowohl Begriffe, Definitionen und einzelne Fakten als auch größere Zusammenhänge, wie zum Beispiel Datenmodelle oder Prozessabläufe, wiederholt werden. Um einen möglichst guten Lernerfolg zu erzielen ist es sinnvoll, den Lernstoff frühestens nach 2–3 h zu wiederholen.

Bei einer zu schnellen Wiederholung des Lernstoffs sind die Lerninhalte noch im Kurzzeitgedächtnis der Teilnehmer gespeichert. Dies mindert den Lernerfolg. Die Wiederholungsübungen sind auch ein guter Einstieg in den zweiten oder dritten Trainingstag.

Durch die Übungen sollen die Teilnehmer motiviert werden. Deshalb sollte bei einer Wiederholungsübung die Hälfte der Aufgaben von allen Teilnehmern ohne Probleme gelöste werden können. Kleine Preise, wie zum Beispiel Süßigkeiten, motivieren zusätzlich und sorgen für eine gute Stimmung.

Bearbeitet werden können die Übungen alleine oder im Team. Die Teamarbeit hat den Vorteil, dass sich niemand bloßgestellt fühlt, da nicht der Einzelne, sondern immer die Gruppe den Fehler gemacht hat.

Anmoderation von Wiederholungsübungen Beim Anmoderieren ist Folgendes zu beachten:

1. Zusammenhang mit dem Thema herstellen, zum Beispiel: „Heute Nachmittag werden wir das Thema XY, das wir heute Morgen angefangen haben, weiter vertiefen. Zuvor gibt es aber noch mal eine Wiederholungsübung zu den wichtigsten Fachbegriffen."
2. Wiederholungsübungen sind keine Prüfungen, sondern Lernchancen, denn erst durch Fehler werden die Lerninhalte deutlich, die noch geübt werden müssen. Diese Intention sollte am Anfang der Übung deutlich werden, zum Beispiel: „Mit der folgenden Übung kann die Gruppe überprüfen, ob es noch offene Fragen gibt." oder „Anhand der nächsten Übung haben Sie die Gelegenheit zu überprüfen, ob alle offenen Fragen geklärt sind, oder an welchen Punkten ich noch einmal etwas erläutern oder vertiefen soll." Dies ist wichtig, denn wenn die Gruppe das Gefühl hat, ihr Lernfortschritt wird kontrolliert und abgeprüft, blockiert sie und verweigert die Übung.
3. Übungsaufgaben und Übungsinhalte genau erklären. Eventuell eine Proberunde durchführen
4. Zeitrahmen zur Bearbeitung der Übungen genau festlegen.

Tipps zur Auflösung der Übung

1. Bei der Auflösung der Wiederholungsübung ist es wichtig, dass dabei kein Teilnehmer bloßgestellt wird.
2. Bei der Auflösung geht es im Wesentlichen darum, die Gedankengänge und die Lösungsstrategien nachzuvollziehen. Die Begründung der Lösung ist entscheidend und nicht die Lösung selbst. In der Übungsbesprechung wird nicht nur nach der Antwort, sondern vor allem nach der Begründung gefragt: *„Warum sind Sie der Meinung, dass hier der Befehl XY verwendet werden sollte?", „Wie sind Sie auf diese Idee gekommen?".*

3. Bei „falschen" Lösungsvorschlägen hebt der Trainer immer den positiven Aspekt heraus: „*Der Grundgedanke ist richtig, in diesem Falle kommt aber hinzu, dass…*".
4. Die Gruppe wird motiviert, wenn der Trainer die Gruppe lobt und ihr auch ein Feedback über ihren Lernfortschritt gibt.
5. Zur Auflockerung und auch zur Lernmotivation können kleine Preise vom Trainer vergeben werden. Um nicht einzelne Teilnehmer zu brüskieren, sollten die Preisgrenzen möglichst positiv formuliert werden. Beispielsweise „*Wer hat mehr als 10 Fragen richtig?*" oder „*Wer hat weniger als 2 Fehler?*"

22.2 Wahr oder falsch

Ziel:	Sicherung des gelernten Lernstoffs
Art:	Wiederholungsübung
Form:	Zweiergruppen oder Einzelarbeit
Dauer:	ca. 10–15 Min
Material:	Blätter mit Wahr-oder-falsch-Aussagen, Lösungsblätter, Preise

Durchführung Ziel dieser Übung ist es, Begriffe, Zusammenhänge oder Prozesse zu wiederholen. Dazu bekommt jeder ein Aufgabenblatt mit Thesen zum Seminarstoff. Die Teilnehmer stellen fest, ob die Aussagen „wahr" oder „falsch" sind.

Sobald alle die Bögen ausgefüllt haben, wird die Übung aufgelöst. Die Person oder die Zweiergruppe mit den meisten richtigen Antworten erhält einen Preis.

Bei dieser Übung kommt es manchmal zu Diskussionen über die genaue Bedeutung einer Aussage, wenn die Teilnehmer den Satz anders verstanden haben als die Trainer. In diesem Fall kann die Lösung aus der Gruppe als richtig gewertet werden, wenn diese ihr abweichendes Satzverständnis und ihre Lösung erläutern.

22.2.1 Konzeption von „Wahr oder falsch"

- Die Aussagen sollten sich nicht nur auf Begriffe, sondern auch auf Zusammenhänge beziehen.
- Die Aussagen werden schwerer, wenn nur ein Teil der Aussage richtig ist. Ein Beispiel aus dem Bereich Autofahren: „*Im Stadtgebiet gilt eine Geschwindigkeitsbegrenzung von 50 Km/h, da sonst die Hunde gefährdet werden.*" Diese Aussage ist falsch, da die Gefährdung der Hunde nicht die Begründung dafür ist, warum die Geschwindigkeit begrenzt wurde.

Tabelle 22.1 **zeigt eine Beispielaufgabe aus dem Bereich Internet.**
Kreuzen Sie an, ob die Aussage wahr oder falsch ist.

Tab. 22.1 Beispielaufgabe aus dem Internetbereich

Begriff	Definition	Wahr	Falsch
WWW	Ist eine Abkürzung und steht für World Wild Web.		
Router	Leitet alle E-Mails an einen bestimmten User weiter.		
Chat	Bezeichnet ein Gespräch im Netz.		
Browser	Software, die das Surfen im Internet ermöglicht.		
ICANN	Stelle zur Selbstkontrolle von Werbefirmen im Internet.		
Hyperlink	Markierung im Internet, die zu anderen Textstellen oder Internetseiten im WWW verknüpft.		
ISDN	Abkürzung für „International Services Digital Network".		
Zip-Datei	Datei zum Verschicken von Bildern.		
FAQ	Liste von häufig begangenen Fehlern im Netz.		
Cyberspace	Virtueller Raum der Computernetze.		
Download	Bezeichnung für das Herunterladen von Daten aus dem WWW auf den eigenen Computer.		

Tabelle 22.2 zeigt ein Lösungsbeispiel zu wahr oder falsch.

Tab. 22.2 Beispiel Lösung Internet

Begriff	Definition	Wahr	Falsch
WWW	Ist eine Abkürzung und steht für World Wild Web.		X
Router	Leitet alle E-Mails an einen bestimmten User weiter.		X
Chat	Bezeichnet ein Gespräch im Netz.	X	
Browser	Software, die das Surfen im Internet ermöglicht.	X	
ICANN	Stelle zur Selbstkontrolle von Werbefirmen im Internet.		X
Hyperlink	Markierung im Internet, die zu anderen Textstellen oder Internetseiten im WWW verknüpft.	X	
ISDN	Abkürzung für „International Services Digital Network".		X
Zip-Datei	Datei zum Verschicken von Bildern.		X
FAQ	Liste von häufig begangenen Fehlern im Netz.		X
Cyberspace	Virtueller Raum der Computernetze.	X	
Download	Bezeichnung für das Herunterladen von Daten aus dem WWW auf den eigenen Computer.	X	

22.3 Lückentext

Ziel:	Sicherung des gelernten Lernstoffs
Art:	Wiederholungsübung
Form:	Zweiergruppe oder Einzelarbeit
Dauer:	15–20 min
Material:	Lückentext, Lösungsblätter, Preise

Durchführung Mit dem Lückentext können Systemzusammenhänge, Begriffe oder Programmabläufe wiederholt werden. Die Teilnehmer müssen die unter dem Text aufgeführten Wörter, in die Lücken einsetzen.

Bei der Auflösung lesen die Teilnehmer nacheinander je einen Satz vor. Am Ende gibt es kleine Preise für die Tandems mit den wenigsten Fehlern.

22.3.1 Konzeption von Lückentexten

Zu beachten ist bei der Konzeption von Lückentexten Folgendes:

- Die Lücken dürfen grammatikalisch nicht eindeutig sein, indem es zum Beispiel nur ein einziges Lösungswort im Plural gibt.
- Die Lücken müssen inhaltlich eindeutig sein. Es dürfen nicht mehrere Lösungswörter passen.
- Der Satz muss verständlich bleiben und darf nicht zu viele Lücken enthalten. Ein Satz wie „*Das ist_____ der in_____ ist.*" macht keinen Sinn.
- Die Lücken müssen aus dem Zusammenhang erschlossen werden können, d. h. der Kontext muss Hinweise auf das Lösungswort erhalten. Folgender Satz kann ohne Zusatzinformationen nicht gefüllt werden: „*Das ist ein_____* ".
- Die Lücken sollten alle gleich groß sein.

22.3.2 Beispieltext aus einem Internetseminar

Bitte setzen Sie die unter dem Text stehenden Wörter richtig in die Lücken ein.
 Die _____ von Bildern im Internet und in _____ ist rechtlich geregelt. Es gilt in jedem Fall das _____. Unabhängig davon, ob ein Foto für einen_____ oder kommerziellen Zweck aufgenommen wurde, braucht man für die_____ die Zustimmung der abgebildeten Personen. Wird dieses Foto ohne Zustimmung ins Netz gestellt, handelt es sich um einen _____ gegen das Urheberrecht, da das Foto _____ zugänglich gemacht wurde, ohne dass man die Rechte an diesen Bildern besitzt.

Wörter zum Einsetzen in den Lückentext Verstoß, „Sozialen Netzwerken", privaten, Veröffentlichung, Verbreitung, Urheberrecht, Dritten

Lösung Die **Verbreitung** von Bildern im Internet und in **Sozialen Netzwerken** ist rechtlich geregelt. Es gilt in jedem Fall das **Urheberrecht**. Unabhängig davon, ob ein Foto für einen **privaten** oder kommerziellen Zweck aufgenommen wurde, braucht man für die **Veröffentlichung** die Zustimmung der abgebildeten Personen. Wird dieses Foto ohne Zustimmung ins Netz gestellt, handelt es sich um einen **Verstoß** gegen das Urheberrecht, da das Foto **Dritten** zugänglich gemacht wurde, ohne dass man die Rechte an diesen Bildern besitzt.

22.3.3 Lückentext Umsetzung im E-Learning

Die Methode Lückentext kann auch in Form eines Quiztyps im E-Learning schnell und einfach umgesetzt werden. Dabei wird folgendermaßen vorgegangen:

Beim Lückentext geben Sie dem Anwender einen Text mit entsprechenden Lücken vor. Sie können auswählen, wie Sie dem Anwender die fehlenden Begriffe/Wörter zur Verfügung stellen:

- Texteingabe
- Drop-Down Liste
- Drag&Drop

Der Anwender kann wählt dann anhand der vorgegebenen Interaktion die Wörter aus.

22.4 Zuordnungsübung

Ziel:	Sicherung des gelernten Lernstoffs
Art:	Wiederholungsübung
Form:	Zweiergruppen oder Einzelarbeit
Dauer:	ca. 10–15 Min
Material:	Übungsblätter, Lösungsblätter, Preise

Durchführung Bei dieser Zuordnungsübung wiederholen die Teilnehmer die Begriffe und Zusammenhänge der Software. Die Teilnehmer haben die Aufgabe, bestimmte Daten oder Begriffe anderen Begriffen oder Daten zuzuordnen. Diese Übung eignet sich besonders, wenn es darum geht, „wo welche Daten stehen".

Nachdem die Übungsblätter ausgeteilt wurden, bekommen die Teams 15 min Zeit. Anschließend wird die Übung aufgelöst.

Abbildung zeigt eine Karikatur von einem Menschen vor einem Bildschirm mit dem Wort Enter.

Karikatur: Liebermann Computer zeigt Enter

22.4.1 Zuordnungsbeispiel SAP ERP SAP for Utilities Netzseite

Aufgabe: Bitte ordnen Sie die Daten (A-P) dem richtigen Datenobjekten (1–8) zu. Zu einem Datenobjekt können ein oder mehrere Begriffe gehören. Welche Daten werden wo im SAP for Utilities auf Netzseite eingetragen?

Tabelle 22.3 zeigt ein Beispiel für eine Zuordnungsübung SAP for Utilities Netzseite

Tab. 22.3 Zuordnungsübung Beispiel Zuordnungsübung SAP ERP

1. Anschlussobjekt		A. Adresse	
		B. Sparte	
2. Verbrauchsstelle		C. Lage im Anschlussobjekt	
		D. Zählerstand	
3. Anlage		E. Lage im Anschlussobjekt	
		F. Zahlungsverfahren	
4. Geräteplatz		G. Adresse	
		H. Bankverbindung	
5. Gerät		I. Tarifliche Daten	
		J. Ableseeinheit	
6. Geschäftspartner		K. Gerätedaten	
		L. Mahndaten	
7. Vertragskonto		M. Abschlagsverfahren	
		N. Rechnungsformular	
8. Vertrag		O. Gemeinsame oder getrennte Faktura	
		P. Tarifliche Daten	

22.4 Zuordnungsübung

Tab. 22.4 Beispiel Lösung SAP ERP Zuordnungsübung

1. Anschlussobjekt	A		A. Adresse
			B. Sparte
2. Verbrauchsstelle	C		C. Lage im Anschlussobjekt
			D. Zählerstand
3. Anlage	B, I, J		E. Lage im Anschlussobjekt
			F. Zahlungsverfahren
4. Geräteplatz	E		G. Adresse
			H. Bankverbindung
5. Gerät	D, K		I. Tarifliche Daten
			J. Ableseeinheit
6. Geschäftspartner	G, H		K. Gerätedaten
			L. Mahndaten
7. Vertragskonto	F, L, M, N		M. Abschlagsverfahren
			N. Rechnungsformular
8. Vertrag	O		O. Gemeinsame oder getrennte Faktura
			P. Tarifliche Daten

Tabelle 22.4 stellt das Lösungsbeispiel für die Zuordnungsübung SAP ERP SAP for Utilities Netzseite.

22.4.2 Zuordnungsbeispiel Word for Windows XP

Aufgabe: Ordnen Sie den einzelnen Registerkarten von Word for Windows die verschiedenen Befehle zu.

In der nachfolgenden Tab. 22.5 ist ein Beispiel dazu abgebildet.

Tab. 22.5 Beispiel Word for Windows

Start	1	Format übernehmen
	2	Kopfzeile einfügen
	3	Zeilennummern einfügen
Einfügen	4	Fußnote einfügen
	5	Inhaltsverzeichnis erstellen
	6	Kommentar einfügen
Seitenlayout	7	Hyperlink einfügen
	8	Schriftart ändern
	9	Grafik einfügen
Verweise	10	Spaltenumbruch einfügen
	11	Zitat einfügen
	12	Rechtschreibung und Grammatik prüfen
Überprüfen	13	Wörter zählen
	14	Einzug ändern
	15	Absätze formatieren

Tabelle 22.6 zeigt eine Lösung für die Zuordnungsübung Word for Windows.

Tab. 22.6 Beispiel Lösung Word for Windows

Start	1	Format übernehmen
	8	Schriftart ändern
	15	Absätze formatieren
Einfügen	2	Kopfzeile einfügen
	9	Grafik einfügen
	7	Hyperlink einfügen
Seitenlayout	3	Zeilennummern einfügen
	10	Spaltenumbruch einfügen
	14	Einzug ändern
Verweise	4	Fußnote einfügen
	11	Zitat einfügen
	5	Inhaltsverzeichnis erstellen
Überprüfen	6	Kommentar einfügen
	13	Wörter zählen
	12	Rechtschreibung und Grammatik prüfen

22.4.3 Zuordnungsübung Umsetzung im E-Learning

Diese Methode kann ebenfalls leicht in Form eines Quiztyps in ein E-Learning Programm umgesetzt werden. So können im E-Learning einfach und schnell Begriffe und deren Definition vom Anwender wiederholt werden. Es ist auch möglich dies in Form eines Tests beim Anwender abzufragen. Eine weitere Möglichkeit bietet die Methode des E-Learnings an, indem Fotos bzw. Bildern bestimmten Begriffen zugeordnet werden. Diese Form der Zuordnungsübung hat unseren Teilnehmern besonderen Spaß gemacht.

22.5 Sortierübung

Ziel:	Sicherung des Lernstoffs in lockerer Form
Art:	Wiederholungsübung
Form:	Zweiergruppen oder Einzelarbeit
Dauer:	ca. 10–15 min
Material:	Übungsblätter, Lösungsblätter, Preise

Durchführung Bei dieser Übung werden Definitionen oder Zusammenhänge wiederholt. Die Aufgabe der Teilnehmer besteht darin, aus den angebotenen Alternativen die richtigen Antworten, Pfade, Begriffe oder Zusammenhänge herauszufinden. Zu Beginn verteilt die Seminarleitung die Übungsblätter. Es kann alleine oder im Team gearbeitet werden. Wenn alle Gruppen fertig sind, wird die Übung in einem Seminargespräch aufgelöst. Die Gruppe oder die Person mit den meisten richtigen Antworten bekommt einen Preis.

22.5.1 Beispiel einer Sortierübung Lotus Notes

Aufgabe Streichen Sie. die Begriffe, die nicht in die Begriffsreihe passen.

1. Das persönliche Kennwort kann geändert werden im Menü unter
   BEARBEITEN – DATEI – EXTRAS – BENUTZER-ID
2. Um Notes zu starten werden folgende Menüpunkte angeklickt:
   Start-MENÜ ÖFFNEN – EXPLORER – PROGRAMME – PROGRAMM-MANAGER – LOTUS ANWENDUNGEN – LOTUS NOTES
3. Die Anzahl aktuell ungelesener Dokumente kann in Lotus Notes in einer Datenbank angezeigt werden. Dazu werden folgende Menüpunkte angewählt:
   ANSICHT – DATEI – ANZEIGEN – ANZAHL DER UNGELESENEN AKTUALISIEREN
4. Im Programm können neue Dokumente erstellt werden. Folgende Menüpunkte werden dazu aktiviert:
   Datenbank öffnen – Maske im Menü ERSTELLEN aktivieren – DOKUMENT BEARBEITEN anklicken – Maskenfelder ausfüllen – SPEICHERN – ESC anklicken

22.5 Sortierübung

5. Um eine lokale Datenbank zu verschlüsseln werden folgende Punkte aktiviert:
Datenbank im Arbeitsbereich markieren – DATEI – EIGENSCHAFTEN: DATENBANK – BEARBEITEN – Register ALLGEMEIN – Schaltfläche VERSCHLÜSSELUNG
6. Ein Adressbuch kann gewechselt werden, indem folgender Menüpfad aufgerufen wird:
DATEI – VORGABEN – ERSTELLEN – BENUTZERVORGABEN – ANZEIGEN-Register und News – LOKALE ADRESSBÜCHER – durchsuchen

Lösung einer Sortierübung für Lotus Notes Die umrandeten Wörter gehören nicht in die Menüreihe.

1. Das persönliche Kennwort kann geändert werden im Menü unter
BEARBEITEN – DATEI – EXTRAS – BENUTZER-ID
2. Um Notes zu starten werden folgende Menüpunkte angeklickt:
Start-MENÜ ÖFFNEN – EXPLORER – PROGRAMME – PROGRAMM-MANAGER – LOTUS ANWENDUNGEN – LOTUS NOTES
3. Die Anzahl aktuell ungelesener Dokumente kann in Lotus Notes in einer Datenbank angezeigt werden. Dazu werden folgende Menüpunkte angewählt:
ANSICHT – DATEI – ANZEIGEN – ANZAHL DER UNGELESENEN AKTUALISIEREN
4. Im Programm können neue Dokumente erstellt werden. Folgende Menüpunkte werden dazu aktiviert:
Datenbank öffnen – Maske im Menü ERSTELLEN aktivieren – DOKUMENT BEARBEITEN anklicken – Maskenfelder ausfüllen – SPEICHERN – ESC anklicken
5. Um eine lokale Datenbank zu verschlüsseln werden folgende Punkte aktiviert:
Datenbank im Arbeitsbereich markieren – DATEI – EIGENSCHAFTEN: DATENBANK – BEARBEITEN – Register ALLGEMEIN – Schaltfläche VERSCHLÜSSELUNG
6. Ein Adressbuch kann gewechselt werden, indem folgender Menüpfad aufgerufen wird:
DATEI – VORGABEN – ERSTELLEN – BENUTZERVORGABEN – ANZEIGEN-Register und News – LOKALE ADRESSBÜCHER – durchsuchen

22.5.2 Beispiel einer Sortierübung für SAP for Utilities

Aufgabe Kreuzen Sie die richtigen Antworten an. Achtung, es können eine oder auch mehrere Antworten richtig sein!
Im Gerät werden folgende Daten hinterlegt:
(..) Gerätedaten
(..) Verbrauchsstelle
(..) Tarifliche Daten
(..) Zählerstand
(..) Ableseeinheit

In der Anlage werden folgende Daten hinterlegt:
(..) Ableseeinheit
(..) Gerätenummer
(..) Tarifliche Daten
(..) Periodenverbrauch
(..) Rechnungsformular
(..) Mahndaten
Im Vertragskonto werden die folgenden Daten hinterlegt:
(..) Zahldaten
(..) Mahndaten
(..) Bankleitzahl
(..) Kontonummer
(..) Rechnungsformular
(..) Bankeinzug
(..) Abweichender Rechnungsempfänger
(..) Rechnungsadresse
Im Geschäftspartner werden die folgenden Daten hinterlegt:
(..) Zahldaten
(..) Mahndaten
(..) Bankleitzahl
(..) Kontonummer
(..) Rechnungsformular
(..) Bankeinzug
(..) Abweichender Rechnungsempfänger
(..) Rechnungsadresse

Lösung für eine Sortierübung SAP ERP SAP for Utilities Im Gerät werden folgende Daten hinterlegt:
(x) Gerätedaten
() Verbrauchsstelle
(x) Tarifliche Daten
(x) Zählerstand
() Ableseeinheit
In der Anlage werden folgende Daten hinterlegt:
(x) Ableseeinheit
(x) Gerätenummer
(x) Tarifliche Daten
(x) Periodenverbrauch
() Rechnungsformular
(..) Mahndaten
Im Vertragskonto werden die folgenden Daten hinterlegt:
(x) Zahldaten

(x) Mahndaten
() Bankleitzahl
() Kontonummer
(x) Rechnungsformular
(x) Bankeinzug
(x) Abweichender Rechnungsempfänger
() Rechnungsadresse
Im Geschäftspartner werden die folgenden Daten hinterlegt:
() Zahldaten
() Mahndaten
(x) Bankleitzahl
(x) Kontonummer
() Rechnungsformular
() Bankeinzug
() Abweichender Rechnungsempfänger
(x) Rechnungsadresse

22.6 Glückswürfel

Ziel:	Sicherung des gelernten Lernstoffes
Art:	Wiederholungsübung, Wettbewerb
Form:	Kleingruppen
Dauer:	30–60 min
Material:	Zauberwürfel mit Zahlen (am besten ein großer Schaumstoffwürfel), Fragen, Glocke, Preise

22.6.1 Durchführung

Die Gruppe wird in zwei bis drei Kleingruppen aufgeteilt, die sich jeweils einen Namen geben. Die Namen der verschiedenen Kleingruppen werden tabellarisch auf einem Flipchart oder an der Tafel festgehalten. Jede Gruppe wählt zunächst einen Gruppensprecher.

Durchgeführt wird die Übung ohne PCs, dadurch wiederholen die Teilnehmer Abläufe, Begriffe, Lösungswege oder Icons in einem neuen Zusammenhang. Die Übung zeigt den Trainern, wieweit der Lernstoff verstanden worden ist. Für jede richtig beantwortete Frage gibt es Punkte.

Wie viele Punkte es gibt, entscheidet der Glückswürfel. Bei einer richtigen Antwort darf die Gruppe würfeln. Würfelt die Gruppe eine 1, bekommt sie auf ihr Konto 10 Punkte. Bei der Zahl 2 erhält die Gruppe 20 Punkte und so fort.

Es gibt jedoch eine wichtige Ausnahme: Bei der Zahl 6 erhält die Gruppe 0 Punkte. Findet eine Gruppe die falsche Antwort, so suchen alle Gruppen weiter nach der richtigen

Antwort und das Wettrennen ist wieder eröffnet. Auch die Gruppe, die eine falsche Antwort gegeben hat, darf weiterraten. Ist die Frage gelöst, wird die nächste Frage gestellt.

Gewonnen hat die Gruppe mit den meisten Punkten.

Variante 1: Handbuch
Bei dieser Variante bekommen alle Teilnehmer ein bestimmtes Kapitel aus dem Handbuch verdeckt ausgeteilt. Sie dürfen den Text erst auf das Kommando der Seminarleitung hin umdrehen und lesen. Dazu haben Sie circa 5–10 min Zeit. Die Zeit reicht nicht, um den Text vollständig durchzulesen, die Gruppe muss sich den Text aufteilen. Es beginnt die Übung, wenn die Zeit abgelaufen ist.

Zum Text stellen die Trainer. Im Text müssen die Gruppen die genaue Antwort finden. Glaubt eine Gruppe, die richtige Antwort gefunden zu haben, hupt der Gruppensprecher. Die Gruppe liest ihre Antwort vor. Ist die Antwort richtig, so darf die Gruppe den Glückswürfel werfen.

Variante 2: Fragen zum Seminarthema
Bei dieser Variante stellt der Trainer Fragen zum Lernstoff. Die Gruppe, die die Frage als erste richtig beantwortet, darf würfeln.

22.7 Zauberwürfel

Ziel:	Wiederholen von Begriffen und Grundstrukturen der Software
Art:	Wiederholungsübung, Einstieg
Form:	Kleingruppen, Einzelübung
Dauer:	15–30 min (2 min pro Begriff oder Icon)
Material:	Zauberwürfel, Einsteckkarten mit Begriffen

22.7.1 Einführung in die Methode

Mit der Software müssen die Teilnehmer meistens auch eine neue Sprache lernen. Erst wenn sie die Begrifflichkeiten der Software kennen, werden sie diese auch wirklich beherrschen. Wiederholt und gefestigt werden diese Begriffe mit dem Zauberwürfel.

Häufig können die Teilnehmer die Begriffe nur innerhalb eines bestimmten Kontextes wie zum Beispiel einer Definition wiedergeben. Außerhalb dieses Kontextes fällt ihnen zu diesem Begriff nichts ein. Dies ist ein Indiz dafür, dass die Begriffe nicht wirklich verstanden worden sind. Beim Zauberwürfel müssen sie die Begriffe mit eigenen Worten erklären. Die Gruppe muss sich noch einmal klar machen, was die Begriffe für sie bedeuten.

Wenn die Teilnehmer den Begriff erklären können, haben sie ihn auch verstanden. Außerdem werden die Begriffe noch einmal in einem neuen Kontext wiederholt und so besser behalten. Für die Trainer zeigt sich bei dieser Übung, welche Begriffe eventuell noch einmal behandelt werden müssen. In der Abb. 22.1 ist ein Zauberwürfel zu sehen.

22.7.2 Durchführung

Ein Zauberwürfel ist ein großer Würfel. Eine Seite ist 30 cm x 30 cm groß und jede Seite hat eine durchsichtige Folie, in die DIN-A4-Blätter oder Karten hineingesteckt werden können. Auf Karten werden die Begriffe geschrieben und in den Zauberwürfel gesteckt.

Der Würfel wird einer Person zugeworfen. Die Person, die den Würfel fängt, erklärt den Begriff, der auf der Würfelvorderseite steht. Zum Beispiel „Formatvorlage", „Modus" „Browser", „Mandant".

Abb. 22.1 Zauberwürfel

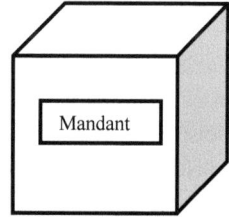

Abb. 22.2 Würfel. (Quelle: Shutterstock 114760117)

Abb. 22.3 Variante 1 Icons

Ist der Begriff richtig erklärt, wird der Würfel weitergeworfen. Der erklärte Begriff wird entfernt. Ist kein weiterer Begriff mehr in der Würfeltasche, wird diese Würfelseite zum Joker. Wer einen Joker fängt, darf sich eine Würfelseite aussuchen und den entsprechenden Begriff erklären. Wer seinen Begriff nicht erklären kann, gibt den Würfel an einen Freiwilligen weiter. Zu Ende ist die Übung, wenn alle Begriffe erklärt sind. In der Abbildung 22.2 ist ein Würfel der auf allen Seiten mit einem Begriff versehen werden kann.

Variante 1: Icons
In einigen Seminaren müssen sich die Teilnehmer mit der Oberfläche der Software, zum Beispiel von Windows oder SAP, vertraut machen. Diese Icons können mit dem Zauberwürfel ebenfalls wiederholt werden. Statt der Begriffe werden
   Icons in den Würfel gesteckt.
   In der Abb. 22.3 sind Beispiele für Icons:

22.7 Zauberwürfel

Variante 2: Menüpfade
Manche Programme arbeiten mit einer komplexen Baumstruktur. Um sich im Programm zurechtzufinden, müssen die Teilnehmer die richtigen Menüpfade kennen. Auch diese können mit dem Zauberwürfel wiederholt werden. Dazu wird das Ende eines Menüpfades in den Zauberwürfel gesteckt. Die Teilnehmer müssen nun den Pfad nennen, der zu der entsprechenden Transaktion führt.

Beispiel SAP ERP SAP for Utilities: Die Teilnehmer erklären den Pfad für „Verbrauchsstelle anlegen". In der Abb. 22.4 ist der Einstiegsbildschirm SAP Easy Access zu sehen.

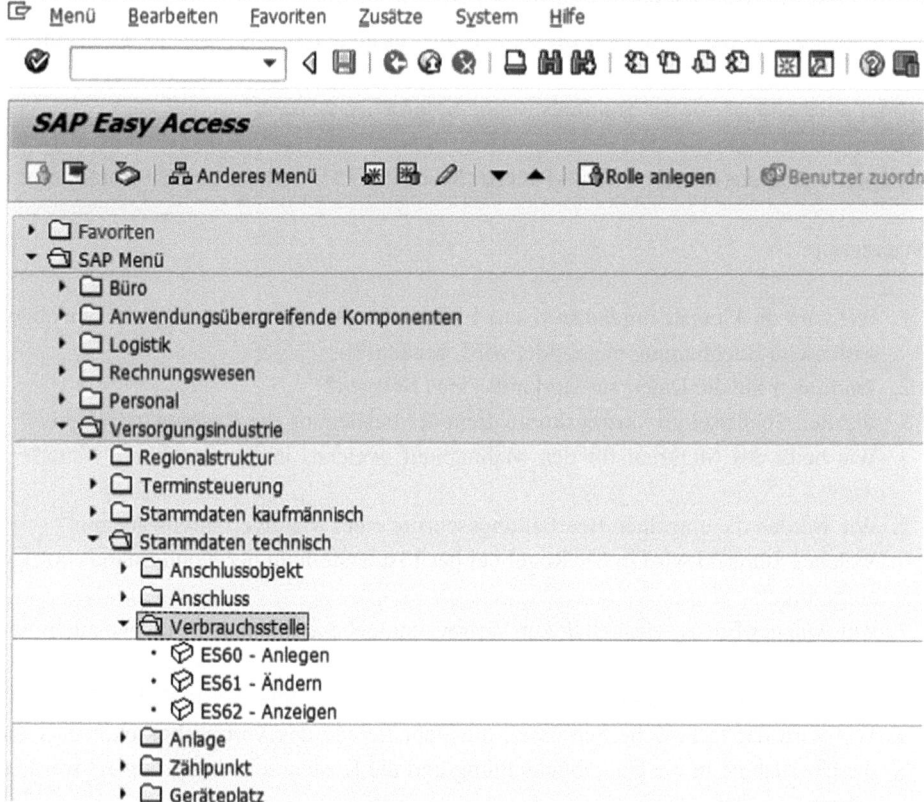

Abb. 22.4 Zauberwürfel Variante 2 SAP Bildschirm

Hinweis Die verschiedenen Varianten können auch miteinander kombiniert werden, beispielsweise indem die Teilnehmer beim Einsatz des Zauberwürfels die Icons und Menüpfade erläutern.

22.8 Kreuzworträtsel

Ziel:	Sichern der gelernten Begriffe und Systemzusammenhänge
Art:	Wiederholungsübung
Form:	Kleingruppen und Einzelarbeit
Dauer:	15–20 min (je nach Anzahl der Wörter)
Material:	Kreuzworträtsel, Lösungen, Stifte

Durchführung Ausgeteilt werden die Übungsblätter und Stifte. Je nach Wunsch kann das Rätsel an einzelne Teilnehmer oder an Tandems verteilt werden. Die Teilnehmer müssen das Rätsel lösen und das Lösungswort finden.

Gewonnen hat das Team oder die Person, die als erste das Lösungswort herausgefunden hat. Im Anschluss an die Auflösung können die verschiedenen Fragen und Lösungswörter noch einmal mit der Trainingsgruppe besprochen werden.

Beispiel Rätsel aus dem Bereich SAP für das Modul SAP for Utilities Vertragskontokorrent

Waagrecht

1. Wie wird die kleinste organisatorische Einheit, für die eine vollständige, in sich abgeschlossene Buchhaltung abgebildet wird, genannt?
2. Wo finden Sie die Daten zur Herkunft eines Beleges?
3. Welcher Schlüssel im Vertragskonto dient der Festlegung der Rechnungsfälligkeit?
4. Wie heißt das Merkmal für den Mahnablauf, welches im Vertragskonto hinterlegt wird?
5. Wie werden die einzelnen Bearbeitungsschritte eines Mahnverfahrens genannt?
6. Welches Startbild wird in der Regel bei der Listdarstellung der Kontenstandsanzeige aufgerufen?
7. Auf welcher Ebene, zusätzlich zur Vertragskontoebene, können Zahlwege auch hinterlegt werden?
8. Über welche Funktionalität werden Ein- und Ausgangszahlungen im IS-U verarbeitet?
9. Wie wird der technische Schlüssel, mit dem Belege des Vertragskontokorrents für die Übernahme in die Hauptbuchhaltung und die Kostenrechnung gruppiert werden, genannt?
10. Wie heißt die Liste mit den Zahlungsausnahmen und allen regulierten Posten?

Senkrecht

A. Wo werden Fakturasperren gesetzt?
B. Welche Sperre verhindert eine Regulierung eines Postens bzw. eines Vertragskontos durch den Zahlungslauf?

22.8 Kreuzworträtsel

C. Wie heißt das Merkmal, das zusammen mit Buchungskreis, Sparte, Hauptvorgang (ggf. Teilvorgang) zur Findung eines Sachkontos dient??

D. Welche Möglichkeit, zusätzlich zur Stundung, haben Sie, um Geschäftspartnern die ihren Zahlungsverpflichtungen nicht nachkommen, entgegenzukommen??

E. Wie lautet der Geschäftsvorfall mit dem offene Posten eines Kontos, z. B. Rechnungen und Akontozahlungen ausgeglichen werden können??

F. Wie lautet das Konzept, mit dem Sie zu fest vorgegebenen Programmzeitpunkten die betriebswirtschaftlichen Standardprozesse des Vertragskontokorrents nahtlos und modifikationsfrei erweitern können?

Tabelle 22.7 zeigt ein Beispiel für ein Kreuzworträtsel.

Tab. 22.7 Kreuzworträtsel Beispiel SAP

Lösungswort:

Tab. 22.8 Lösung Kreuzworträtsel

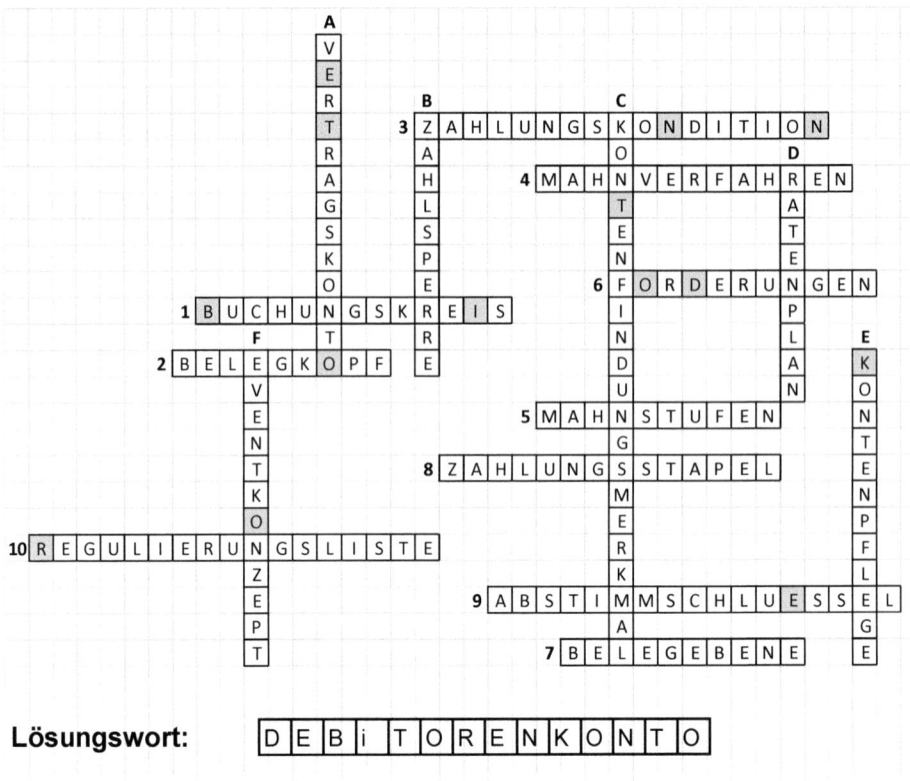

Lösungswort: Debitorenkonto

Tabelle 22.8 das Lösungsbeispiel für das Rätsel.

22.9 Bingo

Ziel:	Sicherung der gelernten Begriffe und Zusammenhänge der Software in aufgelockerter Form.
Art:	Wiederholungsübung, Evaluation
Form:	Kleingruppen oder Einzelübung (mindestens 8 Teilnehmer und nicht mehr als 30 Teilnehmer)
Dauer:	15–25 min
Material:	Übungspläne mit je 25 Feldern und 35 Antworten oder Begriffen, Stifte

Durchführung Alle Teilnehmer erhalten einen Bingoplan. Auf dem Plan stehen Antworten oder Begriffe. Anschließend stellt die Seminarleitung Fragen, die von den Teilnehmern mit Hilfe der Bingokarten beantwortet werden. Wenn ein Teilnehmer die richtige Antwort oder den richtigen Begriff auf seiner Karte gefunden hat, streicht er dieses Feld durch.

Gewonnen hat der Teilnehmer, der als erstes fünf Felder durchgestrichen hat, die sich in einer Reihe auf seiner Bingokarte befinden. Eine Reihe kann waagrecht, senkrecht oder diagonal verlaufen. Sobald das fünfte Feld markiert ist, ruft die Person: " Bingo."

Danach überprüft die Seminarleitung die Bingokarte auf die Richtigkeit der markierten Antworten.

Zur Vertiefung und Festigung des Lernstoffs können nach Beendigung der Übung die verschiedenen Fragen und Antworten zusammen mit der Lerngruppe besprochen werden.

Tipp Damit die Bingokarten in mehreren Trainings eingesetzt werden können, ist es sinnvoll die Karten zu laminieren. Zur Markierung der Felder verwenden die Teilnehmer wasserlösliche Stifte.

Beispiel zum Thema Lotus Notes

Beispielfragen Bingo

1. Was passiert bei folgender Eingabe? Mit der rechten Maustaste in die Arbeitsbereichsseite klicken, Kontextmenüpunkt *Eigenschaften: Arbeitsbereich*.
2. Wofür steht dieses Symbol im Lotus Notes?
3. Was passiert bei einem Doppelklick auf das Datenbanksymbol?
4. Was passiert nach dem Betätigen des Buttons *Aktionen – Senden*?

Tabelle 22.9 zeigt ein Beispiel für eine Bingokarte.

Tab. 22.9 Beispiel Bingokarte

Mail beantworten	Notes beenden	Menüleiste	Datenbanksymbole	Labels beschriften
Datenbank öffnen	Hilfe aufrufen	Erweitern und Komprimieren der Ansichten	Wechseln zwischen den geöffneten Notes-Fenstern	Listen erzeugen
Inhalte aus der Zwischenablage einfügen	Dokumente löschen	Eine Ansicht drucken	Nachricht an eine Benutzergruppe schicken	Blindkopie verschicken
Eine ungelesene Mail suchen	Mails verschlüsseln	Server	Lesezeichen setzen	Abwesenheitsprofil erstellen
Betriebs-systeme	Notes-Clients	Replizierplan	UNIX	Smart-Icon

22.10 Bildbereich E-Learning

Ziel:	Sicherung des gelernten Lernstoffs
Art:	Wiederholungsübung
Form:	E-Learning Einzelarbeit
Dauer:	10–15 min
Material:	technische Möglichkeiten, Computer mit entsprechender Übung als E-Learning bzw. Methode kann mit entsprechender Vorbereitung auch ohne E-Learning umgesetzt werden.

Durchführung Mit dem Bildbereich können der Bildschirmaufbau oder Prozesse wiederholt werden. Die Teilnehmer müssen in dem gezeigten Bildschirm (Screen) Bereiche finden und diese per Mausklick entsprechend auf dem Bildschirm anklicken.

Diese Methode kann auch in einem Training ohne E-Learning umgesetzt werden. Dazu wird vom Trainer die Übung entsprechend auf einem Plakat oder einem Handout vorbereitet.

22.10.1 Konzeption von Bildbereich

Zu beachten ist bei der Konzeption von der Aufgabe Bildbereich Folgendes:

- Geben Sie einen Bildschirm in ihr Autorentool ein[1], beispielsweise einen SAP Screen.
- Legen Sie eine Markierung für den entsprechenden Bildschirmausschnitt fest.

In der Abb. 22.5 wird ein Beispiel für die Methode Bildbereich im Bereich SAP for Utilities, Kundenservice gezeigt, mit der Aufgabe: Klicken Sie in den Bereich des Screens, in dem Sie das Kundenumfeld und die Workitembox finden.

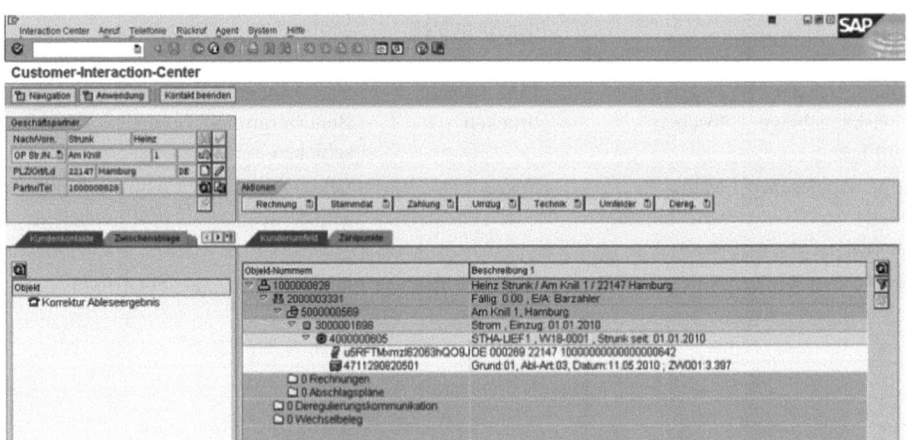

Abb. 22.5 Bildbereich

22.11 Puzzle – E-Learning

Ziel:	Sicherung des gelernten Lernstoffs
Art:	Wiederholungsübung
Form:	E-Learning Einzelarbeit
Dauer:	10–15 min
Material:	Technische Möglichkeiten, Computer mit entsprechender Übung als E-Learning bzw. Methode kann mit entsprechender Vorbereitung auch ohne E-Learning umgesetzt werden.

Durchführung Mit dem Puzzle können beispielsweise wichtige Prozesse oder Begriffe in Form von Bildern wiederholt werden. Die Teilnehmer setzen durch Drag & Drop ein Foto oder einen Bildschirm mit einzelnen Puzzleteilen zusammen[2].

Diese Methode kann auch in einem Training ohne E-Learning umgesetzt werden. Dazu wird vom Trainer die Übung entsprechend mit einem Handout vorbereitet.

22.11.1 Konzeption von Puzzle

Zu beachten ist bei der Konzeption von einem Puzzle ist Folgendes:

- Es wird ein Bildschirm oder ein Foto als Vorlage genommen.
- Dieses wird vom Autorentool in eine sinnvolle Anzahl von Puzzleteilen unterteilt und anschließend werden gemischt.
- Umgesetzt werden kann dies einerseits, in dem die verschiedenen Puzzleteile in einem vorgegebenen Bereich richtig zusammengesetzt werden oder es wird zusätzlich noch das Lösungsbild gezeigt. Diese zweite Variante ist natürlich die etwas leichtere.

---

[2] Die Umsetzung ist beispielsweise bei dem Autorentool der SAP WPB möglich. In Form eines Quiz.

Trainingsgespräch   23

Ein Trainingsgespräch kann unterschiedliche Funktionen haben

- Ein Lerninhalt wird im Dialog mit den Teilnehmern erarbeitet.
- Zu einem bestimmten Thema wird der Wissensstand der Gruppe zusammengetragen.

Das Ziel ist aber in allen Fällen dasselbe: Möglichst viele Teilnehmer beteiligen sich am Seminargespräch und äußern sich zum Thema. In Trainings verlaufen Seminargespräche aber meistens anders.

Eine Frage stellt der Trainer, Herr Schwarz antwortet, der Trainer stellt die nächste Frage und wieder antwortet Herr Schwarz. Das, was eigentlich ein Gespräch mit allen werden sollte, ist zu einem Dialog zwischen dem Trainer und einem oder wenigen Teilnehmern geworden. Häufig schaltet dann der Rest der Gruppe ab.

Die andere Variante ist, dass die Gruppe vom Thema abschweift und ins „Labern" kommt. Damit das nicht passiert, müssen Trainingsgespräche sorgfältig vorbereitet werden.

Seminargespräche haben immer folgende Struktur:

Ziel, Funktion und Thema des Gespräches nennen Die Gruppe beteiligt sich leichter am Gespräch, wenn sie dessen Sinn und Zweck kennt. Ein Trainingsgespräch kann beispielsweise so anmoderiert werden:

„Als nächstes geht es um das Problem XY. Wir wollen dieses Problem in Form eines Seminargespräches erarbeiten" oder „Zum Einstieg in das Thema wollen wir zunächst einmal das Wissen zusammentragen, dass Sie bereits dazu haben. Dazu machen wir jetzt ein Trainingsgespräch".

Vorbereitungsphase (1–2 min) Die Teilnehmer bekommen ein bis zwei Minuten um sich vorzubereiten. Dies kann alleine oder in Zweierteams sein. Ohne Vorbereitung wird das Gespräch leicht durch die schnelleren Teilnehmer dominiert. Während dieser Phase können auch die langsameren ihre Gesprächsbeiträge in Ruhe vorbereiten.

Das Gespräch Die Rolle der Trainer ist je nach Funktion des Gespräches unterschiedlich. Wenn es darum geht, gemeinsam mit der Gruppe eine Lösung zu finden, sind die Trainer Lernpartner: Sie helfen der Gruppe die Lösung zu finden und können der Gruppe Hinweise geben. Wichtig ist aber, dass die Lösung aus der Gruppe und nicht von den Trainern kommt. Wenn die Frage der Trainer bereits die Antwort enthält, zum Beispiel: *„Meinen Sie nicht, dass Sie die Schriftgröße mit dem Menüpunkt Format ändern sollten?"* kommt der Denkprozess bei den Teilnehmern gar nicht erst in Gang. Genauso wenig dürfen die Trainer zur „letzten Instanz" werden, die die einzelnen Gesprächsbeiträge beurteilt. Die Gruppe muss einen Lösungsansatz annehmen oder verwerfen.

Dient ein das Seminargespräch dazu, das Wissen der Gruppe zusammenzutragen, sind die Trainer in dieser Phase nur Moderatoren. Der Trainer kommentiert die Äußerungen nicht, stellt keine Nachfragen und wiederholt die Äußerungen auch nicht.

Das Resümee Noch einmal zusammengefasst werden von der Seminarleitung die wichtigsten Aspekte des Gespräches. Die Zusammenfassung enthält keine Wertung. Es geht nicht um die richtige oder die falsche Lösung, sondern um den Denkprozess, darum, was sich die Gruppe dabei gedacht hat.

Klärungsbedarf feststellen An dieser Stelle werden die offenen Punkte noch einmal deutlich gemacht. Welche Begriffe oder Abläufe sind unklar, bei welchen Zusammenhängen gibt es noch Informationsbedarf?

An dieser Stelle ist das Seminargespräch zu Ende. Je nachdem können jetzt die offenen Fragen in einer Informationseinheit oder Übung geklärt werden.

23.1 Trainervorbereitung

Zur Vorbereitung gehören folgende Fragen:

- Ist ein Trainingsgespräch an dieser Stelle sinnvoll, das heißt, wird durch den Austausch in der Gruppe ein Lernfortschritt erreicht?
- Handelt es sich um ein Gespräch oder um ein Informationselement durch die Trainer? Bei manchen Themen können die Teilnehmer ohne Vorwissen gar nicht auf die Lösung kommen. Ein solches Thema kann nicht in einem Seminargespräch erarbeitet werden, weil die entscheidenden Lösungsansätze sowieso durch die Trainer geliefert werden müssen.

- Welche Funktion hat das Gespräch: Wissensstand ermitteln oder Lösungsansätze entwickeln?
- Sind die Trainer Moderatoren oder Lernpartner?
- Wie wird das Thema formuliert?
- Wie müssen die Fragen gestellt sein? Die Fragen müssen offen gestellt sein zum Beispiel *„Was wissen Sie über XY?"*, *„Was möchten Sie über XY wissen?"* Vorsicht bei Fragen, die schon eine bestimmte Antwort oder Reaktion enthalten. So impliziert beispielsweise die Frage: *„ Was fällt Ihnen dabei auf?"* eigentlich die Frage: „Was glauben Sie, was Ihnen auffallen soll?"
- Die eigene Vorbereitung kann mit der folgenden Frage überprüft werden: *„Was könnte ich selbst zu diesem Thema sagen?"*

23.2 Pro und Contra Trainingsgespräch

Vorteile des Trainingsgespräches

- Die Gruppe wird aktiv mit einbezogen. Dadurch kann das Lerntempo der Gruppe berücksichtigt werden.
- Die Trainer können nach dem Trainingsgespräch den Wissensstand der Gruppe einschätzen.
- Probleme können offen diskutiert werden.

Nachteile des Trainingsgespräches

- Einzelne Teilnehmer verstecken sich in der Gruppe und bleiben passiv.
- Gespräch kann durch wenige Teilnehmer dominiert werden.
- Unterschiedliche Erfahrungs- und Leistungsniveaus können im Gruppengespräch nur schwer ausgeglichen werden.

Systemvorführung 24

Durchgeführt werden bei der Systemvorführung einzelne Prozesse von den Trainern. Die Methode kann zu unterschiedlichen Zwecken eingesetzt werden:

- Zur Vermittlung neuer Lerninhalte.
- Zur Auflösung und Erklärung von Übungen.
- Zur Wiederholung von bestimmten Abläufen und Prozessen.
- Um zusammen mit den Teilnehmern neuen Lernstoff der Software zu erarbeiten.

Die Teilnehmer sind bei den Systemvorführungen entweder passive Zuhörer oder aktive Teilnehmer.

Variante 1: Vorführen einzelner Prozesse
Bei dieser Variante führt der Trainer die Prozesse am PC vor. Die Teilnehmer schauen zu, entweder über Beamer oder über Lehrer-Schüler-Schaltung. Neben der reinen Vorführung erklärt der Trainer die einzelnen Schritte. Dabei können die Teilnehmer Verständnisfragen stellen. Ansonsten nehmen sie eine Zuschauer- oder Beobachterrolle ein. Anschließend sind die Teilnehmer an der Reihe, die gezeigten Funktionen oder Prozesse der Software an ihren PCs nachzuvollziehen.

Der Vorteil dieser Variante ist, dass die Prozesse detailliert besprochen werden können. Dies ist aber zugleich auch ihr Nachteil. In der Regel werden die einzelnen Details sowieso nicht behalten. Die Teilnehmer sind meistens damit beschäftigt sich auf den neuen Masken zu orientieren. Da sie bei der Übung passiv bleiben, werden häufig nur Bruchstücke der Systemvorführung behalten.

Des Weiteren können die Trainer nur sehr schwer kontrollieren, ob alle mitkommen, da die Gruppe weitgehend passiv bleibt.

Eine Systemvorführung sollte nie länger als 12 min dauern, danach lässt die Aufmerksamkeit rapide nach.

Variante 2: Wiederholung und Auflösung
Übungen können mit Hilfe der Systemvorführung aufgelöst werden. Damit die Teilnehmer die Auflösung nicht passiv über sich ergehen lassen, sollten sie aktiv mit einbezogen werden. Eine Möglichkeit ist, dass sich die Trainer von der Gruppe durch die Übung führen lassen.

Die Seminarleitung nimmt die Rolle eines „Dummen August" ein. Sie möchte von den Teilnehmern Schritt für Schritt durch die Masken und Prozesse geführt werden. Die Teilnehmer kommen der Reihe nach dran und führen die Trainer durch den Prozess: „*Als erstes müssen Sie das Fenster in der Menuleiste öffnen*". Weiß derjenige, der an der Reihe, ist nicht weiter, kann die Gruppe helfen. Erst wenn es überhaupt keinen Ausweg mehr gibt und niemand aus der Gruppe weiter weiß, gibt der Trainer Hilfestellungen. Sobald der gewünschte Prozess erfolgreich abgeschlossen ist, verlässt die Seminarleitung die Rolle der „Unwissenden" und übernimmt wieder die Rolle des Trainers.

Die Aufmerksamkeit in der Gruppe ist bei der Übung sehr hoch, da alle an die Reihe kommen.

Falls sich viele Teilnehmer durch die festgelegte Vorgehensweise und Reihenfolge unwohl fühlen und Angst haben sich zu blamieren, können die Anweisungen an die „unwissende" Seminarleitung auch durch freiwillige Zurufe aus der Gruppe geschehen. Dabei wird keine bestimmte Reihenfolge eingehalten. Nachteil dabei ist, dass nicht mehr alle Teilnehmer aktiv am Lernprozess beteiligt sind.

Die Trainer stellen bei dieser Variante schnell fest, welche Schritte nicht verstanden wurden und im Verlauf des Trainings noch verstärkt geübt werden müssen.

Variante 3: Gemeinsames Erarbeiten eines Prozesses
In diesem Fall wird ein neuer Prozess zusammen mit der Gruppe erarbeitet. Dabei ist die Vorgehensweise ähnlich wie bei Variante 2. Die Rolle des Trainers ist aber hier die des Lernpartners, der Hilfestellungen gibt und einzelne Felder erklärt. Die Systemvorführung wird mit einem Gespräch kombiniert.

24.1 Pro und Contra Systemvorführung

Vorteile der Systemvorführung

- Bei den Varianten mit aktiver Beteiligung sind die Teilnehmer sehr aufmerksam.
- Eine Systemvorführung gibt den Teilnehmern Sicherheit beim Umgang mit der Software.
- Bereits Gelerntes wird gerne auf diese Weise von den Teilnehmern wiederholt.
- Einzelne Prozesse können relativ schnell vermittelt werden.

24.1 Pro und Contra Systemvorführung

Nachteile der Systemvorführung

- Wenn die Teilnehmer die Systemvorführung passiv verfolgen und dann die Prozesse nur nachvollziehen müssen, ist der Lerneffekt gering. Die meisten Teilnehmer haben den Prozessablauf im Kurzzeitgedächtnis gespeichert und können diesen nachvollziehen. Viele verstehen aber nicht, warum die einzelnen Schritte durchgeführt werden.
- Das individuelle Lerntempo wird nicht berücksichtigt.
Viele Prozesse sind zu komplex, als dass sie durch eine Systemvorführung gelernt werden könnten.

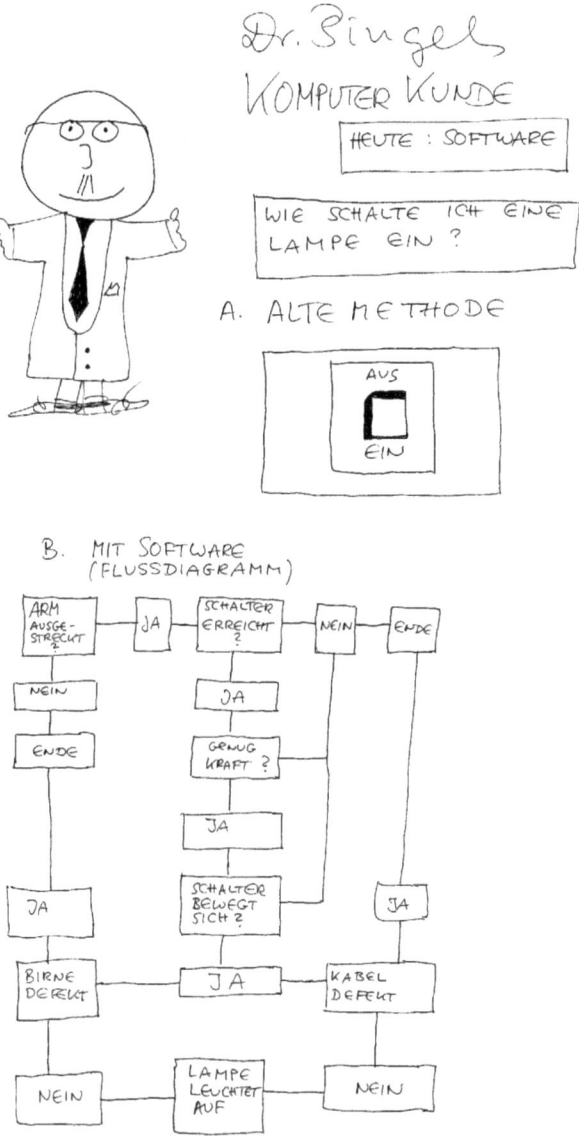

Impulsreferat 25

> *„Vorträge waren früher nützlich, aber jetzt, wo jedermann lesen kann und Bücher so zahlreich vorhanden sind, sind Vorträge überflüssig. Wenn die Aufmerksamkeit nachlässt und man einen Teil des Vortrages verpasst, ist er verloren: man kann nicht, wie bei einem Buch, noch einmal zurückschlagen."*
> James Boswell *zitierte so den englischen Literaten*
> Samuel Johnson 1795

Ein Impulsreferat ist ein Kurzvortrag durch die Trainer. Die Teilnehmer hören zu. Da die Aufmerksamkeit beim Zuhören sehr begrenzt ist, sollte ein Impulsreferat nicht länger als 15 Minuten dauern. Schlecht ist die Behaltensquote beim reinen Zuhören. Inhalte, die nicht nur vorgetragen, sondern auch visualisiert werden, werden leichter behalten.

Das Impulsreferat kann im Training eingesetzt werden, um:

- einzelne Lerninhalte und Informationen schnell und einfach zu vermitteln.
- komplexe Sachverhalte zu verdeutlichen.
- Interesse für ein neues Thema zu wecken.
- Orientierungshilfe für Übungsaufgaben zu geben[1].

Vorbereitung eines Impulsreferates
Zur Vorbereitung eines Impulsreferates sollen folgende Fragen geklärt werden:

---

[1] Vgl. Macke; Gerd; Hanke, Ulrike; Viehmann, Pauline (2012²): Hochschuldidaktik: Lehren – vortragen – prüfen – beraten. Mit Methodensammlung „Besser lehren", Weinheim; Basel.

Welches Lernziel soll erreicht werden?
Das Lernziel bezeichnet das, was mit dem Impulsreferat erreicht werden soll. Die Teilnehmer sollen zum Beispiel die Bedeutung bestimmter Begriffe kennen lernen oder das Vorwissen für die nachfolgende Übung bekommen.

Ein Beispiel aus dem Bereich Word for Windows: Die Teilnehmer sollen eine 3-spaltige Tabelle innerhalb eines Worddokumentes anlegen können. Je klarer das Lernziel formuliert ist, umso einfacher ist es, die dazu notwendigen Lerninhalte zu entwickeln.

Welche Lerninhalte sind dazu notwendig?
Als Lerninhalt werden alle Informationen und Fähigkeiten bezeichnet, die gelernt werden müssen, um das Lernziel zu erreichen. Um das Lernziel erreichen zu können, müssen die Teilnehmer über die Menüleiste eine Tabelle anlegen können oder die Bedeutung der Begriffe „Zeile" bzw. Spalte" kennen.

Welche Funktion hat das Impulsreferat innerhalb der Lerneinheit?
Soll das Referat ein Einstieg ins Thema sein?
  Dient das Referat der Übungsvorbereitung?
  Dient das Referat dem Abschluss einer Übung?

Wie sieht die Zielgruppe aus?
Welche Vorkenntnisse haben die Teilnehmer? Wie ist die Gruppe strukturiert?

Welche Elemente werden visualisiert?

25.1 Aufbau eines Impulsreferates

Das Impulsreferat besteht aus einer Einleitung, einem Hauptteil und einem Schlussteil.

Einleitung
Die Einleitung soll Interesse wecken und die Teilnehmer motivieren. Außerdem gibt sie eine Orientierung darüber, was in der nächsten Viertelstunde alles passieren wird: Thema und Lernziel werden genannt. Danach wird die Gliederung mit dem zeitlichen Ablauf vorgestellt.

Wichtig ist, dass dabei ein Bezug zu den Teilnehmern hergestellt wird. Zum Beispiel: *„Ab dem nächsten Jahr wird in Ihrem Unternehmen die neue Software eingeführt. Dazu stelle ich Ihnen die wichtigsten Veränderungen in Ihrem Bereich vor."*

Hauptteil
Im Hauptteil wird das Thema systematisch anhand von Gliederungspunkten vorgestellt. Um die Aufmerksamkeit der Teilnehmer im Verlauf des Impulsreferates zu erhalten, können folgende Mittel eingesetzt werden:

25.2 Tipps für Impulsreferate

1. Lernstoff sammeln und auswählen

2. Lernstoff reduzieren und strukturieren

3. Lernstoff visualisieren und darstellen

Abb. 25.1 Aufbau eines Impulsreferates

- Verschiedene Medien benutzen.
- Optisch und graphisch gut aufbereitete Visualisierung. Diese kann auch mal eine Karikatur zur Aufmunterung enthalten.

Schlussteil
Am Ende werden die wichtigsten Punkte zusammengefasst. In der Abb. 25.1 werden die wichtigsten Schritte für ein Impulsreferat gezeigt.

25.2 Tipps für Impulsreferate

- Vorab testen und ausprobieren. Bei der Zeitplanung verschätzt man sich leicht, aus den geplanten 15 min werden dann eher 45 min.
- Einleitungsworte auswendig lernen.
- Sprechen Sie laut und deutlich und möglichst frei. Zur Unterstützung haben Sie den Spickzettel.
- „Spickzettel" erstellen, auf dem die wichtigsten Punkte und Aussagen des Impulsreferates stehen, damit Sie während des Impulsreferates nicht den roten Faden verlieren.
- Bilden Sie kurze und verständliche Sätze.
- Verwenden Sie bekannte Wörter und erklären Sie Fachausdrücke.
- Nehmen Sie Blickkontakt mit allen Teilnehmern auf und halten Sie im Verlauf des Impulsreferates diesen Blickkontakt. Falls Sie unsicher sind, so suchen Sie sich jemanden aus der Gruppe, der Sie bestärkt, und nehmen Sie dann den Blickkontakt nacheinander zur ganzen Gruppe auf.

- Variieren Sie die Stimme durch: Lautstärke, Sprechtempo und Stimmlage.
- Behalten Sie keine Filzstifte oder Ähnliches in der Hand, da Sie damit spielen werden und sich verschmieren werden. Benutzen Sie diese ausschließlich zum Arbeiten und legen Sie sie dann wieder weg.
- Wenn Sie bestimmte Punkte auf einer Folie zeigen möchten, so verwenden Sie einen Stift oder einen Zeigestab, da der Finger meistens den Blick versperrt.
- Sprechen Sie bei Visualisierungen nicht zur Wand, sondern immer zum Publikum.

25.3 Nachbereitung eines Impulsreferates

Als Nachbereitung gehen Sie im Geist das Impulsreferat noch einmal durch und halten Sie fest, welche Teile Ihnen gut gelungen sind, welche Phasen verbessert werden können und was Sie beim nächsten Mal anders aufbereiten würden.

Anhand der folgenden Fragen kann eine intensive Nachbereitung durchgeführt werden, indem diese Fragen kurz beantworten werden:

- Sind Thema und Zielsetzung des Impulsreferates verstanden worden? Wenn nicht, was waren die Ursachen dafür?
- Konnte mit der Einleitung das Interesse der Teilnehmer geweckt werden? Wenn nein, was müsste geändert werden, um dies zu erreichen?
- Entsprach das Impulsreferat den Vorkenntnissen der Teilnehmer? Wenn nicht, wie sollte die Aufbereitung in Zukunft aussehen?
- Haben sich Gliederung und Reihenfolge bewährt? Wenn nicht, welche Punkte müssen verändert werden?
- Wie wurde der Hauptteil aufgenommen? Gab es schwierige Passagen? Wenn ja, wie könnten diese verbessert werden?
- Ist der Schlussteil gelungen? Wenn nein, was könnte verbessert werden?
- Wie waren die Atmosphäre und der Kontakt zu den Teilnehmern?
- Wie habe ich mich selbst beim Impulsreferat gefühlt? Möchte ich beim nächsten Mal etwas ändern?
- Haben die Rahmenbedingungen gestimmt? Wenn nein, wie könnten diese verbessert werden?
- Hat die Technik funktioniert? Wenn nein, wie könnten diese Pannen beim nächsten Impulsreferat vermieden werden?

Darüber hinaus können Sie sich auch ein Feedback von einzelnen Teilnehmern einholen[2].

---

[2] Vgl. dazu Kapitel Feedback.

25.4 Pro und Contra Impulsreferat

Vorteile des Impulsreferates

- Mit dem Impulsreferat kann schnell in ein neues Thema eingeführt werden.
- Die Teilnehmer können vor den Übungen in die Thematik eingeführt werden.
- Die vortragende Person kann im Unterschied zu Büchern einzelne Gedanken wiederholen, neue Erkenntnisse liefern und Fragen beantworten.
- Mit einem Impulsreferat kann ohne großen Aufwand auf eine bestimmte Zielgruppe, einen bestimmten Lernstoff und auf die vorhandene Technik eingegangen werden.
- Ein Impulsreferat kann sehr variabel in das Training eingebaut werden, während andere Methoden mehr Trainingsmaterial, Übungen oder den Einsatz von Computern erfordern[3].

Nachteile des Impulsreferates

- Die Zuhörer bleiben passiv, daher wird der vermittelte Lernstoff nicht besonders gut behalten.
- Das gesprochene Wort ist flüchtig, wenn ein Teilnehmer den Faden verloren hat, kann er diesen Teil nicht einfach wiederholen.
- Komplexe und abstrakte Lerninhalte mit vielen Details können in einem Impulsreferat nicht vermittelt werden, da reines Zuhören oft nicht ausreicht um das Thema wirklich zu verstehen.

25.5 Checkliste zur Vorbereitung

Die nachfolgende Tab. 25.1 ist eine Checkliste zur Vorbereitung.

---

[3] Vgl. dazu folgende Bücher: Durate, Nancy (2008). Slide: Ology: The Art and Science of Creating great Presentations, Beijing, Köln; Reynolds, Garr (2013[2]). Zen oder die Kunst der Präsentation: Mit einfachen Ideen gestalten und präsentieren, München.

Tab. 25.1 Checkliste zur Vorbereitung

Checkliste zur Vorbereitung eines Impulsreferates	Erledigt
Was sind Thema und Zielsetzung?	–
Wie ist der Lernstoff gegliedert und aufgebaut?	–
Welche Unterlagen oder Materialien gibt es für die Teilnehmer?	–
Welche Informationen werden visualisiert?	–
Dürfen während dem Impulsreferat Fragen gestellt werden oder sollen sie erst am Ende gestellt werden?	–
Mit welchen Worten wird begonnen?	–
Wie wird in das Thema eingeführt?	–
Mit welchen Punkten wird am Ende das Impulsreferat zusammengefasst?	–
Wie wird am Ende der Bezug zum Thema und zur Zielsetzung hergestellt?	–
Mit welchen Worten wird das Impulsreferat abgeschlossen?	–

Moderation und Visualisierung   26

26.1 Moderation

Mit Moderationsmethoden wird das Wissen innerhalb der Lerngruppe zusammengetragen. Dabei steht nicht das Fachwissen der Trainer im Vordergrund, sondern das Wissen der Anwender.

Die Seminarleitung moderiert den Prozess und stellt die passenden Methoden zur Verfügung, mit denen sich die Gruppe das Thema selbstständig erarbeitet. Moderationsmethoden können an unterschiedlichen Stellen im Training eingesetzt werden:

- Als Einstieg in ein neues Thema, indem der Wissensstand der Lerngruppe zusammengetragen wird.
- Zur Lösung eines Übungsproblems werden die verschiedenen Lösungswege diskutiert.
- Zur Stimmungs- und Erwartungsabfrage der Teilnehmer.

Nachfolgend wird die Metaplantechnik als ein Beispiel für Moderationsmethoden vorgestellt[1].

26.1.1 Metaplantechnik

Wie der Name schon sagt, wird hier mit Metaplankarten und einer Pinnwand gearbeitet. Die Methode besteht aus drei Phasen. In der ersten Phase arbeitet jeder für sich, in der

---

[1] Vgl. ausführlichen Überblick zu den verschiedenen Moderationsmethoden, wie Fragetechniken, Punktabfrage etc. in: Neuland, Michèle (2003[5]). Neuland-Moderation. Künzell. Zudem Seifert, Josef, W. (2011[30]). Visualisieren – Präsentieren – Moderieren. Offenbach. S.85 ff.

zweiten Phase werden die Einzelergebnisse im Plenum zusammengetragen und diskutiert. In der dritten Phase wird das weitere Vorgehen besprochen.

1. Phase Für die erste Phase wird eine Eingangsfrage formuliert, zum Beispiel: „Welche Funktionen von Excel kennen Sie?" oder „Sie möchten eine Datenbank aufbauen, wie würden Sie vorgehen?" oder „Wie fanden Sie den heutigen Trainingstag?" Die Einstiegsfrage wird auf die Pinnwand geschrieben. Alle bekommen 5–15 min Zeit, um diese Frage für sich zu beantworten.

Geschrieben werden die Antworten und Ideen auf Metaplankarten, die die Teilnehmer zu Beginn erhalten haben. Die Karten können auch an Tandems ausgeteilt werden. Insgesamt sollten in der Gruppe nicht mehr als 30 Karten ausgeteilt werden.

Dabei gilt:

- Eine Antwort pro Karte.
- Auch sollten die Stichworte auf einer Karte nicht mehr als drei Reihen Text umfassen. Ist der Text länger, können auch zwei Karten verwendet werden.

2. Phase In dieser Phase werden die verschiedenen Ergebnisse zusammengetragen. Dazu stellen alle ihre Antworten im Plenum vor. Alternativ können die Karten auch durch den Trainer eingesammelt und laut vorgelesen werden.

Die Antworten werden an die Pinnwand gehängt. Die Karten werden aber nicht willkürlich aufgehängt, sondern nach bestimmten Aspekten sortiert. Welche Karten zusammengehören, entscheidet die Gruppe.

Für das Aufhängen der Karten an einer Pinnwand ist Folgendes zu beachten:

- Alle Metaplankarten werden laut vorgelesen und angepinnt.
- Alle geschriebenen Metaplankarten werden aufgehängt. Dies gilt auch für „Witzkarten" oder „Karten mit ähnlichen oder gleichen Aussagen".
- Die Gruppe entscheidet, zu welchem Themenbereich eine Karte gehängt wird. Gibt es darüber keine Einigkeit, so entscheidet der Autor der Karte.
- Passt eine Karte zu mehreren Themen, kann diese noch einmal geschrieben werden. Die Karten werden in beiden Rubriken aufgehängt.
- In jedem Themenbereich sollten maximal zehn Karten hängen, da es sonst zu unübersichtlich wird.
- In dem Bereich „Offene Fragen/Punkte" hängen Karten, die nicht zuzuordnen sind.
- Werden Aspekte mehrfach genannt, können die Karten nebeneinander gehängt werden. So wird deutlich, welche Antworten oder Ideen besonders häufig sind.
- Die Teilnehmer können ihre eigenen Karten zu jedem Zeitpunkt zurückziehen.

Wenn alle Metaplankarten an der Pinnwand sortiert hängen, wird für die einzelnen Bereiche nach einer Überschrift gesucht.

26.1 Moderation

3. Phase In dieser Phase wird überlegt, welche Konsequenzen aus den Ergebnissen gezogen werden, zum Beispiel: es werden die Ideen am System überprüft oder der Trainingsplan für den nächsten Tag wird um den Punkt XY erweitert.

Vorteile der Metaplanmethode

- Schnelle Übersicht für die Seminarleitung über den Wissensstand der Gruppe beziehungsweise das Antwortspektrum.
- Die Antworten eines jeden Einzelnen werden deutlich, da jeder seine Ideen vorstellt.
- Die Karten entstehen gleichzeitig und unabhängig voneinander, d. h. die Teilnehmer können sich nicht gegenseitig beeinflussen.
- Alle Teilnehmer sind aktiv.
- Aufgrund von Mehrfachnennungen können von dem Trainer die Schwerpunkte erkannt werden.

In der Abb. 26.1 wird ein Beispiel für die Metaplanmethode mit dem Thema Intranet gezeigt.

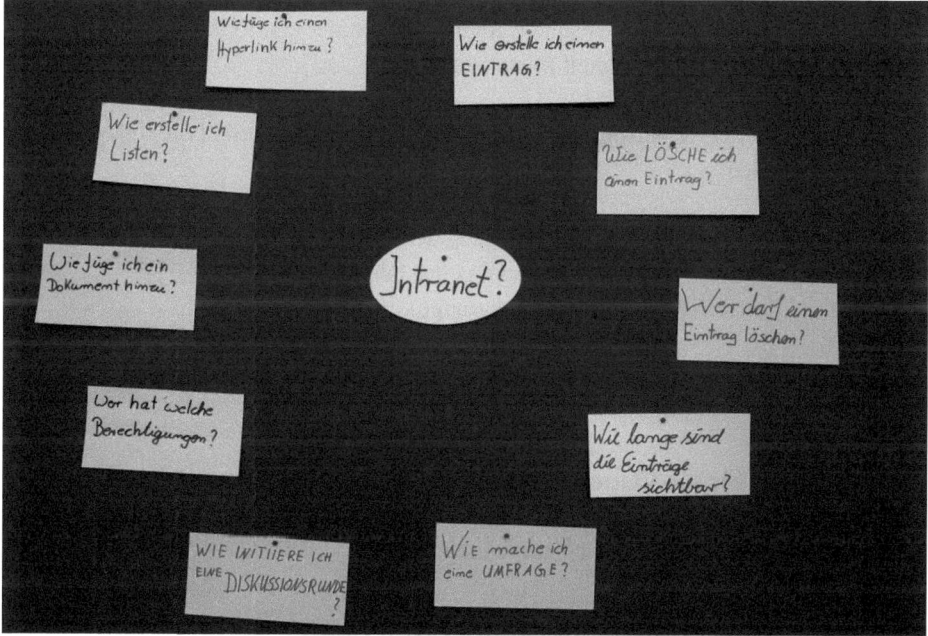

Abb. 26.1 Metaplanmethode Beispiel Intranet

26.2 Visualisierung

Ein Bild sagt mehr als tausend Worte.
Chinesisches Sprichwort

Bilder und Grafiken und Texte fassen das Wesentliche eines Lerninhalts oder eines Vortrages zusammen. Das gesprochene Wort ist flüchtig, durch die Visualisierung werden mehr Assoziationen und Anknüpfungspunkte geboten.

In Form von Bildern kann sehr schnell und gut das Wichtigste zusammengefasst werden. Sie haben eine bessere Wirkung als das geschriebene Wort, denn Bilder werden schneller erfasst und besser behalten als Texte.

Visualisierung wird eingesetzt und hilft

- Vorträge optisch zu unterstützen,
- den Redeaufwand zu verkürzen,
- die Aufmerksamkeit der Empfänger zu gewinnen,
- den Zuhörern Orientierungshilfen zu geben,
- Informationen festzuhalten und sie verständlich zu gestalten,
- wichtige Aussagen zu verdeutlichen und zu veranschaulichen,
- die Erinnerungs- und Behaltensquote bei den Teilnehmern zu fördern,
- die Ergebnisse einer Lerneinheit zu sichern.

Um die Funktion der Visualisierung zu bestimmen, sollten im Vorfeld die folgenden Fragen gestellt werden:

- Wozu dient die Visualisierung? (Festlegung des Ziels)
- Was soll dargestellt werden? (Bestimmung des Inhalts)
- Wer wird informiert? (Analyse der Zielgruppe)

In der Abb. 26.2 wird ein Beispiel aus einem Training für eine Visualisierung gezeigt.

26.2.1 Tipps für die Visualisierung

Ein Plakat lebt vom Platz und der Übersichtlichkeit.
  Deshalb:

- Höchstens drei verschiedene Farben pro Plakat verwenden.
- Farben einheitlich einsetzen, zum Beispiel schwarz für normalen Text, grün für die Überschriften, rot für Wichtiges.

26.2 Visualisierung

Abb. 26.2 Visualisierung Beispiel Bundesnetzagentur

- Kontraste verwenden: Starke Kontraste, zum Beispiel weiß auf schwarz, sind besser zu erkennen als Pastelltöne auf weißem Papier.
- Sinneseinheiten und Zusammenhänge in Blöcken darstellen.
- Für die gleichen Zusammenhänge und Sachverhalte immer die gleiche Farbe und Form verwenden.
- Wichtige Informationen und Aussagen durch die Farbe Rot oder durch Umrahmung, Unterstreichung oder eine andere Form hervorheben.
- Kürzel und Abkürzungen immer ausschreiben.
- Selbst gemalte Symbole und Bilder wirken immer.
- Die Wirkung eines Bildes oder Plakates mit Hilfe von Freunden oder Kollegen vorab testen.

Formen und Symbole
Die Symbole ersetzen den Text. Die Kaffeetasse wird schneller erfasst als das geschriebene Wort Pause.

Symbol	Bedeutung
💾	Speichern
🖱	Menüpfad
💣	Achtung, Aufpassen
💡	Tipp, Trick
❓	Offene Fragen, offene Diskussionspunkte
☕	Pause

Unterschiedliche Bedeutung können die verschiedenen Formen haben. Überschriften werden zum Beispiel immer auf Karten in Wolkenform geschrieben. Es sollten nicht zu viele Formen verwendet werden, damit das Plakat nicht überladen wird.

Ovale Karten haben mit ihrer abgerundeten Form eine weniger strenge Form als beispielsweise Rechtecke. Daher eigenen sie sich gut für in Stichworte gefasste Ideen.

Mit Kreiskarten können Überschriften gesetzt werden. Auch eignen sich Kreiskarten sehr gut, um Netzwerke visuell dazustellen. Die rechteckigen Karten können ebenfalls für Überschriften oder für ganze Sätze eingesetzt werden. Nachfolgenden sind in der Abb. 26.3 graphische Elemente aufgeführt, die zur Visualisierung verwendet werden können.

26.2 Visualisierung

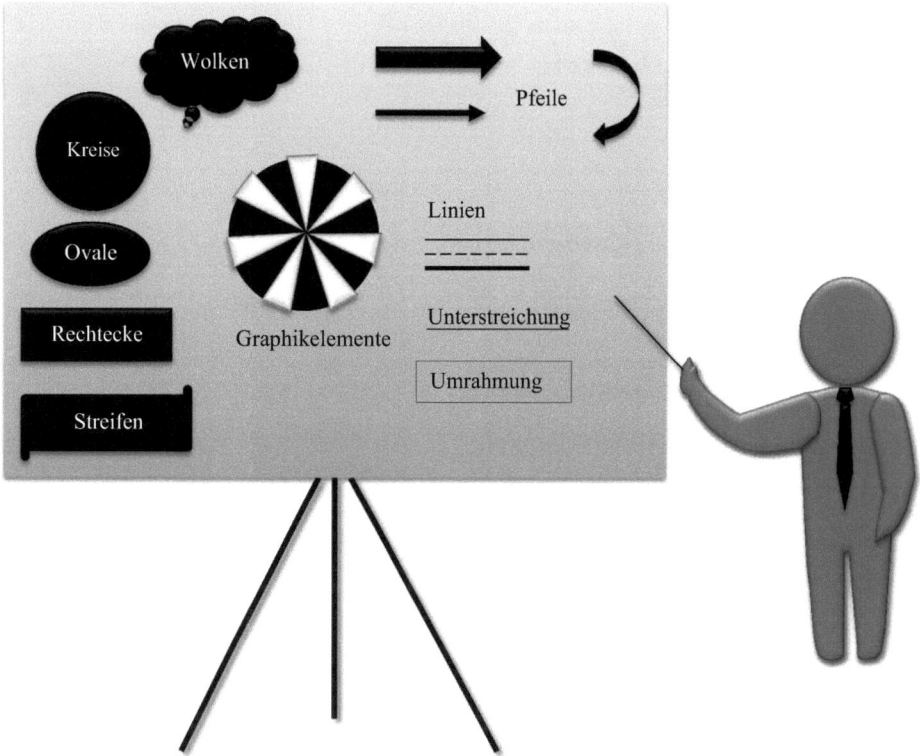

Abb. 26.3 Kapitel Visualisierung Formen und Symbole

Die folgende Abb. 26.4 zeigt ein Beispiel für einen Tagesablauf:

Aufbau eines Plakates
Plakate können unterschiedlich aufgebaut sein. Die Informationen können ganz unterschiedlich angeordnet werden.

Es gibt folgende Grundmuster:

Reihung Eine Reihung ist eine Anordnung von gleichen Elementen in gleichem Abstand. Damit kann etwas aufgezählt oder auch die Gleichwertigkeit aller Informationen deutlich gemacht werden. In der Abb. 26.5 werden verschiedenen Reihungen dargestellt.

Eine Reihe kann „rhythmisiert" sein, das heißt, sie wird durch unterschiedliche Farben und Formen unterbrochen. Damit können Hierarchien dargestellt werden. Zum Beispiel wird dies in der Tab. 26.1 aufgeführt:

Eine Symmetrie wird dargestellt durch eine Spiegelung eines Bildes oder einer Graphik an einer Spiegelachse. Die Spiegelung kann an der waagrechten und an der senkrechten Achse verlaufen. Mit einer symmetrischen Anordnung können gleichförmig verlaufende Entwicklungsstränge dargestellt werden. Ein Beispiel zeigt die nachfolgende Abb. 26.6 zu Entwicklungssträngen:

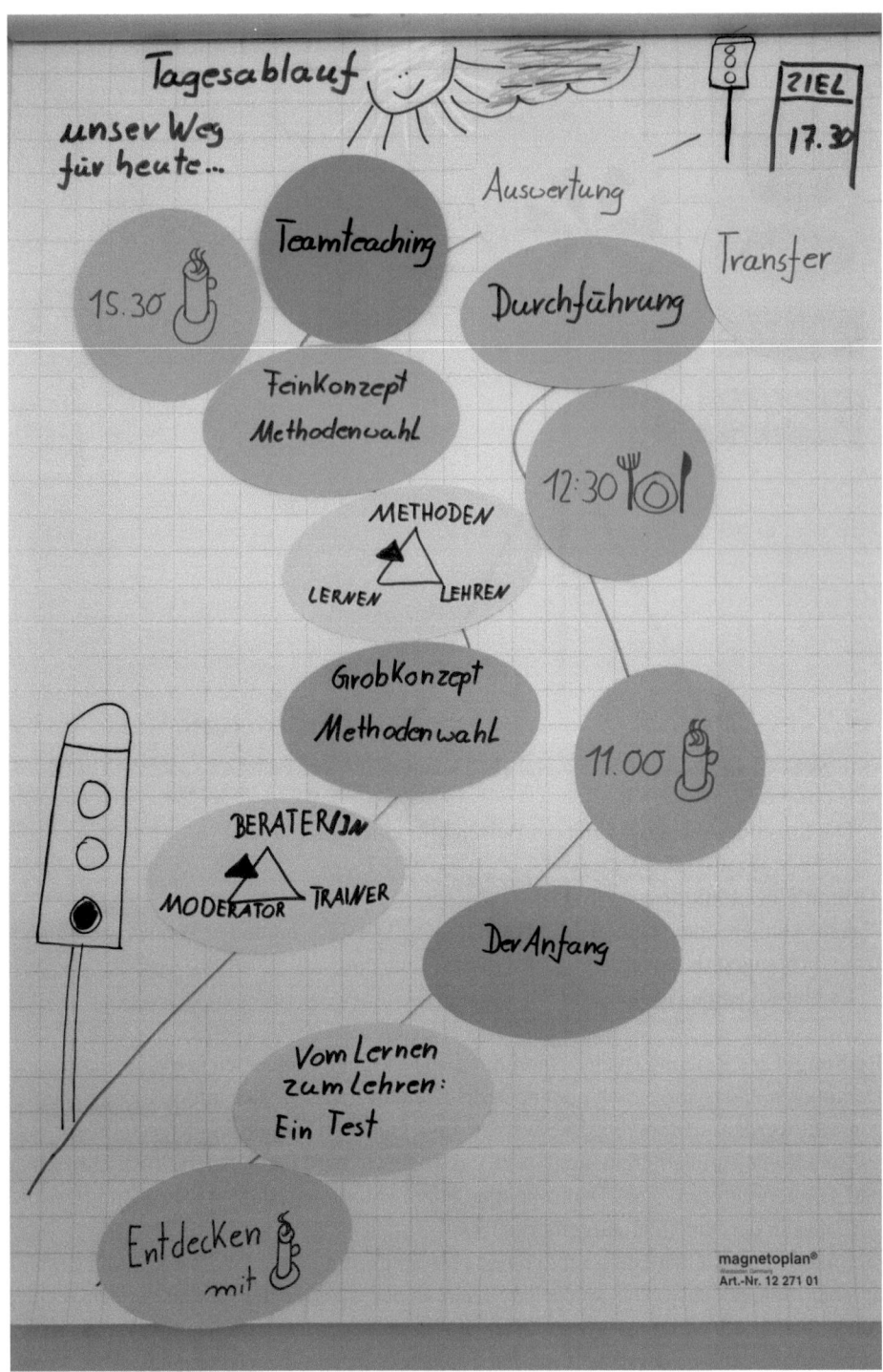

Abb. 26.4 Visualisierung Tagesablauf

26.2 Visualisierung

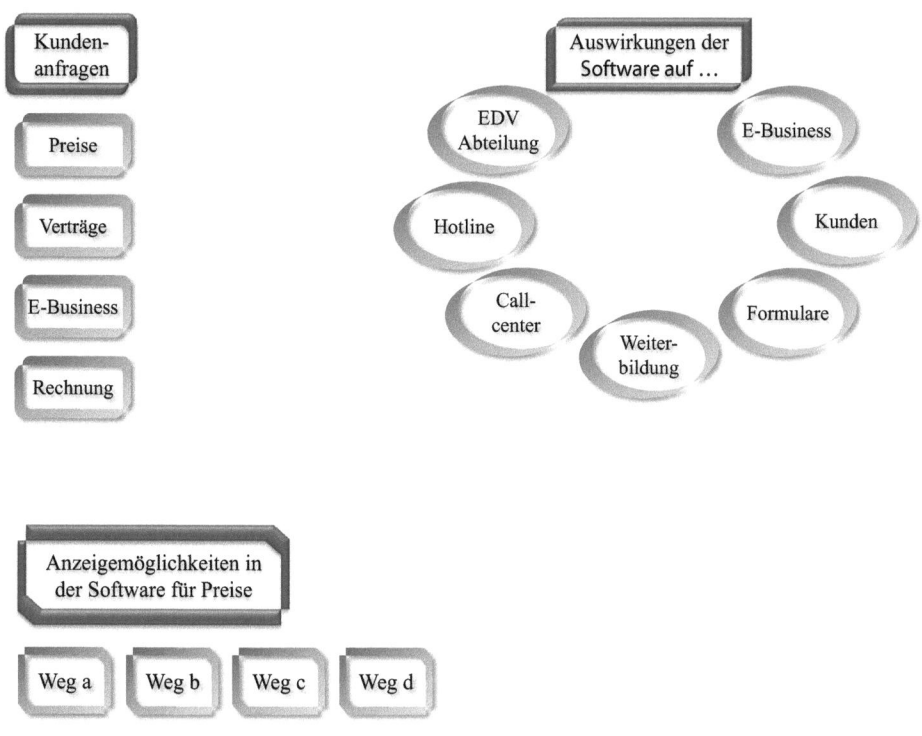

Abb. 26.5 Visualisierung Reihung

Tab. 26.1 Hierarchien Lotus Notes

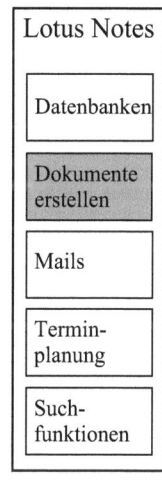

Entwicklungen werden mit dynamisch aufgebauten Plakaten dargestellt. Aufgrund einer dynamischen Komposition kann ein Bild oder eine Graphik beliebig zusammengesetzt werden. Die dynamische Komposition stellt einen sich entwickelnden Prozess dar.

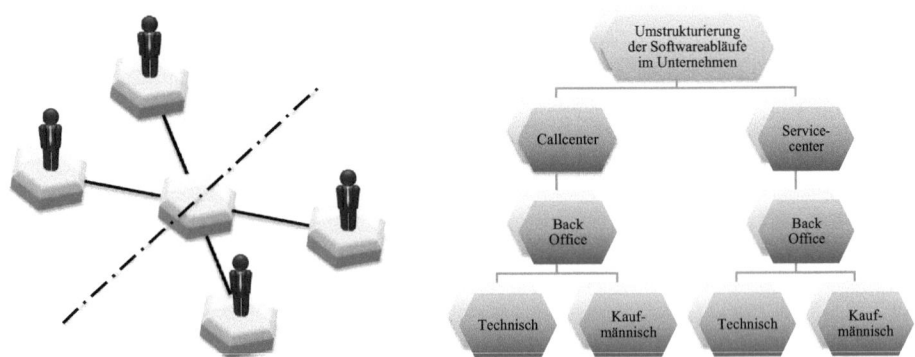

Abb. 26.6 Beispiel Entwicklungsstränge

Abb. 26.7 Visualisierung Projektarbeit Einführung einer neuen Software

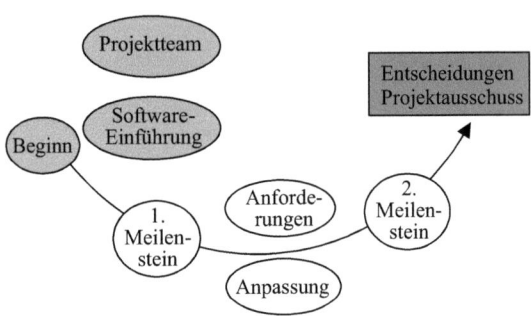

Damit können auch Ursachen und Auswirkungen aufgezeigt werden. In der Abb. 26.7 wird anhand einer Einführung einer neuen Software ein Beispiel gezeigt.

26.2.2 Visualisierung von Texten

Texte kommen in Softwaretrainings an vielen Stellen vor:

- bei der Vorstellung des Tagesablaufes,
- bei der Erklärung von Fachbegriffen,
- bei der Vorstellung eines Übungsablaufes.

In den meisten Fällen werden die Texte mit der Hand auf die Flipchart oder die Pinnwand geschrieben.

26.2 Visualisierung

Hierbei gibt es einiges zu beachten:

- **Lesbarkeit**
  Groß schreiben, damit auch die Teilnehmer in der letzten Reihe den Text lesen können. Wird der Text im Vorfeld ausgedruckt, immer eine einfache Schrifttype verwenden, beispielsweise Helvetica. Die Schriftgröße sollte mindestens 72 Punkt betragen.
- **Lesegewohnheiten**
  Immer von links nach rechts schreiben. Auch bei Visualisierungen links oben auf der Fläche beginnen. Groß- und Kleinschreibung benutzen.
- **Strukturierung und Übersichtlichkeit**
  Texte optisch gliedern. Dies geht mit Hilfe von Überschriften, Zwischenüberschriften oder verschiedenen Farben. Als Faustregel gilt: nicht mehr als drei Gliederungsebenen pro Plakat verwenden.
- **Einfache Aussagen und Sätze**
  Bekannte und gebräuchliche Wörter verwenden. Möglichst kurze Sätze bilden.
- **Zusätzliche Elemente**
  Als Blickfang und zur Übersichtlichkeit können Farben, Graphiken und Skizzen eingesetzt werden.

Beispiel: Definitionsplakat Das erste Beispiel ist unübersichtlich, da die einzelnen Hervorhebungen in Konkurrenz zueinander stehen. Es wird nicht deutlich, was die Hauptaussage des Plakates ist. Auch sind die einzelnen Aspekte der Definition nicht klar erkennbar, da der Text in Form eines Fließtextes dargestellt ist. Im folgender wird in der Tab. 26.2 ein Beispiel für einen gegliederten Text eines Definitionsplakates gezeigt.

Im Unterschied dazu sind im zweiten Beispiel weniger Visualisierungselemente eingesetzt. Die einzelnen Textblöcke und damit die unterschiedlichen Aspekte der Definition sind klar zu erkennen.

Tab. 26.2 Beispiel Defnitionsplakat

Makros	Makros
Durch Makros können Aufgaben automatisiert werden. In einem Makro werden mehrere Befehle kombiniert. Sie werden mit dem Visual-Basic-Editor erstellt.	Automatisieren Aufgaben Kombinieren Befehle Erstellung: Visual-Basic-Editor

Lernfeature 27

An das Radio- und Fernsehfeature lehnt sich das Lernfeature an. Beim Lernfeature werden unterschiedliche Methoden und Medien kombiniert[1]. Dadurch werden möglichst viele Sinneskanäle und Lerntypen gleichzeitig angesprochen. Denn nicht alle Menschen lernen gleich[2]. Anders als bei den Medienvorbildern konsumieren die Teilnehmer die Lerninhalte nicht passiv, sondern werden aktiv mit eingebunden. Texte, Bilder und Töne werden mit Aktivelementen kombiniert.

Die Lerninhalte von Softwareschulungen sind auf den ersten Blick abstrakt. Einige Teilnehmer freuen sich auf die neue Software. Andere wollen am liebsten nichts davon wissen – die wenigsten stehen dem Seminarthema neutral gegenüber. Unausgesprochen bleiben aber meistens die Gefühle. Sie „wabern" im Hintergrund mit und beeinflussen das Lernklima und den Lernerfolg: Wer Angst hat, lernt schlechter. Wenn niemand von der neuen Software begeistert ist, wird die Stimmung in der Schulung entsprechend schlecht sein. Das Lernfeature greift diese Gefühle auf.

Das Feature spricht drei unterschiedliche Aspekte des Lernens an:

1. Lernen über unterschiedliche Lernkanäle und mit verschiedenen Methoden.
2. Aktives Lernen.
3. Emotionales Lernen.

---

[1] Wehner, Michael (1996). Historisch-politische Bildung zwischen Information und Unterhaltung. Ansätze und methodische Formen für eine moderne Lernkultur. Frankfurt am Main.
[2] Vgl. Kapitel Lerntheorie und Lernprozesse.

Abb. 27.1 Beispiel Zusammensetzung Feature

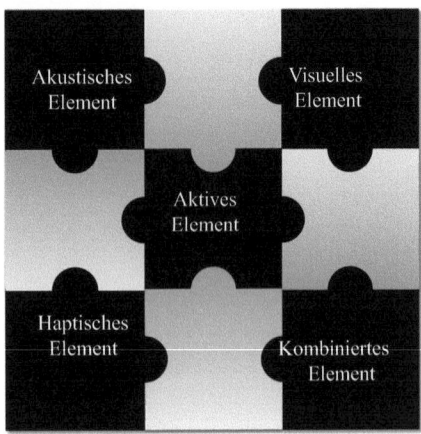

Abbildung 27.1 zeigt die Zusammensetzung eines Features

Das aktive Element
Ein wichtiger Baustein des Features ist das Aktivelement. Durch die Übungen werden die Teilnehmer aktiv mit einbezogen, denn Lerninhalte werden deutlich besser behalten, wenn sie nicht nur passiv konsumiert werden. Mindestens 1/3 des Features sollte aus aktiven Elementen bestehen (Abb. 27.1).

Das haptische Element
Durch Berühren und Anfassen lernen die Teilnehmer. Anwendern fällt es oft schwer, die dreidimensionalen Strukturen der Software mit der Zweidimensionalität des Bildschirms in Verbindung zu bringen. Mit dem haptischen Element werden Datenmodelle oder Baumstrukturen aus der Zweidimensionalität transportiert. Die dreidimensionalen Modelle können angefasst und umgebaut werden. Arbeiten die Teilnehmer danach wieder am System, erkennen sie diese Strukturen in der zweidimensionalen Bildschirmabbildung leichter wieder.

Das akustische Element
Musik, Sprache oder Geräusche wecken bestimmte Emotionen und Assoziationen. Diese werden mit dem Lerninhalt verknüpft und so besser behalten.

Das visuelle Element
Ein wichtiger Sinneskanal ist das Auge. Daher ist bei der Featuremethode die Ge-staltung und Aufbereitung von Folien, Grafiken, Bildern und Texten ein entscheidender Punkt. Mit dem visuellen Element, wie beispielsweise einer Karikatur, werden Schwerpunkte gesetzt und Assoziationen zum leichteren Verständnis geschaffen.

Das kombinierte Element
Mit diesem Element werden mehrere Sinneskanäle gleichzeitig angesprochen, zum Beispiel indem ein Text, ein Bild mit Musik oder einem Geräusch unterlegt wird. Untersuchungen haben gezeigt, dass Informationen besser behalten werden, wenn sie mehrfach, aber auf unterschiedlichen Sinneskanälen beziehungsweise durch unterschiedliche Medien präsentiert werden. Lerner sind deutlich aufmerksamer, wenn sie ein Bild mit einem gesprochenen Text verbinden können.

Die Aufmerksamkeit sinkt aber wieder, wenn die verbale Information nur als reiner Textblock über dem Bild gezeigt wird[3]. Ursache dafür ist, dass gesprochene Sprache in der Regel einprägsamer ist, sie weckt bei den Zuhörern größere Aufmerksamkeit. Zudem lassen paraverbale Signale, wie Mimik und Gestik, die gesprochene Sprache persönlicher wirken, wodurch die Motivation steigt.

27.1 Erstellung eines Lernfeatures

Das Lernfeature eignet sich gut für den Einstieg in das Seminar oder in ein neues Thema. Bei der Entwicklung und Durchführung eines Lernfeatures ist Folgendes zu beachten:

1. Insgesamt sollte ein Feature nicht länger als zwei Stunden dauern.
2. Möglichst viele Sinneskanäle ansprechen, indem unterschiedliche Darstellungsformen, Featureelemente und Medien eingesetzt werden.
3. Unterschiedliche Übungsformen verwenden, wie beispielsweise eine Modellübung (haptisches Element) oder eine Grafik mit Text und Musik (kombiniertes Element).
4. Die Gruppe aktiv an der Methode teilnehmen lassen. Als Regel gilt für die Konzeption, dass ein Drittel des Features aus Übungen für die Teilnehmer besteht, wie zum Beispiel: „Wahr oder falsch", „Lernzirkel".
5. Moderiert wird der Wechsel zwischen aktiven und passiven Phasen vom Trainer. Während einer Featurephase begleitet er die Gruppe und gibt Hilfestellungen.

Regieanweisungen für die Trainer
Vor dem Einsatz eines Features stellt der Trainer die Methode kurz vor und führt in die erste Phase ein. Um den Überraschungseffekt der jeweiligen Phasen zu erhalten, wird den Teilnehmern erst kurz vor dem Beginn der nächsten Featurephase erläutert, was für einen Lerninhalt und Lernziel diese Phase hat.

Beispiel aus dem Bereich SAP
Das Feature kommt direkt nach der Einstiegsphase. Eine Erwartungsabfrage ist in das Feature integriert.
Tabelle 27.1 zeigt eine Schulungsplan als Beispiel.

---
[3] Vgl. Weidenmann, Bernd (2002³). Multicodierung und Multimodalität im Lernprozess. In: Issing, Ludwig J; Klimsa, Paul (2002³). Information und Lernen mit Multimedia und Internet. Lehrbuch für Studium und Praxis. Bad Langensalza, S. 45–64.

Tab. 27.1 Schulungsplan als Beispiel

Phasen/Zeit	Lernziel	Inhalt	Trainer Aufgabe	Methode	Material
1. Phase 3 min	Einstieg: Vorurteile und Ängste gegenüber SAP	F1 „Herzlich Willkommen zur SAP-Schulung" F2 „SAP –, das heißt Software, Anwendungen, Programme" F3 „in der Fachwelt auch bekannt unter: Sanduhranzeigenprogramm" F4 „Software, Anwendungen, Probleme" F5 „Ständig anders probieren" F6 „submit and pay" („unterwerfe Dich und zahle") F7 „wie Sie sehen, besteht kein Anlass zur Panik"	Anmoderation des Features und der 1. Phase. Präsentation der Folien mit Musik	Textzitate und Musik	Power-Point-Präsentation Musik: Eye of the Tiger
2. Phase 15 min	Erwartungen der Teilnehmer abfragen	„Was erwarten Sie von diesem Seminar?"	Anmoderation der 2. Phase und Erklären der Teilnehmeraktivität. Verteilen und wieder Einsammeln der Metaplankarten, Aufhängen und Clustern der Erwartungen der Teilnehmer	Metaplanabfrage	Metaplan-karten
3. Phase 20 min	Grundbegriffe SAP	ERP, Mandant, Buchungskreis, Sparte	Anmoderation der 3. Phase. Erläuterung der Übung. Verteilen und Besprechen der Übungsblätter Austeilen der Lösungsblätter	Was ist was?	DIN-A4-Blätter mit Begriffen Lösungsblätter
4. Phase 10 min	Feedback und Abschluss	Evaluation	Anmoderation der 4. Phase. Assoziationen zur Karikatur und Feedback zum Seminar abfragen. Abschlussworte zum Training	Blitzlicht Karikatur	Karikatur auf Power-Point-Folie

F = Power-Point-Folie

Theaterszenen 28

Mit Theaterszenen werden Lerninhalte szenisch dargestellt und erklärt. Sie können auch bestimmte Verhaltensweisen oder Stereotypen aufdecken.

Eingesetzt werden kann die Methode bei Softwareschulungen:

- um neue Arbeitsabläufe zu üben, wenn beispielsweise das Tagesgeschäft durch die Einführung einer neuen Betriebssoftware stark verändert wurde.
- um mögliche Probleme sowie Veränderungen in der Organisationsstruktur aufzuzeigen und anschließend zu analysieren.
- um bestimmte Zusammenhänge und Funktionsprinzipien der Software zu verdeutlichen.
- um die Beobachtungsfähigkeit und die sozialen Wahrnehmungsfähigkeiten zu schärfen.

Bei der Einführung einer betrieblichen Software läuft am Anfang das Tagesgeschäft mit der neuen Software nicht so reibungslos wie mit der alten und vertrauten Software. Dadurch entstehen zusätzliche Wartezeiten und einige Kunden sind ungehalten, was den Stress bei den Mitarbeitern erhöht. Das richtige Verhalten in solchen Situationen kann in den Theaterszenen trainiert werden.

Mit Unterstützung von Theaterszenen können neue Organisationsabläufe, die durch die neue Software entstanden sind, oder die damit verbundenen Probleme aufgegriffen und verdeutlicht werden. Beispielsweise, wenn durch die Einführung der neuen Software plötzlich mehrere Abteilungen an einem Prozess beteiligt sind. Auch können mit der Methode abstrakte Zusammenhänge durch szenische Darstellungen verdeutlicht werden. Die Einführung einer neuen Software löst bei vielen Mitarbeitern Ängste oder sogar Ablehnung aus. Diese Gefühle und Einstellungen bleiben oft unausgesprochen, beeinflussen aber das Lernverhalten im Training. Durch die Methode Theaterszenen können sie angesprochen und diskutiert werden.

Im Vordergrund der Methode Theaterszenen steht das Ziel des sozialen Lernens, d. h. damit können bisherige Verhaltensweisen und Einstellungen geändert und neue eingeübt werden.

Vorteil dieser Methode ist, dass reale Abläufe im Unternehmen simuliert werden, es aber keine Konsequenzen in der Realität hat. Verschiedene Lösungsansätze und Strategien können „gefahrlos" ausprobiert werden. Anschließend kann jede Person sich überlegen, welchen Lösungsweg sie in die Realität umsetzen möchte.

28.1 Vorbereitung

Zu Beginn der Szene bekommen alle Teilnehmer eine Rollenkarte. Darauf stehen grundlegende Informationen zu dem Charakter, der dargestellt werden soll. Diese Rollenkarten können durch die Trainer vorgegeben werden. Die Teilnehmer können auch eigene Rollen erfinden. Diese werden dann auf Blankokarten eingetragen.

Auf den Rollenkarten beziehungsweise den Funktionskarten können unterschiedliche Informationen stehen:

- Funktion (zum Beispiel Kunde, Servicemitarbeiter, Chef)
- Verhaltensweisen (zum Beispiel ungeduldig, herrisch, oder andauernd redend)
- Absichten (zum Beispiel, die Kollegen von einer bestimmten Arbeitsweise zu überzeugen, jemanden von dem Gespräch ausschließen wollen, einen bestimmten Lösungsweg durchzusetzen)
- Aktionen (zum Beispiel nervend, ständig abgelenkt, dauerredend)
- Informationen zum Kontext der Rolle (zum Beispiel, hat Angst um seinen Job, will aufsteigen)
- „Technische Rollen" (zum Beispiel Browser oder Betriebssystem)

In der Simulation treffen diese unterschiedlichen Rollen aufeinander. Es wird zum Beispiel eine Abteilungsbesprechung dargestellt, bei der über die neue Aufgabenverteilung nach Einführung der Software entschieden wird.

Die Teilnehmer verkörpern die Abteilungsmitarbeiter mit ihren unterschiedlichen Interessen und Wünschen. Anschließend werden der Szenenverlauf und die unterschiedlichen Strategien analysiert. Nicht zu starr sollten die Rollen und Handlungen vorgegeben sein, da sonst keine dynamische Szene entsteht. Außerdem sollte die Seminarleitung so wenig wie möglich in die Szenen eingreifen und die Teilnehmer möglichst viel selbst gestalten lassen. Um mit der Gruppe nicht unter Zeitdruck zu geraten, sollte ausreichend Zeit zur Verfügung stehen.

28.2 Durchführung

Im Verlauf der Umsetzung gibt es fünf Phasen:

1. Einstiegsphase In der ersten Phase weckt die Seminarleitung die Neugier auf die Methode und die verschiedenen Inhalte der Szenen. Sie nennt Ziel und Zweck der Methode und erklärt die Regeln. Zudem erklärt sie, welche möglichen Probleme in der Szene zur Sprache kommen sollen. Beispielsweise bestimmte Schwierigkeiten mit der Software oder Probleme, die sich im Tagesgeschäft ergeben könnten.o

2. Aufwärmphase Anschließend werden die Rollen verteilt (Darsteller, Beobachter oder Publikum) und die Theaterszene wird beschrieben. Durch Lockerungsübungen für die Stimme und Bewegungsübungen für den Körper werden die Teilnehmer auf die nachfolgenden Aufgaben vorbereitet. Es können in dieser Phase auch bestimmte Rollenmerkmale, wie beispielsweise Gestik, Mimik und Sprache, eingeübt werden.

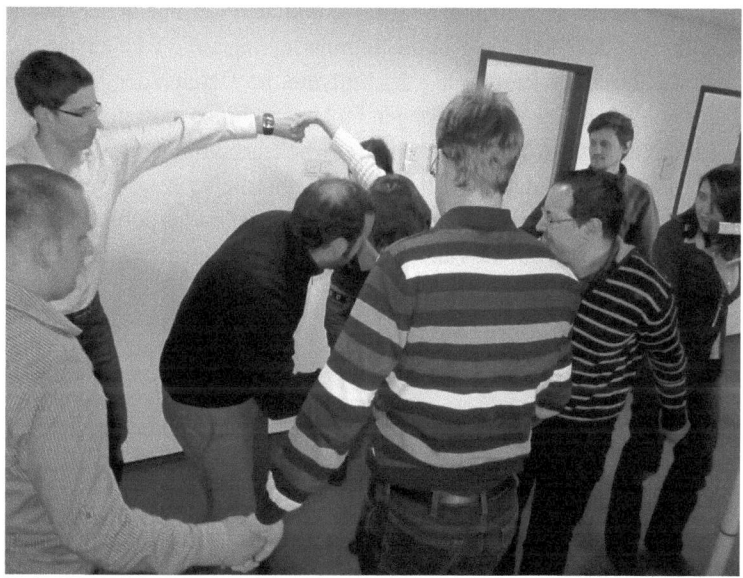

Foto Aufwärmphase Teilnehmer

3. Theaterstück Die Szene wird vorgeführt. In dieser Szene reagieren die Darsteller entsprechend ihrer Rolle auf die Äußerungen und Handlungen der Mitspieler.

4. Reflexionsphase Es folgt die Reflexion. Die Szene wird besprochen: Was ist passiert? Wer hat wie reagiert? Wenn es Beobachter gibt, berichten diese über Eindrücke. Die Darsteller erzählen von ihren Erfahrungen mit den verschiedenen Rollen. Auch das Publikum kann nach seiner Meinung gefragt werden.

Im Anschluss an diese Reflexionsphase kann das Theaterstück entsprechend des Regiekatalogs verändert beziehungsweise in anderer Form wiederholt werden, um weitere Lösungswege und Herangehensweisen auszuprobieren und zu diskutieren.

5. Auswertungsphase Am Ende wird die Szene ausgewertet, indem die getroffenen Entscheidungen und Vorgehensweisen analysiert werden. Welche Strategien waren erfolgreich? Welche sollten in die Organisationsstruktur übertragen werden?

28.2.1 Anmoderation der Methode

Die Methode „Theaterszenen" ist keine Trainingsmethode, die normalerweise in einer Softwareschulung eingesetzt wird. Damit die Teilnehmer mitmachen, muss in der Anmoderation ein klarer Bezug zwischen der Methode und dem Lerninhalt hergestellt werden.

In der Einführung der Methode geht die Seminarleitung auf die bevorstehenden Veränderungen ein, die durch die Einführung der Software im Bereich der Arbeitsorganisation und im Ablauf von Prozessen und Vorgängen im Unternehmen auftreten werden. Die Teilnehmer sind motiviert, wenn die Szenen an ihre Arbeitserfahrungen und ihr Tagesgeschäft oder die Software selbst anknüpfen. Oft haben die Mitarbeiter Angst, sich vor den Kollegen zu blamieren, die Szene und die Rollen sollten deshalb klar definiert werden. Damit wissen die Teilnehmer, was auf sie zukommt und was von ihnen erwartet wird.

28.2.2 Regiemöglichkeiten

Um die Teilnehmer richtig in Szene zu setzen, gibt es verschiedene Möglichkeiten:

1. Die Blickrichtung oder Position einzelner Darsteller verändern.
2. Die Haltung (Höhe/Tiefe) der Darsteller verändern.
3. Den Abstand zwischen den Darstellern variieren.
4. Andere Requisiten verwenden.
5. Einprägsame Sätze entwickeln oder vorgeben, die von bestimmten Personen wiederholt oder rhythmisiert werden.
6. Darsteller verdoppeln und eine weitere Ebene oder einen weiteren Bereich der Software aufzeigen.
7. Symbole verwenden.
8. Rollen werden getauscht.
9. Verändern des Theaterstils (Drama, Pantomime oder Märchen)

10. Überspringen eines Problems und inszenieren der nachfolgenden Szene. (Beispielsweise: „Angenommen wir hätten dieses Problem gelöst, was müsste anschließend vom Back Office gemacht werden?")
11. Ende der Szene wird vorgegeben. Wie es zu dieser Lösung gekommen ist, wird dargestellt.

28.3 Beispiel 1: Einüben bestimmter Verhaltensweisen

Tabelle 28.1 zeigt ein Beispiel für Kundenkontakt im Callcenter.

Das Theaterszenario Herr Nagel ruft im Callcenter an und wird zu Frau Teves durchgestellt. Der Vorgang wird in dieser Szene am Übungssystem durchgeführt.

Mit Hilfe dieser Szene werden die Prozesse am System wiederholt und der Umgang mit schwierigen Kunden geübt. Die Callcenter-Mitarbeiterin muss die Sprache der Software für den Kunden übersetzen, so dass der Kunde sie auch versteht. Gleichzeitig wiederholt sie mit dieser Übung am Computer die einzelnen Arbeitsschritte, mit denen beispielsweise ein „abweichender Zahler" im System eingestellt wird. Zudem lernt sie mit der Methode Strategien zu entwickeln, um mit ungeduldigen Kunden freundlich, aber bestimmt umzugehen.

Tab. 28.1 Theaterszenen Beispiel Kundenkontakt

Ihre Rolle: • Sie heißen: Kerstin Heiser.   • Sie arbeiten im Callcenter des Energieversorgers „Billig Gas".

Ihre Rolle: • Sie heißen: Martin Nagel   • Sie sind Mitarbeiter im Sozialamt.   • Das Sozialamt zahlt ab nächsten Monat die Rechnungen von Frau Erna Teves.   • Sie sind im Stress, da sie in 10 Minuten in eine Sitzung müssen.

Tab. 28.2 Theaterszenen Beispiel 2 Rollen

Ihre Rolle:
• Sie heißen: Tim Ludwig
• Sie arbeiten für eine europäische Menschenrechtsorganisation.
• Sie wollen, einen unzensierten Zugang zu den

Ihre Rolle:	Ihre Rolle:
• Sie heißen: Robert Fennek	• Sie heißen: James Stryker
• Sie arbeiten für einen Geheimdienst.	• Sie arbeiten für eine amerikanische Firma.
• Sie wollen das Netz einfach und schnell überwachen können.	• Sie wollen ein System, das so stabil ist, dass es auch bei einem Krieg funktionieren würde.

Durch die beiden Rollen werden sowohl die Anliegen des Kunden, als auch die Aufgabe der Callcenter-Mitarbeiterin deutlich.

28.4 Beispiel 2: Darstellung abstrakter Inhalte

Das Theaterszenario: Wie funktioniert das Internet? In der Szene wird eine internationale Konferenz dargestellt. Ziel der Konferenz ist es, ein elektronisches Informationssystem zu entwickeln, das weltweit funktioniert. Die einzelnen Rollen haben jedoch ganz unterschiedliche Ansichten, wie das elektronische Netz aussehen soll. Die Vor- und Nachteile der unterschiedlichen Systeme werden klar, indem die unterschiedlichen Ansichten diskutiert werden. In der Szene können die tatsächlichen Funktionsprinzipien des Internets entwickelt werden, es kann aber auch eine andere Lösung herauskommen. In der Tab. 28.2 werden verschiedene Rollen aufgeführt.

28.5 Beispiel 3: Changemanagement

Beispiel mit Idealtypen Eine Alternative zu konkreten Rollen sind Idealtypen. Sie charakterisieren die verschiedenen Rollentypen, die es in jedem Unternehmen gibt. Diese haben bestimmte Eigenschaften und verhalten sich entsprechend. Mit Hilfe dieser Idealtypen können bestimmte Abläufe, Lösungswege und Probleme der neuen Software nachgespielt und verdeutlicht werden.

28.5 Beispiel 3: Changemanagement

Tab. 28.3 Theaterszenen Beispiel 3 Matrix Typen

Typ	Schwäche	Verhaltensweise	Fähigkeiten
Großmaul	hochmütig	Von sich selbst sehr überzeugt, hört sich gerne reden, möchte zu allem gefragt werden und kommentiert alles	Führungsbereitschaft, Optimist, Verantwortungsbereitschaft, gutes Selbstbewusstsein
Hektiker	jähzornig	Ständig im Stress, hektisch, macht immer mehrere Sachen gleichzeitig, sehr ungeduldig	Sehr flexibel und lebendig, schnell, hervorragende Macherqualitäten
Tranfunzel	träge	Fühlt sich ständig überlastet und überfordert, jammert leicht, schwerfällig, erscheint immer müde	Nimmt Stimmungen gut wahr, kann gut zuhören und abwarten
Lästerzunge	begierig	Ist immer sehr gut informiert über Geschichten, Gerüchte und Neuigkeiten, hat ein großes Netz an Informanten, sehr zurückhaltend in offiziellen Gesprächen, feige, redet gerne in Abwesenheit von Personen über diese	Kontaktfreudig, sehr gutes Gespür für Stimmungen und Situationen
Neidhammel	neidisch	Schlechtes Selbstbewusstsein, sehr geringes Selbstwertgefühl, bewundert und beneidet andere, wirkt depressiv	Kann sehr gut zuhören, ist bescheiden
Egoist	eigennützig	Ist ständig auf den eigenen Vorteil bedacht, zurückhaltend, verhält sich taktisch, berechnet bei einem Einsatz Kosten und Nutzen, verachtet andere, die nicht abwägen oder Fehler begehen	Gutes strategisches Verhalten, immer an einem Ausgleich für Geben und Nehmen interessiert

Folgendes Szenario wird dargestellt: In Ihrem Unternehmen wird die Software von SAP eingeführt. Bei der Besprechung der Abteilung XY reagieren die Mitarbeiter sehr unterschiedlich auf diese Ankündigung. In der Tab. 28.3 wird in Form einer Matrix verschieden Typen aufgeführt.

Variante 1 Bei dieser Variante des Theaterszenarios sind alle Teilnehmer als Darsteller beteiligt. Ein Publikum oder Beobachter gibt es nicht. Hauptmerkmal dieser Variante ist, das die Trainer ohne große Einleitung und Erklärung mit dem Szenario beginnen.

Die Rahmenhandlung wird von der Seminarleitung kaum vorgegeben, es gibt keine vorgegebenen Rollen. Jeder Teilnehmer erfindet seine Rolle selbst. Falls eine Person Schwierigkeiten hat, sich eine Rolle auszudenken, kann auch die Seminarleitung einzelnen Personen eine bestimmte Rolle zuweisen.

Tab. 28.4 Variante 2 Rollenmatrix

Runde	Kunde	Hotline	Beobachter
1.	1. Person (Fr. Mai)	2. Person (Hr. Becker)	3. Person (Fr. Grall)
2.	2. Person (Hr. Becker)	3. Person (Fr. Grall)	1. Person (Fr. Mai)
3.	3. Person (Fr. Grall)	1. Person (Fr. Mai)	2. Person (Hr. Becker)

Variante 2 Bei dieser Variante gibt es drei Gruppen und die Rollen werden nach jedem Durchgang gewechselt. Jede Kleingruppe erhält drei Zettel mit einer 1, 2 und 3 darauf. Diese Nummer gibt an, welche Rolle die Person in der ersten Runde übernimmt. Gleichzeitig dazu wird die folgende Matrix an die Tafel geschrieben oder mit dem Beamer an die Wand projiziert. Die Tab. 28.4 zeigt die Rollenmatrix.

Mit den Theaterszenen können verschiedene Probleme und Konflikte, die durch eine neue Software entstehen, aufgegriffen werden.

Verschiedene Lösungswege können in aller Ruhe ausprobiert werden.

Literatur

Antons, K. (2011⁹). *Praxis der Gruppendynamik. Übungen und Techniken.* Göttingen.
Arnold, P. (2013³). *Lehren und Lernen mit digitalen Medien.* Bielefeld.
Batinic, B. (Hrsg.). (2008). *Medienpsychologie.* Heidelberg
Beywl, W., & Schobert, B. (2002⁴). *Evaluation – Controlling – Qualitätsmanagement in der betrieblichen Weiterbildung.* Bielefeld.
von Bühler, K. (1934). Organon-Modell. In K. Bühler (Hrsg.), *Sprachtheorie. Ungekürzte* Ausgabe 1982 (S. 28). Stuttgart.
Dichanz, H., Ernst, A. (2002). E-Learning – begriffliche, psychologische und didaktische Überlegungen. In U. Scheffer & F. W. Hesse (Hrsg.), E-Learning. Di*e Revolution des Lernens gewinnbringend einsetzen.* Stuttgart.
Durate, N. (2008). *Slide: Ology: The Art and Science of Creating great Presentations.* Beijing.
Fischer, F., Mandl, H., & Todorova, A. (2009). Lehren und Lernen mit neuen Medien. In R. Tippelt & B. Schmidt (Hrsg.), *Handbuch Bildungsforschung* (S. 753–772). Wiesbaden.
Fischer, F., Mandl, H., & Todorova, A. (2010). Lehren und Lernen mit neuen Medien. In R. Tippelt & B. Schmidt (Hrsg.), *Handbuch Bildungsforschung* (S. 753–771). Wiesbaden.
Fleischer, W. (1991). *EDV-Didaktik: Wie man EDV-Wissen richtig erklärt, vermittelt, aufbereitet und dokumentiert; das Handbuch für Ausbilder, Pädagogen, Seminarveranstalter und EDV-Autoren.* München.
Friedrich, H. F., & Mandl, H. (Hrsg.). (2005). *Handbuch Lernstrategien.* Göttingen.
Funcke, A., & Rachow, A. (2010⁵). *Rezeptbuch für lebendiges Training.* Bonn.
Geißler, K. A. (2000³). *Schlusssituationen. Die Suche nach dem guten Ende.* Weinheim.
Geißler, K. A. (2008¹⁰). *Anfangssituationen. Was man tun und besser lassen sollte.* Weinheim.
Gerbig, C., Gerbig-Calcagni, I. (2005²). *IT Trainings erfolgreich durchführen.* Weinheim.
Gieth van der Hans-Jürgen (2010). *Lernzirkel. Die ideale Form des selbstbestimmten Lernens.* Kempen.
Grune, C. (2000). *Lernen in Computernetzen. Analyse didaktischer Konzepte für vernetzte Lernumgebungen.* München.
Gugel, G. (2011). *2000 Methoden für Schule und Lehrerbildung. Das große Methoden-Manuel für aktivierenden Unterricht.* Weinheim.
Heidack, C. (2000). Lernsituationen. In E. Merz (Hrsg.), *Lernen das gegenwärtige Ereignis für die Zukunft.* Berlin. (aturverzeichnis).
Kammerl, R. (2000). *Computerunterstütztes Lernen.* München.
Kolb, D., & Fry, R. (1975). Toward an applied theory of experiential learning. In C. Cooper (Hrsg.), *Theories of Group Process.* London.
Landesinstitut für Erziehung und Unterricht. (Hrsg.). (2000). *Unterrichten mit multimedialer Lernsoftware.* Stuttgart.

Langmaack, B., & Braune-Krickau, M. (2010[8]). *Wie die Gruppe laufen lernt.* Weinheim.

Macke G., Hanke, U., & Viehmann, P. (2012[2]). *Hochschuldidaktik: Lehren – vortragen – prüfen – beraten. Mit Methodensammlung „Besser lehren".* Weinheim.

Mandl, H. (Hrsg.). (2000). *Wissen sichtbar machen: Wissensmanagement mit Mapping-Techniken.* Göttingen.

Moser, H. (2010[5]). *Einführung in die Medienpädagogik: Aufwachsen im Medienzeitalter.* Wiesbaben.

Neuland, M. (2003[5]). *Neuland-Moderation.* Künzell.

Nill-Theobald, C., & Theobald, C. (2013[3]). *Grundzüge des Energiewirtschaftsrechts.* München.

Opppolzer, U. (2010[7]). *Super Lernen. Tipps und Tricks von A–Z.* Hannover.

Project Management Institute. (Hrsg.). (2013[5]). *A Guide to the Project Management Body of Knowledge (PMBOK Guide).* Newtown Square.

Quitzsch, S., & Pretz, E. (Ministerium für Kultus, Jugend und Sport Baden-Württemberg) (2000). *Bildersprache und Werbedesign.* Donauwörth.

Rachow, A. (Hrsg.). (2012[4]). *Spielbar. 51 Trainer präsentieren 77 Top-Spiele aus ihrer Seminarpraxis.* Bonn.

Rachow, A. (Hrsg.). (2013[3]). *Spielbar III: 60 Trainer präsentieren 83 frische Top-Spiele aus ihrer Seminarpraxis.* Bonn.

Reinmann-Rothmeier, G., & Mandl, H. (2000). *Individuelles Wissensmanagement. Strategien für den persönlichen Umgang mit Information und Wissen am Arbeitsplatz.* Bern.

Reynolds, G. (2013[2]). *Zen oder die Kunst der Präsentation: Mit einfachen Ideen gestalten und präsentieren.* München.

Rinke, M. (2000). *Der IT-Trainer. Trainingshandbuch für Einsteiger und Profis.* München.

Schnelle-Cölln, T., & Schnelle, E. (1998). *Visualisieren in der Moderation. Eine praktische Anleitung für Gruppenarbeit und Präsentation. Moderation in der Praxis Bd. 5.* Hamburg.

Schweiger, G., & Schrattenecker, G. (1995[4]). *Werbung. Eine Einführung.* Stuttgart.

Seifert, J. W. (2011[30]). *Visualisieren – Präsentieren – Moderieren.* Offenbach.

Siebert, H. (2012[2]). *Lernen und Bildung Erwachsener.* Bielefeld

Spitzer, M. (2002). *Lernen: Gehirnforschung und Schule des Lebens.* Heidelberg.

Steiner, G. (1995). Lernverhalten, Lernleistung und Instruktionsmethoden. In E. von Franz (Hrsg.), *Psychologie des Lernens und der Instruktion.* Weinert.

Stoecker, D. (2013[2]). *eLearning – Konzept und Drehbuch/Handbuch für Medienautoren und Projektleiter.* Berlin.

Straub, D. (2002). Train-the-E-Trainer. E-Learning aus der Sicht einer Unternehmensberatung. In U. Scheffer & F. W. Hesse (Hrsg.), *E-Learning. Die Revolution des Lernens gewinnbringend einsetzen.* Stuttgart.

Tuckman, B. W., & Jensen, M. A. (1977). *Stages of small-group development revisited, Group Org. Studies 2.* S. 419–427

Vester, F. (2001[8]). *Denken, Lernen und Vergessen. Was geht in unserem Kopf vor, wie lernt das Gehirn, und wann lässt es uns im Stich?.* München.

Wallenwein, G. F. (2011[6]). *Spiele: Der Punkt auf dem i. Kreative Übungen zum Lernen mit Spaß.* Weinheim.

Weidenmann, B. (2002[3]). Multicodierung und Multimodalität im Lernprozess. In L. J. Issing & P. Klimsa (Hrsg.), *Information und Lernen mit Multimedia und Internet. Lehrbuch für Studium und Praxis* (S. 45–64). Bad Langensalza.

Weinert, F. E., & Mandl, H. (Hrsg.). (1997). *Enzyklopädie der Psychologie, D/1/4, Psychologie der Erwachsenenbildung.* Göttingen.

Sachverzeichnis

A
ABAP, 122
Arbeitsphase, 51, 52
Argumentationstechniken, 118
ASAP-Modell, 102
Audioelemente, 108
Autorentool, 119

B
Behaltensquote, 270
Betriebssoftware, 7, 77
Bildbereich, 250
Bildungsbereich, virtueller, 100
Binnendifferenzierung, 49, 65, 72
Blended learning, 99
Blended Learning, 102, 103, 104
Buisness Blueprint, 102

C
Callcenter, 287
Certified European E-Learning Manager (CELM), 102
Changemanagement, 288, 289
Change Request, 125
Chat, 102
Chatroom, 104
Computer-Based-Training, 99

D
Datenobjekt, 234

E
Ebene, psychosoziale, 47
EDM, 122

E-Learning, 78, 250, 251
Plattform, 100
E-Trainer, 100
E-Tutor, 102, 103, 104, 111
Evaluierung, 79, 121
Evaluierungsbögen, 84
Experte, interner, 85

F
Feedback, 145
Zwischenfeedback, 145, 146, 147, 149, 150, 151, 153, 155, 156
Formatvorlage, 243
Formierungsphase, 50, 51
Frequently Asked Questions (FAQ), Datenbank, 32, 79, 85

G
Geschäftspartner, 223
Go Live & Support, 102
Gruppenrollen
Alpha, 48, 52
Beta, 48
Gamma, 48
Omega, 49

H
Haptik, 280

I
Icon, 241, 244, 245
Idealtypen, 288
Inhouseschulungen, 49, 50, 52
Internet

Browser, 243
Newsgroup, 199
Suchmaschine, 199
IS-U/CCS
Geschäftspartner, 240
Periodenverbrauch, 240
Verbrauchsstelle, 239
Vertragskonto, 240
Vertragskontokorrent, 246
IS-U Haus, 221, 225

J
Just in time, 100

K
Kick off, 126
Killerphrasen, 61
Knowledge Sharing, 118, 124, 126, 127
Kolb, David A., 13, 15, 17
Kommunikation
asynchrone, 102
synchrone, 102
Konflikte, 118
Konfliktphase, 50, 52
Kurzzeitgedächtnis, 12

L
Langzeitgedächtnis, 13, 23
Learning Management System (LMS), 100, 102
Learning on Demand, 99
Lehrer-Schüler-Schaltung, 83, 257
Lerncontentmanagementsystemen (LCMS), 99
Lerncontentmanagementsystem (LCMS), 107
Lernen
aktives, 279
autonomes, 101
emotionales, 279
rezeptives, 8
soziales, 284
Lernfähigkeit, 167
Lernkanäle, 71, 72, 279
Lernmanagementsysteme, 107
Lernprogramm, 99
Lernstile, 14
Lerntypen, 14, 17, 24, 71, 72, 279
Accomodator, 16
Assimilator, 16, 24

Converger, 16, 17, 24
Diverger, 16, 17, 24
von Kolb, 15
Lernzyklus, 13, 14, 17
Lieferantenwechsel, 122
Lotus Notes, 238, 239, 249
Benutzer-ID, 238

M
Mandant, 43, 244
Menüpfad, 245, 246
Moderationstechniken, 118
Modus, 243
Multimedia, 99

N
Normierungsphase, 51, 52

O
Onlinehilfe, 108
Online-Tutuor, 100
Originalsoftwaresystem, 84

P
Personalrecruiting, 115, 125
Präsentationstechniken, 118
Project Management Institute, 102
Projektteam, 61
Projektvorbereitung, 102
Puzzle, 251

R
Rätsel
Kreuzworträtsel, 132
Textsalat, 138
Realisierung, 102
Rehearsal
aufrechterhaltendes, 12
elaborierendes, 12

S
SAP
Anwendungen, 118
for Utilities, 5, 43, 80, 116, 117, 121, 122, 203, 221, 225, 234, 235, 239, 240, 245
Future Energy Center, 126
Logon, 43
Workforce Performance Builder, 119
Schmetterlingseffekt, 100

Scorecard, 116, 121, 126
Scorecardgespräch, 123, 126, 127
Selbstauswertung, 109
Selektionsebene, 12
Server, 249
Single source, 106
Sinneseindrücke, 12
Sinneskanäle, 14, 17, 279, 281
Smart Grid, 122
Smart-Icon, 249
Softskills, 115
Softskillschulungen, 116, 118, 122, 123, 126
Softwaremodell, 220
Stimmungsbarometer, 145
Systemkopie, 83

T
Team
hierarchisches, 66
koordiniertes, 66
spontanes, 66
Teamevent, 126
Teamteaching, 66, 70,
Trainertandem, 164
Teamtraings, 118

Tele-Learning, 99
Traineeprogramm, 115, 118, 121, 123, 127
Trainingssystem, 84
Trainingsuser, 82
Train-the-Trainer, 126
Transaktion, 103, 245

U
Ultrakurzzeitgedächtnis, 12
Unix, 249

V
Virtual Classroom, 99
Visualisierung
dynamische, 275
Reihung, 273
rhythmisierte, 273
Symmetrie, 273

W
Web-Based Training, 99
Wirklichkeitsebenen
Software, 4
Word for Windows XP, 215, 235
World Wide Web (WWW), 155, 199

Register Lernkategorien

Alltag des Unternehmens
Assoziationsübung
Ballongefecht
Bis zehn zählen
Bleistiftstafette
Booz-Peng
Der Große Preis
Die Donaudampfschifffahrtgesellschaft
Strom
Gebrauchsanleitung
Hände klopfen
Jeopardy
Combinatione
Koordinationsübung
Löffel lesen
Mille Piede
Programmierer
Schatzsuche
Schlangenbändiger
Skulpturen bilden
Stadt, Land, Fluss
Steinchen, Steinchen du musst wandern
Tabu
Teilnehmerquiz
Theaterszenen
Tic-Tac-Toe
Vier gewinnt
Wer wird Millionär?
Bildbereich – E-Learning
Puzzle – E-Learning

Prozessabläufe trainieren
Lernzirkel
Sortierübung
Systemvorführung
Zauberwürfel

Selbstständiges Erarbeiten des Lernziels
Modellübung
Lernzirkel
Theaterszenen

Übungsbeispiele für
Internet
Lotus Notes
SAP IS-U/CCS
Word for Windows XP

Lizenz zum Wissen.

Sichern Sie sich umfassendes Wirtschaftswissen mit Sofortzugriff auf tausende Fachbücher und Fachzeitschriften aus den Bereichen: Management, Finance & Controlling, Business IT, Marketing, Public Relations, Vertrieb und Banking.

Exklusiv für Leser von Springer-Fachbüchern: Testen Sie Springer für Professionals 30 Tage unverbindlich. Nutzen Sie dazu im Bestellverlauf Ihren persönlichen Aktionscode C0005407 auf *www.springerprofessional.de/buchkunden/*

Springer für Professionals.
Digitale Fachbibliothek. Themen-Scout. Knowledge-Manager.

- Zugriff auf tausende von Fachbüchern und Fachzeitschriften
- Selektion, Komprimierung und Verknüpfung relevanter Themen durch Fachredaktionen
- Tools zur persönlichen Wissensorganisation und Vernetzung

www.entschieden-intelligenter.de

Springer für Professionals

MIX
Papier aus verantwortungsvollen Quellen
Paper from responsible sources
FSC® C105338

If you have any concerns about our products,
you can contact us on
ProductSafety@springernature.com

In case Publisher is established outside the EU,
the EU authorized representative is:
**Springer Nature Customer Service Center GmbH
Europaplatz 3, 69115 Heidelberg, Germany**

Printed by Libri Plureos GmbH
in Hamburg, Germany